"十二五"职业教育国家规划教材
经全国职业教育教材审定委员会审定

普通高等教育"十一五"国家级规划教材

普通高等教育精品教材

高职高专专业基础课教材新系

Jingjixue Jichu

经济学基础 （第五版）

李明泉 马广水 等 编著

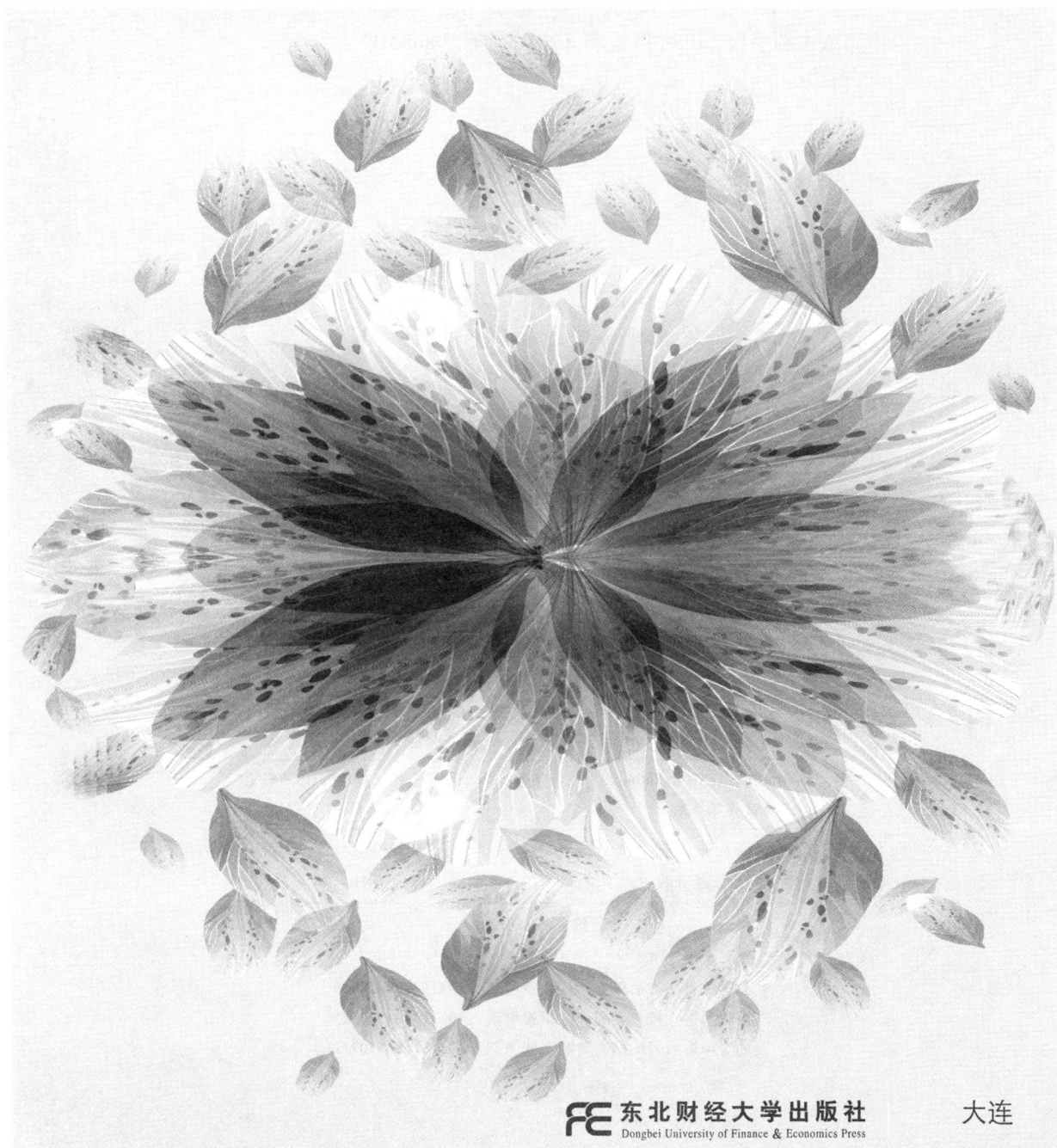

东北财经大学出版社
Dongbei University of Finance & Economics Press

大连

图书在版编目（CIP）数据

经济学基础／李明泉，马广水等编著 . —5 版 . —大连：东北财经大学出版社，2017. 8

（高职高专专业基础课教材新系）

ISBN 978-7-5654-2481-6

Ⅰ . 经…　Ⅱ . ①李…②马…　Ⅲ . 经济学-高等职业教育-教材　Ⅳ . F0

中国版本图书馆 CIP 数据核字（2016）第 208684 号

东北财经大学出版社出版

（大连市黑石礁尖山街 217 号　邮政编码　116025）

网　　址：http：∥www. dufep. cn

读者信箱：dufep @ dufe. edu. cn

大连雪莲彩印有限公司印刷　　　　东北财经大学出版社发行

幅面尺寸：185mm×260mm　　　字数：293 千字　　　印张：13. 75

2017 年 8 月第 5 版　　　　　　　2017 年 8 月第 22 次印刷

责任编辑：张晓鹏　吉　扬　　　　　　责任校对：合　力

封面设计：冀贵收　　　　　　　　　　版式设计：钟福建

定价：28. 00 元

第五版前言

《经济学基础》出版十多年来，深受高职院校财经类专业师生的欢迎，已印刷 20 余次，这是全国高职高专经济学教材中，鲜有的被教育部评为"普通高等教育精品教材""普通高等教育'十一五'国家级规划教材""'十二五'职业教育国家规划教材"的教科书。

本教材的优点在于，在理论框架上完全摆脱了传统经济学以"价值"为核心范畴的架构体系，确立了以"价格"为核心范畴的经济学架构体系。但本书并没有简单地照搬西方经济学，而是结合中国经济的实际，提出了新的理论架构和内容，凸显了中国版经济学的特色。随着中国现代市场经济的成长与发展，中国经济正逐渐同世界接轨。为此，本次再版特作以下几点修改：

1. 对原第 2 章、第 3 章、第 8 章、第 12 章的内容作了部分修改。

2. 将"诚信"明确为市场经济的一条基本原则并纳入市场经济的支持机制，因为交易只在互信者之间才能有效进行。"道德"一体化于交易主体进入交易过程，并切实地发生作用，决定着交易的成败。没有诚信，或交易双方互不信任，就不会形成有效交易，因而诚信不是市场交易外在的东西，它属于市场运行机制自身。这样，诚信既属于社会公德范畴，又属于市场经济范畴。可以说，一个缺少诚信的社会就不可能有高效率的市场经济，或者说，没有诚信的市场经济是野蛮的市场经济。现在，应把"诚信"明确为市场经济的一条基本原则，无论是从社会公德建设角度，还是从完善市场经济要素角度，都应十分重视市场主体道德素质的提高。在这方面，这些年我们已经吃够苦头，教训十分深刻，如果能在公民道德建设上前进一步，我国的市场经济效率就会有巨大的提升。

3. "降低交易成本"也被明确为市场经济的一条基本原则并纳入市场经济的支持机制。传统经济学只重视生产成本，忽略了"交易成本"的存在，这在实践中是十分有害的。它直接影响了市场经济的运行效率。因为，在不良的外部市场环境影响下，各种摩擦增多，交易成本攀升，特别是非合理交易成本，如权力腐败因素，造成交易成本提高，使交易低效或无效，甚至毁掉正常的市场交易。现在将"降低交易成本"明确为市场经济的一条基本原则，就能够促使人们重视对交易成本的管理和治理。从管理角度，通过精化交易过程减少摩擦，可以减少时间、精力、财力的耗费；从社会治理的角度，反对权力腐败等，可以杜绝或减少非合理交易成本的产生。

4. 将企业家纳入市场要素。主流经济学一直忽略企业家的存在，在大多数教科书中也没有企业家的章节。主要原因是主流经济学以"假设"为前提，通常以"安全理性""安全信息"作为推理的前提假设。在这种假设下，市场是呈均衡状态的，因而企业家就没有存在的必要了，而这在实践中也是十分有害的。要理解现实的经济运行必须引入企业家，因为企业家的逐利行为正是推动市场发展的根本动力。而企业家的成功又离不开特定的宏观的社会制度环境，如产权制度、法律制度、商业自由等。因此，发展市场经济应首先培育有利于企业家创新、创业的制度环境，这个课题在当前中国尤为重要。我国的企业家不是多了，而是十分短缺。这就告诉我们：中国市场取向的改革不单纯是一个经济问题或经济体制问题，必须同时辅以相应的社会制度变革。现在人们往往将某些市场偏差归咎于市场经济，从成功企业家的角度我们应该能够透视出其中的偏颇。

5. 删除、更换了部分陈旧案例。

6. 对章后练习题题型做了大的精减。

本次修订由李明泉教授、马广水教授主持。

由于编者水平有限，恳请广大读者批评指正。

编　者

2017 年 6 月

第四版前言

《经济学基础》出版十多年来，深受高职院校财经类专业师生的欢迎。2007 年，该教材被教育部评为"普通高等教育精品教材"，这是该年度入选的唯一一本高职高专类经济学教科书。

本教材的优点在于，在理论框架上完全摆脱了传统政治经济学以"价值"为核心范畴的架构体系，确立了以"价格"为核心范畴的经济学架构体系。但本书并没有简单地照搬西方经济学，而是结合中国经济转型的实际，提出了新的理论架构和内容，凸显了中国版经济学的特色。随着中国现代市场经济的成长与发展，中国经济也逐渐同世界接轨。为此，本次再版特作以下几点修改：

1. 基础理论部分增加介绍了美国哈佛大学教授曼昆的经济学十大原理。曼昆的经济学十大原理是侧重从理性人相互贸易关系角度提出的基本理论，这给学生提供了观察、分析经济现象的新视角。同从生产角度考察阐述基本理论相比，曼昆的经济学十大原理能够更全面地透视纷繁复杂的经济现象，给人以耳目一新的感觉。

2. 计划和市场都是资源配置的手段，本身不具有社会基本制度的属性。因而，所谓资本主义市场经济、社会主义市场经济，准确的表达应该是：资本主义社会条件下的市场经济、社会主义社会条件下的市场经济。所以本次修订采用了以"中国现代市场经济"取代中国社会主义市场经济的提法。

3. 更换了部分陈旧案例。

本次修订由李明泉教授、马广水教授主持。

本教材第四版仍由东北财经大学出版社许景行编审担任主审。

本书在修订过程中，得到了有关部门、同事的帮助，在此，一并表示感谢！

由于编者水平有限，加之时间仓促，疏漏与错误之处在所难免，恳请广大读者批评指正。

编　者
2013 年 7 月

目　录

第 1 编　基础理论

第 2 编　经济制度分析

第 3 编　微观经济分析

第4编 宏观经济分析

第 1 编 基础理论

第1章

经济学的研究对象

学习目标

知识目标：通过本章的学习，了解经济学的研究
　　　　　对象和研究方法，了解资源的稀缺性
　　　　　规律和经济学十大原理，掌握经济学
　　　　　分析方法，明确经济学在现代社会的
　　　　　地位和作用。

技能目标：把握经济社会面临的五大基本问题，
　　　　　了解资源配置的两种基本方式及其运
　　　　　动形态。

能力目标：学会用经济学的方法来思考、分析经
　　　　　济问题。

> **引例　　　　我国资源约束矛盾突出　资源对经济发展制约加大**

2004—2006 年国务院推动在全国范围内组织开展资源节约活动。这是加快建设节约型社会、缓解资源瓶颈制约、解决全面建设小康社会面临的资源约束和环境压力的重大举措，意义深远。

土地、淡水、森林、能源和金属矿藏等，是经济发展的重要条件。一个国家资源多还是少，一是要看绝对量，二是要看人均占有水平。

我国人均国土和耕地资源水平低。2002 年，中国每 134 人拥有 1 平方公里国土。而美国、澳大利亚、加拿大、俄罗斯等国，每 29、2.6、3、9 人就拥有 1 平方公里国土。到 2000 年为止，美国、英国从事农业的劳动力仅为 1.5%，这两个国家农业劳动力人均经营的耕地规模分别达到 55.13、16.33 公顷，远远高于我国人均不到 0.33 公顷的水平，我国长江以南人均耕地还不到 0.067 公顷。

我国水资源短缺。中国是世界上 13 个贫水国之一，淡水总资源虽位居世界第六，但人均占有量仅为世界人均的 1/4，居世界第 121 位。据测算，我国城市居民生活和工业严重缺水，每年影响城市产值达 3 000 余亿元。全国 669 个城市，有 400 个城市供水不足。农村居民生活和农业也严重缺水。

我国能源短缺。我国目前的能源消费过度依赖石化燃料，对能源的可持续供应造成压力。我国人均能源可采储量远低于世界平均水平，2000 年人均石油可采储量只有 2.6 吨，人均天然气可采储量 1 074 立方米，人均煤炭可采储量 90 吨，分别为世界平均值的 11.1%、4.3% 和 55.4%。

以上这些就使我们不得不对传统的发展模式和消费方式进行反思，并且寻求节约资源的发展模式和消费方式。

经济学是一门研究人类社会经济活动的基础理论学科，经济活动是人类社会的基本实践活动。在现代市场经济条件下，经济学所阐述的基本原理不仅是国家领导经济建设的基本理论依据，同时也已成为社会大众从事经济活动的基本行为准则。随着市场经济的深入发展，经济学的作用将日益突出。

1.1　经济学的产生

经济学是一门研究资源配置及其行为的科学，配置是人类一种自觉的选择行为。从一般意义上说，配置就是一种自觉的选择。人类为了自身的生存和发展，从来没有停止过利用资源进行物质资料生产的活动，物质资料生产是人类社会存在和发展的基础，也是经济学研究的出发点。

1.1.1　人类经济活动与资源

人类要生存，就必须有维持生活的物质资料，要有饭吃、有衣穿、有房住等，否则，人类就无法生活下去。而要取得这些生活资料，就必须进行生产。因此，物质资料的生产是人类社会生存和发展的基础。

生产，就是劳动者按照预期的目的，运用劳动资料（又叫劳动手段）加工于劳动对象，改变劳动对象的形状、性质或地理位置，使其适合于人们需要的过程。例如，农民种植棉花，工人把棉花纺成纱，用纱织成布；把地下埋藏的煤炭开采出来，把铁矿石冶炼成钢铁；把黏土烧成砖，用砖建成房屋等。这些活动都是生产活动。

人们的生产活动首先是一个劳动过程。劳动，就是具有一定生产经验和劳动技能的劳动者有目的的一种活动，它是生产的最基本要素。

劳动资料，即人们用来把自己的体力和脑力劳动传导到劳动对象上去的一切物质资料。生产就是人们发挥自己的劳动能力，利用劳动资料对劳动对象进行加工的过程。劳动资料包括生产工具和直接用于生产活动的一些物品，如建筑物、道路、管、桶、瓶和度量衡等。其中最重要的是生产工具，如现代化的机器设备等。

劳动对象，即人们在生产过程中把自己的劳动加于其上的一切东西。在劳动对象中，一类是没有经过人们劳动加工的自然生成物，如原始森林里的树木、地下矿藏等；另一类是经过人们加工的劳动产品，如棉花、钢铁等，这种经人们加工过的劳动对象被称为原料。

生产资料，是劳动资料和劳动对象的总称。生产资料是人们进行物质资料生产的客观条件，人的劳动则是进行物质资料生产的主观条件。

劳动者的劳动、劳动资料和劳动对象这三个要素是人们从事物质资料生产的基本条件，随着社会生产和劳动过程的发展，在这些基本要素的基础上又逐渐加入了某些新要素，如科学技术、经营管理、经济信息等。

所谓生产力，即具有一定生产经验和劳动技能的劳动者与生产资料相结合所形成的征服自然和改造自然的能力。就其实体性要素来看，主要有劳动者、劳动资料和劳动对象。科学技术是第一生产力。物质资料生产，从来不是单个人孤立进行的，而是通过结成一定的社会关系进行的。所谓生产关系，即人们在物质资料生产过程中结成的社会关系。生产关系是人们在一定生产资料所有制基础上所形成的，在社会生产总过程中发生的生产、分配、交换和消费关系。

人类社会物质资料生产活动所需要的诸种要素被统称为**资源**。资源按其丰裕程度可分为经济资源和自由取用资源。前者是稀缺的，以致要使用它就必须付出一定的代价；后者如空气，其数量的丰富以致人们不付分文便可以得到它。在现实生活中，相对于人的需要来说，绝大多数资源都是数量有限的或稀缺的经济资源。这种资源的稀缺性决定了人类的需要只能得到部分的满足。

1.1.2　稀缺性是一个普遍的规律

在经济学上，一切直接或间接地为人类所需要并构成生产要素，用来生产满足人类需求的商品所需要的物质资料和服务，称为**经济资源**。

经济资源从不同的角度可以有不同的分类方法。按经济活动的部门属性来分，经济资源可分为工业资源、农业资源、交通运输资源、建筑资源、旅游资源以及能源资源、科技资源等。按其本身属性来分，经济资源大体可分成四大类：自然资源、人力资源、资本资源和信息资源。

自然资源是自然界赋予的各种生产要素，如土地、矿产、水、植物、动物等。它作为一种生产要素，开发利用时要付出一定的代价。

人力资源是将劳动者的体力与智力作为一种生产要素的资源。它在一定的物质和精神条件作用下，具有很大的伸缩性，隐藏着巨大的潜力。

资本资源是以货币形式表现的具有人类劳动产品性质的资源，也是生产过程中不可缺少的要素之一。它包括实物资本（厂房、设备等）和金融资本（现金及其他有价证券）。

信息资源是反映客观事物性质及运动状态的各种信息的总和，是可以用某种方式显示、存贮和传输的人类关于自然、经济和社会的知识，是生产过程中必不可少的投入要素。它包括数量信息和质量信息。

人是有需要的，所谓需要，是指人们希望得到某些物品的愿望，包括对服务和环境的需要等。马克思把人的需要划分为生存需要、享受需要和发展需要。需要不仅是有层次的，其内容更是不断更新发展的。温饱问题解决后，还会追求吃的营养和口味、穿的讲究、住的舒适、行的方便，以及闲暇生活的丰富多彩等。人们对生活质量的追求是不断增加的。

人们的需要是无限的，当一种需要满足之后，又会产生一种新的需要。人类的需要是无限的，但用来满足人类需要的"经济物品"却是有限的，相对于人类无限的需要而言，经济物品或者说生产这些物品所需要的经济资源总是不足的，这就是**稀缺性**。稀缺性是一个普遍的规律，存在于一切时代和一切社会。它是始终伴随人类社会发展的问题。这就使得人类要不断地探索如何有效利用资源的问题，从而形成以探索资源有效利用为主线和主题的学说，即经济学。

1.1.3 经济学的产生与发展

迄今为止，人类社会进行物质资料生产的经济活动，大约已有200多万年的历史。在经济活动中对资源有效利用问题的探索，也经历了2 000多年的时间，而最终成为一门独立的经济学科，则是近几百年的事情。

有关文献资料表明，经济学出现于奴隶社会产生以后，古希腊思想家色诺芬（约公元前430—公元前354年）的《经济论》一书的问世，表明了西方开始出现了早期经济学。这本书首先使用了"经济"一词。《经济论》是一部研究奴隶主家庭经济管理问题的著作。色诺芬认为，经济学研究的是善良的主人如何管理好自己的财产。

经济学虽然出现于奴隶社会，但在奴隶社会和封建社会并未能形成一门独立的学科。经济学作为一门独立的社会科学并取得政治经济学这一学科名称，是随着资本主义生产方式的产生与发展而形成的。17世纪初，法国重商主义代表人物安·德·蒙克莱田（1575—1622）出版了《政治经济学》，其用意在于表明他所论述的经济问题已超出家庭或庄园经济的范围，是涉及国家或社会的经济问题。

但重商主义经济学还不能算做真正的现代经济科学，因为其研究范围仅局限于流通过程。真正的现代经济科学，是当理论研究从流通过程转向生产过程的时候才开始的，完成这一转变的是资产阶级古典经济学。18 世纪后期，古典经济学兴起，它是作为重商主义的对立面出现的。它所强调的是自由放任的经济，就是国家不要干预经济，而由市场机制充分发挥作用，以解决资源配置和要素报酬分配的问题。古典经济学有两个主要代表人物：18 世纪后期的亚当·斯密（1723—1790），19 世纪初的大卫·李嘉图（1772—1823）。以后又出现了以边际效用价值论为基础的新古典经济学。新古典经济学的代表人物马歇尔（1842—1924）在其著名的《经济学原理》一书中进一步论述了市场机制是如何发挥调节供求平衡作用的，具体分析了各种资源的配置是怎样通过价格机制、工资机制和利率机制的自发运行来实现的。19 世纪 30 年代以后一直到 20 世纪 30 年代前，在西方经济学界占主流地位的仍然是主张国家不要干预经济的古典和新古典经济学的经济思想。

1929—1933 年，资本主义世界发生了空前严重的经济危机，使供给相对于需求严重过剩，生产严重缩减，失业范围达到了前所未有的程度。面对濒于崩溃的资本主义经济，主张自由放任的经济自由论者束手无策，这样，20 世纪 30 年代初出现的经济大危机就成为西方经济学的一个重大转折点。因此，以政府干预论为中心内容的凯恩斯主义应运而生，并逐渐成为在西方世界占主导地位的经济学说。凯恩斯认为自由市场经济会经常造成有效需求不足，他着重对经济的总量进行分析，用以说明经济危机和长期萧条的现象，并以此为基础，提出一套政府干预刺激需求、试图医治危机、稳定经济的政策主张。

但是，西方资本主义国家在推行凯恩斯主义理论、刺激经济发展的同时，又出现了"滞胀"的经济现象。到了 20 世纪 70 年代，"滞胀"这种失业和通货膨胀的并发症成为西方资本主义世界普遍存在的经济现象。"滞胀"使以需求管理为中心，认为通货膨胀和失业不可能同时存在的凯恩斯主义经济学陷入进退两难的境地。于是新自由主义经济理论、货币学派、供给学派、理性预期学派等纷纷登场。新自由主义者强调市场机制的自动调节作用，反对国家对经济生活的过度干预；货币主义者强调货币政策的重要性；供给学派主张削减税率；理性预期学派则试图用信息的不完全来解释资本主义经济运行的波动。20 世纪 80 年代以来又出现了新的强调国家干预经济的新凯恩斯主义。

19 世纪中叶，马克思在批判地继承古典经济学科学遗产的基础上，服务于无产阶级反对资产阶级斗争的需要，搜集和研究了资本主义发展历史的大量材料，详细地分析了资本主义社会的经济结构，揭示了资本主义经济关系的本质、矛盾及其运动规律，以剩余价值学说为基石，创立了以价值分析为核心范畴的马克思主义经济学。不过由于马克思的经济学说重点在于揭示人类社会的发展规律，服务于当时无产阶级反对资产阶级的阶级斗争，偏重于对经济关系本质的分析，而对市场经济运行机制以及资源的有效利用等则较少研究。

党的十一届三中全会以后，邓小平坚持实事求是的原则，科学地总结了我国经济建设和世界各国经济发展的经验教训，创造性地提出了社会主义条件下的现代市场经济理论。近 40 年来，我国市场取向的经济体制改革实践验证了邓小平社会主义条件下现代市场经济理论的科学性。20 世纪的世界经济出现了多元化趋势，有资本主义经济与社会主义市场经济之分，也有计划经济、市场经济与混合经济之分，还有中国的现代市场经济、德国的社会市场经济与美国的自由市场经济之分。但是自从 20 世纪 80 年代掀起世界范围内的社会主义经济改革运动以来，传统的社会主义计划经济模式为新的现代市场经济模式所取代。到 20 世纪末，尽管各国的市场体系发育不同，用市场配置资源的模式存在差异，但是全面发展现代市场经济已成为共同任务。研究市场经济的运行、矛盾和调节方式已成为经济学的共同主题。而当今世界共同的现代市场经济环境也加速了经济学在世界范围内的融通。

【补充阅读资料 1-1】　　　　人的需要与生理最低需要的关系

生物学家告诉我们，每天花几元钱在一种稀粥上就可以使我们得到充足的营养，但这并不意味着人们每天排斥这样的伙食：卷心菜、菠菜、猪肝和面粉！凡是掌握过家庭预算的人都知道，社会生活必需品和衣食住行等用品与生理上的最低需要并没有什么关系。有研究表明，今天大部分人的生活已经超过了生理上所需要的水平，消费者在购买时的选择取决于流行风尚和广告宣传。

1.2　经济学的研究对象与任务

如上所述，经济学是适应人类社会为满足资源有效利用的需要而产生的，因而它研究的核心内容就离不开稀缺资源在有竞争性的用途中有效配置的问题，由此规定了经济学的定义和研究对象。

1.2.1　什么是经济学

初学经济学的人，首先想明确知道什么是经济学，按照最一般的定义，经济学是一门研究资源配置及其行为的科学。由于经济资源具有稀缺性，这迫使人们不得不对各种已有资源实行优化配置，不得不节省、选择。配置是人类一种自觉的选择行为。在一般意义上说，配置就是选择，即如何根据现有资源和人们的需要，决定生产的种类和数量，并寻找适当的分配方式。

通过选择，人们试图解决人类社会面临的五大基本经济问题。

第一，生产什么和生产多少，亦即如何进行资源配置。社会必须决定该社会可供使用的资源应分配到哪些产品和劳务的生产上，各种产品和劳务的生产应各占多大的比重。在经济活动中生产什么和生产多少，实际上取决于资源供应条件和社会的需求状况，其中最终的约束力量是来自可以取得的经济资源的数量和结构。

第二，怎样生产，即社会决定采用什么样的方法生产这些产品和劳务。经济资源应用于生产过程时叫投入，一种投入可以用来生产不同的产品，一种产品可以由不同的投入来生产，这就是经济资源用途上的替代性，对生产者来讲就面临一种选择，应该如何在各种替代性用途中去分配资源，才能最有效地生产出最优的产品和最佳产品，可以采用不同的设备、不同的原材料、不同工种的工人，在不同的地方生产等，可以有多种组合。生产者究竟选择哪一种组合，生产多少数量，经济效益才最好？这又产生了成本与收益的比较。同时，又有多个生产者生产同一产品，对生产者来讲又面临竞争。这些对怎样生产都起着决定性作用。

第三，为谁生产，即社会决定所生产的产品和劳务如何在社会成员之间进行分配。资源的有限决定了产出的有限，产品生产出来，应该先满足谁，后满足谁？应该满足到什么程度？通过什么方式来满足？当产品作为物质内容的财富生产出来后，应该如何分配？在市场价格一定的条件下，消费者如何将他的收入在不同的商品之间分配？作为消费者的劳动者，其收入又是由什么来决定的？等等。在经济活动中，如何实现产品分配，最终可以归结为凝结于产品中的劳动和生产资料的分配问题。社会必须正确解决这些问题。

第四，经济增长问题，即如何保证产品和劳务的生产能力不断提高。经济增长的基本含义是一国生产的商品和劳务总量的增加，即国民生产总值（GNP）的增加。如果考虑人口增加和价格变动等因素，经济增长的标准应该是实际人均国民生产总值的增加。经济发展的基本含义是一个国家由不发达状态过渡到发达状态和更发达状态的前进过程。还有将资源在目前消费与将来发展这两方面进行分配的问题，即可持续发展问题。

第五，保证和促进资源的充分利用，即社会必须决定怎样使该社会的全部资源，包括人力资源和非人力资源都得到充分的利用，或者说，把资源的闲置、浪费降到最低限度。

人类社会在经济活动中的上述五个方面的选择，是任何社会都面临并必须解决的五个基本经济问题。这五个问题正是资源配置的基本问题。对这五个方面问题的研究及解决成为经济学的对象和任务。

1.2.2　资源配置的基本方式

计划和市场是在社会化大生产条件下按比例分配社会劳动的基本形式，也是社会进行资源配置的两种基本方式和手段。同时，任何一种资源配置方式都离不开决策、信息和动力三大要素。

所谓计划，是指社会按照预先确定的目标，运用各种力量和形式调节国民经济的运行过程。无论这种调节以何种力量和形式去实施，只要它是由社会按照事先确定的原则和目标进行的，就可以看作是计划，都属于计划调控的范围。所以，计划和计划调控实际上是一个含义相当广泛的范畴。而计划经济则不同，它是一个与市场经济相对应的范畴，是一种与市场经济相对立的社会经济运行和资源配置的组织调节方式。计划经济当然是以计划作为经济运行的调节机制的，但是，只有当一个社会的经济运行和资源配置全部或主要由计划来调节时，这个社会的经济才能称为计划经济。因此，计划不等于计划经济，计划和计划调控的存在，也不等于计划经济体制就一定存在。同样，对计划经济体制的否定，也并不意味着对计划和计划调控方式的全盘否定。在以现代社会化大生产为基础的市场经济中，由于社会化大生产客观上要求按比例分配社会劳动，而单纯市场机制的自发调节并不能顺利实现社会化大生产所客观要求的比例关系，因此，一定的计划和计划调控方式的存在是有其客观必然性的。

市场是商品交换场所或交换关系的总和，市场调节的实质是通过价值规律、供求关系、竞争机制等作用来配置资源。所谓市场经济，就是经济资源主要由市场来配置，市场调节在社会经济运行中占据主导地位的一种经济运行形式。

市场配置资源的实际运动形态是：首先，众多的生产者在市场中搜集横向信息，即供给和需求、生产要素的数量和价格以及据此推断的成本和盈利情况，独立地做出生产什么、怎样生产和为谁生产的目标决策。其次，生产者依据这些信息，特别是市场信号——价格，按照利润最大化的原则进行预期，从而决定生产品种和产量。由于预期是自主作出的，其执行是自觉的，因而具有较高的积极性。最后，生产者依据横向传递的、日益变化的信息，不断调整自己的决策，使自身的生产、经营与市场需求相吻合，实现稀缺资源的优化配置。

从决策、信息、动力三大要素的比较看，市场运行机制相对于计划体制具有明显的优点。但由于市场调节具有盲目性和滞后性，需要有宏观调控相配合。现在就世界范围来看，市场在总体上是起基础性作用的资源配置方式。但是，这两种资源配置方式往往是结合并存的，或者说是市场和计划相结合来配置资源。在现实经济生活中很难找到完全的计划配置或完全的市场配置的典型。

【小思考 1–1】

资源配置的基本问题是什么？

答案：（1）生产什么和生产多少。（2）怎样生产。（3）为谁生产。（4）经济增长问题。（5）保证和促进资源的充分利用。这五个问题构成资源配置的基本问题。

1.3 经济学的方法及地位

任何一门科学都有特定的研究方法。要学习经济学，首先要了解经济学的研究方法。另外，与其他社会科学不同，经济学是一门实用性很强的科学，了解它的实用性有助于提高人们学习的自觉性。

1.3.1 经济学的方法

第一，唯物主义历史观。经济学主要是研究资源配置的全过程及决定和影响资源有效配置的全部因素。但是这种配置不是在真空中配置，而是"根源于物质的生活关系"。唯物主义历史观认为，人类历史具有规律的发展过程。人们只能依据历史发展的规律，在物质条件已经存在或者至少是在形成过程之中的时候，才能提出自己能解决的任务，才有解决这个任务的可能。在某一国度，某一特定时期，人们究竟采取何种资源配置方式，只能由物质条件来决定。

第二，抽象方法。科学抽象或抽象方法，是在纷繁复杂的现象中，抽去某些非本质的、次要的因素，找出其固有的本质特征或规律，加以概括，得出概念、范畴，形成理论，然后用本质规律去说明现象。在自然科学的研究中，人们在实验室中，排除自然现象中的一些非本质的、起干扰作用的因素，从中找出固有的规律性。在经济科学的研究中，人们利用抽象方法，在思维过程中，撇开非本质的经济现象，抽取经济现象中本质的属性，经过思考，上升到理性认识，形成概念、范畴和理论的系统。

第三，数量分析与非数量分析相结合的方法。数量分析可以分为三类：一是总量分析，即客观经济分析；二是个量分析，即微观经济分析；三是数量结构分析，即对总量进行分解，如产业结构分析、部门结构分析、地区结构分析等，由于这种方法介于宏观和微观分析之间，又称为中观经济分析。这三类数量分析，主要是处理经济变量之间的函数关系，这种函数关系包括等量关系、不等量关系和变量变化方向之间的关系。这些关系的描述和分析的过程，也就是模型的建立、推演和分析的过程。也就是说，经济学研究中要运用数学，以从量的方面分析经济的运行和发展。非数量分析可以分为两类：一是制度因素分析，即制度对经济问题的影响，它包括产权问题、利益集团问题以及制度创新等；二是理论分析，即研究在经济活动中"应不应该这么做""值不值得这样做""是对还是错"等价值判断问题。

第四，实证分析和规范分析相结合的方法。经济学中的实证分析方法，是通过对客观经济现实的描述和分析，说明经济现象和经济过程"是什么"的问题，而不对其做出评价。规范分析方法是从某种价值判断标准出发，研究社会经济活动"应该是什么"和"如何做"的问题。经济学是实用之学，是一门社会启蒙和社会设计的科学，它不仅要客观地反映经济现实，揭示经济运动中客观存在的规律性，更要按照一定的价值标准来规划现实，使社会经济运动沿着一定的轨道前进，达到预期的目的。所以，经济学研究必须把实证分析和规范分析结合起来。

1.3.2　经济学的地位和作用

经济学大师萨缪尔森在谈到经济学的地位时说，经济学是"最古老的艺术，最新颖的科学""它在社会科学中居首要地位"。我国改革开放以来，社会对经济学的关注达到了空前的程度。当前，经济学在我国已经由只为计划部门和少数决策者服务的计划经济学变为大众经济学。个人、家庭、企业、政府部门都强烈需要经济学，都认识到不学点经济学不行。

由于市场经济的运行是一个客观过程，它不像计划经济那样，生产、流通、分配和消费都由计划者主观地决定，供求关系、价格、消费者偏好、各种市场行情、进出口、就业和经济周期的变动，既有一般的规律可循，又有难以准确把握的随机变化。对这种一般规律和随机变化的认识，离不开专门的经济理论知识。

就个人而言，每个人不得不考虑，手上这笔钱用在什么地方最有效，应该选择哪种消费品，消费后的余钱是存入银行还是投入股票市场，你必须在预期利润上做出判断和抉择。个人的日常经济行为可能不自觉地使用经济学，但是如果掌握了经济学的一般知识，你就可以根据市场变化做出更有利的抉择。

随着竞争市场的形成和发展，企业特别是一些大中型企业，不但请经济学家做顾问，而且成立了自己的经济研究所，因为一个企业的经理，无论是对市场走势的把握还是对客观政策变化的认识，都需要听取市场战略专家和经济政策专家的意见，这样才能减少决策的失误。

市场经济条件下的政府特别需要经济学，政府制定和实施一项经济政策，比如是控制信贷和投资，平抑物价，治理通货膨胀，用偏紧的货币、财政政策紧缩需求，还是放松信贷，刺激投资和生产，提高就业水平，用宽松的货币、财政政策，增加供给。它们是两个方向完全不同的经济政策，在什么时候做出什么样的政策选择，是一件关系国计民生的大事情，稍有不慎，就可能使国民经济付出昂贵的代价。

改革开放近40年来，中国经济的发展一直较为平稳、快速，除了制度创新和发展战略调整的贡献外，经济学和经济学家的贡献是不应当忽视的。无论是"需求论"还是

"供给论"，都对政府的政策行为有正面的影响。当政府推行扩张型政策、经济出现"过热"和通货膨胀时，"需求论"要求控制货币、信贷和投资的呼声提高，政府政策可能变扩张型为收缩型；当收缩政策导致市场疲软，有效需求不足，企业生产过度滑坡，失业率提高很快时，"供给论"要求放松货币、信贷和投资需求控制的呼声提高，原来向下收缩的政策可能转为向上微调。因此，经济学中的"需求论"和"供给论"对政府的过度扩张和过度紧缩的行为起到了抑制作用。

由于个人、家庭、企业和政府都需要经济学，经济学在我国社会成为日益时髦的热门科学。

另外，经济学作为一门专业基础课，是学好其他专业课的必备条件，应该引起青年学生的高度重视。

【补充阅读资料1-2】　　　　　　　像经济学家一样思考

每个研究领域都有自己的语言和自己的思考方式。数学家谈论公理、积分和向量空间。心理学家谈论自我和认识的不一致性。律师谈论案发现场、侵犯行为和约定的禁止翻供。经济学家也没有什么不同。供给、需求、弹性、比较优势这些术语都是经济学家语言的一部分。本书一个重要的目的就是帮助你学会经济学家的思考方式。当然，学会像经济学家一样思考是需要一些时间的。本书通过把理论、案例研究和新闻中的经济学事例结合起来，将给你提供充分发展和实践这种技能的机会。

【小思考1-2】

为什么只有在市场经济条件下，经济学才真正成为大众经济学？

答案：在计划经济体制下，全社会只有一个政府计划者主体，没有经济学的需求主体。个人、企业、地方政府这三个需求主体基本上处在缺位状态。市场经济使我国社会经济主体归位，即由单一的中央政府变成个人、家庭、企业和政府四大经济主体，即四大需求主体，或大众需求主体。

1.4　经济学十大原理

以上，我们从生产角度提出经济学五大基本问题。N. 格里高利·曼昆是美国哈佛大学教授、著名经济学家，他侧重从理性人之间交易关系角度提出的经济学十大原理在经济学界也很受推崇。

曼昆认为，经济只不过是一群人在生活中相互交易而已；经济学研究社会如何管理自己的稀缺资源；经济学家要研究人们如何作出决策，如何相互影响，分析影响整个经济的力量和趋势等。其主要观点如下：

1.4.1　人们如何作决策

该问题涉及四个原理：

原理一：人们面临权衡取舍。

我们会经常遇到这样的选择：为了得到一件喜爱的东西，通常就不得不放弃另一件喜爱的东西，作出决策就是要求我们在一个目标与另一个或几个目标之间进行权衡取舍。如学生要考虑如何分配使用其宝贵的时间，国家要考虑财政收入用于国防和居民生活的比例分配等。

对经济学的学习首先应从认识生活中的权衡取舍开始，至于如何权衡取舍，应该作出怎样的取舍决策，则是更深层次的问题。

原理二：某种东西的成本是为了得到它所放弃的东西。

譬如，人们考虑是否上大学的决策。从上大学受益的角度考虑，是为了丰富知识，增长才干，将来寻得好职业。从成本角度考虑，则会产生学费、住宿费、伙食费，但大家不要忽略一个最大的成本要素，即你为了上大学不得不放弃的工作收入，这是个单项成本，也就是后面将讲到的机会成本。

原理三：理性人考虑边际量。

经济学中，通常假设人是理性的，即人是理性人，具有理性思考的能力。

经济学家通常使用"边际变动"这个术语来描述对现有行动计划的微小增量调整。"边际"是指"边缘"，因此，边际变动是围绕你所做的事进行边缘调整。理性人通常通过比较边际收益和边际成本来作出决策，当一种行为的边际收益大于边际成本时，才会作出理性的决策行为。

原理四：人们会对激励作出反应。

由于理性人通过比较边际成本和边际收益作出决策，因此当激励可以改变做某件事的收益时，他们会对激励作出反应。例如，学校评定"三好学生"，当确定增加或减少三好学生数量时，就要作出激励效应比较。如考虑增加"三好学生"数量，就要顾及这个增量是否降低了"三好学生"评定标准，削弱了影响力。如考虑减少"三好学生"评定数量，就要顾及是否标准太高，大多数学生可望不可及，同样降低了激励效应。又如，政府出台房产税制度，就要从实际出发比较激励效应，过高或过低都会适得其反。

1.4.2　人们如何相互影响

在生活中，许多决策不仅影响自己，而且还会影响他人。

原理五：贸易可以使每个人的状况都变得更好。

自给自足的自然经济使人们的消费十分局限，不能满足社会生活的需要，贸易可以使人们互通有无，生活丰富多彩，大家各自用最专业的技术生产各自最低成本的质优价廉产品，通过贸易，它可使每个人状况更好。因此开展贸易的规模和空间愈大，人们收益也愈大。

原理六：市场通常是组织经济活动的一种好方法。

家庭和企业在市场上相互交易，大家都盯着价格，价格在左右着交易者的行为，市场价格是指引人们经济活动的工具。计划经济为什么会挫败？是因为价格不是由市场决定的，而是由中央计划者指定的。中央计划者确定的价格扭曲了市场真实的价格，导致了不合理的结果。

原理七：政府有时可以改善市场结果。

市场的作用是伟大的，但市场也不是万能的。经济学家用"市场失灵"这个概念来指市场本身不能有效配置资源的情况。当发生市场失灵等情况时，政府的宏观控制又是必要的。这个问题本书在后面的政府宏观调控章节里还将专门论述。

1.4.3　整体经济运行

前面人们如何作决策和人们如何相互影响共同组成了"经济"。下面的三个原理则涉及整体经济的运行。

原理八：一国的生活水平取决于它生产物品与劳务的能力。

用什么来解释各国和不同时期生活水平的巨大差别呢？答案可以说简单得出人意料，即几乎所有生活水平的变动都可以归因于各国生产率的差别，也就是一个工人一小时所生产的物品与劳务量的差别。在那些每单位时间能生产出大量物品与劳务的国家，大多数人享有高生活水平；而在那些工人生产率低的国家，大多数人必须忍受贫困的生活。生产率是生活水平的最终根源。

原理九：当政府发行了过多货币时，物价上涨。

什么引起了通货膨胀？在大多数严重或持续的通货膨胀下，罪魁祸首总是货币量的增长。当一个政府创造了大量本国货币时，货币的价值就下降了。如在20世纪20年代初的德国，当物价平均每月上升3倍时，货币量每月也增加了3倍。

原理十：社会面临通货膨胀与失业之间的短期权衡取舍。

物价水平主要是货币量增加的结果，大多数经济学家这样描述货币注入短期效应：

（1）经济中货币量增加刺激了整个支出水平，从而刺激了物品与劳务的需求。

（2）随着时间的推移，高需求会使企业提高物价，但同时也会鼓励企业增加生产物品和提供劳务量，并更多地雇用生产这些物品和提供这些劳务的工人。

（3）雇用更多的工人则意味着失业的减少。

上述推理明确了一个结论：在通货膨胀与失业之间存在着短期权衡取舍关系。政府要兼顾这种关系调控经济运行。

以上就是曼昆从理性人之间交易关系角度考察提出的经济学十大原理，简单易懂。即使是最复杂的经济分析也是用这十大原理构建起来的。

【补充阅读资料1-3】　　　　世界末日模型给经济学提出新课题

20世纪70年代罗马俱乐部发表了一篇论文《增长的极限》，提出了世界末日模型。这个模型认为，由于人口增长，食物的生产要受到资源的限制，加上水、矿藏等此类不可再生性自然资源的消耗，以及环境污染严重，如果人类这样增长下去，全球资源必然在2010年崩溃。这个模型引起了全世界广泛的争论，支持者提出了限制增长、实现零增长的目标，以维持全球的生存与生态平衡。反对者把这个模型称为"用计算机的马尔萨斯"悲观论（这个模型的结论是用计算机计算的结果）。从今天看来，这个模型并不正确，因为人类社会在增长中解决了各种问题。但这个模型也引起了人们对资源利用和环境污染等问题的重视，后来提出的可持续发展就是这个模型的发展和运用。

◀ 本章小结 ▶

●人类社会物质资料生产活动所需要的诸种要素统称为资源。在现实生活中，相对于人的需要来说，绝大多数资源都是数量有限的或稀缺的经济资源。

●稀缺性是一个普遍的规律，存在于一切时代和一切社会。它是始终伴随人类社会发展的问题。这就使得人类要不断地探索资源如何有效利用的问题，从而形成以探索资源有效利用为主题的经济学。

●经济学是一门研究资源配置及其行为的科学。配置是人类一种自觉的选择行为，从一般意义上说，配置就是选择，即如何根据现有资源和人们的需要，决定生产的种类和数量，并寻找适当的分配方式。

●人类社会面临解决的五大基本经济问题，就是经济学的任务。

●计划和市场是社会进行资源配置的两种基本方式和手段。现在就世界范围来看，市场在总体上是起基础性作用的资源配置方式。但是，这两种资源配置方式往往是结合在一起的。

●经济学在中国成为热门科学，主要是因为在经济市场化过程中它有很强的实用性，能为个人、家庭、企业和政府提供越来越有作用的指导。只有在市场经济条件下，经济学才真正成为大众经济学。

●曼昆从理性人之间交易关系角度考察提出的经济学十大原理对理解经济学很有助益。

◀ 主要概念和观念 ▶

□ 主要概念

资源　经济资源　稀缺性

□ 主要观念

稀缺性是一个普遍的规律。

配置是人类一种自觉的选择行为。

◀ 基本训练 ▶

一、选择题（单项或多项选择）

1. 人类与资源的关系是(　　)。

A. 依赖　　　　　　　B. 依靠　　　　　　C. 有效利用　　　　　D. 掠夺使用

2. 市场经济(　　)。

A. 对立于计划经济　　　　　　　　　B. 排斥计划调控

C. 不等于无计划　　　　　　　　　　D. 可以同计划调节结合

二、思考题

1. 为什么稀缺性是一个普通的规律？

2. 什么是经济学？经济学的对象和任务是什么？

3. 资源配置的基本方式有哪些？

4. 经济社会面临的五大基本问题是什么？

5. 资源配置的两种基本方式及其运动形态是什么？

6. 如何深入理解曼昆的经济学十大原理？

三、练习题

电视台的经济栏目中正在讨论关于制定最低工资法的问题。在讨论中，有两种表述：一位学者认为最低工资引起了失业，另一位学者认为政府应该提高最低工资。这两种表述分别运用了经济学哪种研究方法？

◆▶ 观念应用 ◀◆

□ 案例分析

关于大炮与黄油的选择

经济学家们经常谈论"大炮与黄油"的问题。"大炮"代表军用品，是保卫一个国家的国防所必不可少的，"黄油"代表民用品，是提高一国国民生活水平所必需的。"大炮与黄油"的问题也就是一个社会如何配置自己的稀缺资源的问题。

任何一个国家都希望有无限多的大炮与黄油，这就是欲望的无限性。但任何一个社会用于生产大炮与黄油的资源总是有限的，这就是社会面临的资源稀缺性。因此，任何一个社会都要决定生产多少大炮与黄油。这就是社会所面临的选择问题。做出选择并不是无代价的。在资源既定的情况下，多生产一单位大炮就要少生产若干单位黄油，为多生产一单位大炮所放弃的黄油数量就是生产大炮的机会成本。"大炮与黄油"问题概括了经济学的基本内容。

各个社会都要解决"大炮与黄油"问题。纳粹德国时代，希特勒叫嚣"要大炮不要黄油"，实行国民经济军事化。战后，苏联为了实现霸权与美国对抗，把有限的资源用于大炮——军事装备与火箭等，这就使人民生活水平低下，长期缺乏黄油。匈牙利经济学家科尔奈称之为"短缺经济"。第二次世界大战中，美国作为"民主的兵工厂"（当时的美国总统罗斯福的名言），向反法西斯国家提供武器，也把相当多的资源用于生产"大炮"。大炮增加，黄油减少，因此，美国战时对许多物品实行管制。无论出于什么目的而更多地生产大炮，都要求经济的集中决策：希特勒的法西斯独裁、苏联的计划经济，或者美国的战时经济管制。这些体制都可以集中资源不计成本地达到某种目的——法西斯德国的侵略、苏联的霸权，以及美国的反法西斯。但代价是黄油减少、人民生活水平下降。

在正常经济中，政府与市场共同决定大炮与黄油的生产，以使社会福利达到最大。经济学就是在解决"大炮与黄油"的问题。

问题："大炮与黄油"之间的关系是怎样的？如何才能更好地解决"大炮与黄油"问题？

第 2 章

交换、分工与货币

学习目标
2.1 交换与分工
2.2 间接交换与货币
2.3 价格与均衡价格
     本章小结
     主要概念和观念
     基本训练
     观念应用

学习目标

知识目标：通过本章的学习，掌握交换、分工、
        价格、货币、供求法则、均衡价格、
        弹性理论等基本原理。

技能目标：根据市场条件，能基本画出供求曲
        线，明确均衡价格形成的原理。

能力目标：学会用均衡价格、弹性理论等重要原
        理分析实际问题，理解一些政府调
        节市场的价格政策，并能为企业的
        价格决策作出初步策划。

几年前买加湿器，如果买美国的牌子，肯定不到 100 美元，但噪音大。换个德国的牌子，白天几乎听不到声音，但一台要 400 美元。同样是常用的消费品，美国往往经营廉价的大众品牌，德国则专精于小众的高端产品。机械加工的精度，只有德国和日本等几个国家能达到这样的一流水准，他们的技工是十年磨一剑的功夫，好像祖传的一样。正因为此，德国不怕"中国制造"。这就是德国制造业的生产优势。没有商品交换，你就不会知道什么是最优的，也不知道最优在哪里。

商品经济是以商品生产和商品交换为内容的经济形式，是社会经济发展不可逾越的阶段。在商品经济社会，要实现社会资源的有效配置，就必须充分利用商品、货币、价格和均衡价格在资源配置中的杠杆作用。

2.1　交换与分工

自然经济和商品经济是迄今为止人类社会出现的两种基本的经济形式。商品经济是在自然经济的基础上发展起来的。自然经济是一种十分古老的经济形式，它在我国统治时间之长、涉及范围之广、对人们影响之深是举世罕见的。

交换是指人们在自愿的基础上进行的有关产品所有权的转让以及其他形式的相互合作。交换可以在两人之间进行，也可以在多人之间进行。比如说，一件商品的买卖是两人之间的交换，而企业组织的形成是多人之间的交换。现代市场经济是一个复杂的交换体系，绝大部分是借助于货币进行的间接交换，但人类最初的交换是直接交换。

2.1.1　直接交换

自然经济先于商品经济存在。长达二三百万年的原始社会是完全的自然经济。自然经济是以自给自足为特征的经济形式。在这种经济形式下，生产是为了直接满足生产者家庭或经济单位（如原始氏族、封建庄园）本身的需要，而不是为了投入社会交换，产品不进入流通过程或只有极少部分进入流通过程。在生产单位中，全部或绝大部分的经济条件是在本单位中生产出来，并可继续不断地从本单位的产品中取得补偿的。在自然经济条件下，每个生产者家庭利用自身的经济条件，几乎可以生产出自己所需要的一切产品。自然经济与不存在社会分工或分工不发达的社会生产力相适应。在奴隶社会和封建社会里，虽然商品交换已经产生并有一定程度的发展，但自然经济仍占据统治地位。

所谓商品的直接交换，是指不借助于货币的物物交换，即以物易物。在直接交换中，参与交换的双方都既是卖者又是买者，交换的目的是为了直接享用。交换的比例就是某种物品用另一种物品衡量的相对价格，如果一个人用 3 斤苹果换另一个人的 1 斤鸡蛋，即说

1 斤苹果的价格是 1/3 斤鸡蛋，或说 1 斤鸡蛋的价格是 3 斤苹果。

简单商品经济即是以直接交换为特征的。它在各种社会形态中都存在，但它从未成为社会经济的支配形式，而总是伴随着和附属于占统治地位的生产方式。

2.1.2　分工是进步的源泉

分工是和交易交换相联系的。如果没有分工，人们的交易交换也许会有，但是规模会很小。只有有了精细的生产分工，人与人之间的交易交换才更加频繁地展开。

关于分工的思想，很多先哲都有过阐述。例如，古希腊的柏拉图就认为，在一个理想的国度里，君主是理想的统治者，士兵是国家的保卫者，人民是国家的劳动者，所有人都遵守这种分工，各司其职，才能维护社会正义。大卫·休谟曾指出，人类的欲望和个人的能力之间是不匹配的，只有通过协作提高能力，分工增加才能，互助减少风险，才能让人满足尽可能多的欲望。当然，这些先哲关于分工的论述都很简单，只有到亚当·斯密那里才对分工展开了较为完整的论述。

在《国富论》的开篇，亚当·斯密就用大的篇幅说明了分工的重要性。斯密指出分工有三个方面的好处：第一，它有助于手的技巧的完善，提高人的劳动熟练程度和判断力；第二，它节约了在不同工作环节之间转换劳动的时间；第三，它增加了发明新工具的可能性。正是由于有了这些好处，人们才得以通过分工合作大幅提升自身的力量，完成仅靠单个人难以完成的事情。

既然分工可以极大地改善效率，那么分工究竟是由什么决定的呢？斯密认为，它是市场规模扩大的结果。如果没有市场就不会有分工，只能自给自足。在斯密看来，市场的扩大促进了分工的细化，分工的细化带来了技术进步与创新，进而促进了经济发展，而经济发展又反过来使得市场进一步扩大……如此反复，就是经济良性发展的整个过程。

生产的社会分工除了水平分工，即最终产品生产上的专业化分工外，还有从原材料生产到最终产品生产的整个链条上的垂直分工。现代，几乎任何一种最终产品的产业链都是全球分布的。

【补充阅读材料 2-1】　　　　　亚当·斯密的制针工厂

《国富论》是亚当·斯密最重要的著作，但这部伟大的作品并没选择从对国家大事的论述开始，而是选择描述了一段扣针的制造过程。

扣针制造，几乎是一项被人遗忘的产业，但是正如亚当·斯密所指出的，"一个劳动者，如果对于这职业没有受过相当训练，又不知怎样使用这职业上的机械，那么纵使竭力工作，也许一天也制造不出一枚扣针，要做二十枚，当然是绝不可能了"。而如果工人们有了分工，"一个人抽铁线，一个人拉直，一个人切截，一个人削尖线的一段，一个人磨另一端，以便装上圆头……"如此分工之下，一个十人的小厂，一天就可以生产十二磅的针。十二磅是什么概念？四万八千根，也就是平均每个工人生产了四千八百根针。由此可见，即使是扣针制造这样一个小小的产业，只要利用分工，生产的效率也能得到成百上千倍的提升。

从这个看似平凡的制针的例子中，竟得到了令人吃惊的结论，正因为如此，它成了经济学中最为著名的例子之一。

2.1.3　经济的相互依存的利益

商品是从劳动产品发展而来的。从劳动产品转化为商品，必须具备两个条件：社会分工和劳动产品归不同的所有者。

当不同的个人持有不同的物品、怀有不同的愿望，或者两者兼有时，就出现了进行互利交换的可能，即各个参与者都能得到好处的交换。交换可能使这两个人都得到好处，同样的道理也适用于国家之间。

两人之间的自愿交换并不会造成一人得利、另一人吃亏的结果，而是两人同时得利。假如贸易会使任何一方吃亏，吃亏的一方就不会参与贸易了。因此，自愿交换的一个基本结果就是每一方都受益。

交换的另一个好处是它使个人、单位或国家可以集中资源用于生产他们最善于生产的物品。有些个人、单位或国家在某种物品的生产上比另一些个人、单位或国家有更高的效率，即具有绝对优势。有些个人、单位或国家在某种物品的生产上相对成本低，即具有比较优势。

在实行商品生产和交换的条件下，各个生产者或个人都处在社会化大分工的体系中，各自都生产自己具有绝对优势和相对优势的商品同他人相交换，从而大大提高了社会的劳动生产率和社会资源的配置效率。因此，商品经济形成的经济的相互依存的利益，不仅表现在单个商品生产者身上，而且表现于整个社会乃至全世界。

【补充阅读资料 2-2】　　澳大利亚家庭年均购 5 300 美元中国商品

根据一份研究报告，每个澳大利亚家庭每年平均花费 5 100 澳元（约合 5 300 美元）购买中国商品。

据艾伦咨询集团称，2011 年有价值超过 430 亿澳元的中国产品被进口到澳大利亚，其中大多是电信设备、服装和计算机产品。中国产品进口额与上一年相比增长了 16%。中国货涌入帮助缓解了因为住房、医疗和教育产品价格飞涨而陷入财务拮据状况的澳大利亚消费者的负担，并相应减轻了通货膨胀的压力。

这份研究报告由澳大利亚中国商会委托撰写。该商会会长弗兰克·德说："你只需前往本地的邦宁斯建材卖场就能发现与中国进行贸易的好处。丰富的住房装修产品反映了中国产品的多样化、质优和廉价。这些进口产品对于抑制通货膨胀起到了重要作用。"

新南威尔士州和维多利亚州是澳大利亚进口中国产品最多的两个州。2011 年，维多利亚州每个家庭平均消费了超过 7 000 澳元的中国产品。

与此同时，中国也是澳大利亚产品的最大消费国。中国在 2010—2011 财年从澳大利亚进口了价值超过 700 亿澳元的产品和服务，合每个澳大利亚家庭大约 8 300 澳元。对中国的出口额占澳大利亚全部出口额的大约 1/4。迄今为止，西澳大利亚州居民是对中国出口的最大受益者。

【小思考 2-1】

简单商品经济同发达的商品经济在生产目的上的区别是什么？

答案：前者是通过交换满足生产者自己的需要，后者是直接以市场交换为目的。

2.1.4　商品的效用及价值

商品、货币、价格是经济学最基本的范畴。经济学的研究须借助商品、货币、价格等基本要素。

根据西方经济学的观点，商品是用于交换的财货或有效用的物品。商品是为社会和他人生产的经济物品。因而它首先是一个有用物，即能够满足人们的某种需求或欲望，如粮食可以充饥，衣服可以御寒，容器可以盛物等。商品的某种有用性，就是商品的效用，也是商品的使用价值。一种商品因其自身的成分、性质和用途不同而有不同的效用，同一种商品因有多种属性而拥有多种效用。一种没有任何效用的劳动产品，包括服务，既不会有需求，也不会有供给，它也就不会成为商品。因而**效用**实质上是能够满足人们某种需要的使用价值。

效用可分为客观效用和主观效用。某一商品的客观效用，是指它客观具有的某种满足人们需要的性能。这是由商品本身的物理性质和形式决定的，是人们不同的具体劳动的结果。它是客观的使用价值，是能进行客观比较的。某一商品的主观效用，是指不同的人们消费之后所产生的不同感受和满足，是一种主观的使用价值。由于这是一种不同人各自主观的判断，因而可以自我比较，但不能进行相互比较。尽管主观效用是消费者的主观感觉，没有一个客观标准，很难进行测定，但是如果我们对千百万人群的主观感觉进行统计分析，又可以找出其中规律性的东西。例如，南方人喜欢吃大米、饮黄酒；北方人喜欢吃面食、饮白酒。这就是南、北方人对大米及酒等经济物品主观效用上的差别，因而主观效用是客观的，主观效用的差别也是客观的，尊重这种客观存在，才能最大化地满足不同消费者的需求。

关于商品的价值，根据马克思劳动价值论的观点，商品是用以交换的劳动产品，在生产它们时都耗费了人的体力与脑力。这种体力和脑力的支出就是无差别的人类劳动。凝结在商品中的无差别的一般人类劳动就是**商品的价值**。

西方经济学者在价值是什么的问题上有多种观点，如"生产费用价值论""边际效用价值论""供求价值论""生产要素价值论"等。而研究价值是什么的问题并不是经济学的主要任务。价值是政治经济学的核心范畴，解决价值是什么的问题，是政治经济学的任务。经济学的核心范畴是价格而不是价值，在现实经济生活中，人们也是只讨论价格而不讨论价值。因而不管价值是什么，不管是马克思的"劳动价值论"，还是西方经济学者的"生产费用价值论""边际效用价值论""供求价值论"（价格和价值实质是一个东西）、"生产要素价值论"等，都不影响经济学整个理论体系的构建。

2.2　间接交换与货币

2.2.1　货币的产生

商品交换经历了两个阶段：直接的物物交换和以货币为媒介的间接交换。物物交换因受时间、地域和所需商品等因素的限制，具有很大的局限性。随着商品交换的发展，出现了一种特殊的商品，由它来充当商品交换的媒介。这种特殊的商品最后被固定在金银等贵金属上时，就形成了货币。货币产生后，交换不仅变得方便了，而且交换的形式也发生了变化，由"商品→商品"的物物交换形式，转换为"商品→货币→商品"的间接交换形式。因此，**货币**是商品交换长期发展的产物，是从商品交换中分离出来，充当交换媒介的一般等价物。从历史发展来看，世界各国货币制度的演变先后出现过银本位制、金银复本位制、金本位制和纸币本位制四大类型。

货币的出现，解决了直接交换的不便。货币是人们普遍愿意接受的支付手段。人们愿意接受它，是因为相信其他人会接受它。货币的出现还统一了商品的价值尺度，使经济核算更容易了。与直接交换相比，货币的出现大大降低了交换成本，推动了分工和专业化，使得人类的大范围合作成为可能。

2.2.2　货币需求与货币需求量

1）货币需求与货币职能

货币需求是指经济主体在既定的收入和财富范围内能够并愿意持有货币的数量。经济学意义上的需求指的是有效需求，不单纯是一种心理上的欲望，而是能力与欲望的统一体。货币需求作为一种经济需求，理当是由货币需求能力和货币需求愿望共同决定的有效需求。

货币需求是一种派生需求，派生于人们对商品的需求。货币是固定充当一般等价物的特殊商品，具有价值尺度（即衡量商品价值量）、流通手段（即充当商品交换媒介）、支付手段（即清偿债务）和贮藏手段（即当作一般社会财富保存起来）、世界货币等职能，能够满足商品生产和交换的需要，以及持有财富的需要等等。

2）货币需求量

货币需求量是指在特定的时间和空间范围内（如某年某国），经济中各个部门需要持有货币的数量，即一定时期内经济对货币的客观需求量。决定一定时期流通中货币需求量的规律，即为货币流通规律。一般来说，流通中需要的货币量主要取决于三个因素：（1）待售商品总量；（2）商品价格水平；（3）货币流通速度（在一定时期内，同一单位货币可以流转多次）。前两个因素的乘积，即商品价格总额。在其他条件一定的情况下，商品价格总额越大，流通中所需要的货币量越多，货币量与商品价格总额成正比关系，而与货币流通速度成反比关系。用公式表示如下：

$$\text{一定时期内流通中需要的货币量} = \frac{\text{商品价格总额}}{\text{同一单位货币的平均流通速度（次数）}} \qquad (2.1)$$

2.2.3　西方经济学者关于货币需求理论的研究

1）古典货币数量说

古典货币数量说主要有现金交易数量说和现金余额数量说。

（1）费雪的现金交易数量说

1911 年，美国经济学家费雪在其《货币购买力》中提出了著名的交易方程式，也称为费雪方程式：

$$MV = PT$$

其中，P 代表物价水平，T 代表商品和劳务的交易量，V 代表货币流通速度，M 代表货币量。

费雪认为，在方程式中，V 和 T 在长期中都不受 M 变动的影响。V 由制度因素决定而在短期内难以改变，可视为常数；T 取决于资本、劳动和自然资源的供给状况以及生产技术水平等非货币因素，大体上也是稳定的。因此，只有物价水平 P 和货币量 M 有直接关系。M 处于主动的、起支配作用的地位，而 P 则是被动因素，是随货币量的波动而波动的。因此，交易方程式所反映的货币量决定物价水平的理论，也被称为"现金交易数量说"。

（2）剑桥学派的现金余额数量说

庇古是英国剑桥学派的主要代表人物。1917 年他在英国《经济学季刊》上发表了"货币的价值"一文，提出并全面阐述了剑桥方程式：

$$\pi = \frac{KY}{M} \quad 或 \quad KY = \pi M$$

其中，Y 代表总收入，K 代表总收入中愿意以货币形式持有的比重，π 代表货币价值，M 代表名义货币供给量，KY 代表真实货币需求量。

庇古认为，货币的价值由货币供求的数量关系决定。货币需求应以人们的手持现金来表示，它不仅包括作为交易媒介的货币，也包括贮藏货币，这是剑桥方程式区别于交易方程式的关键所在，等式中 K 就集中反映了这一思想。因此，庇古的理论也被称为现金余额数量说。剑桥学派把 K 解释为人们的持币量与支出总量的比例。持有的货币总量越大，所需货币越多。这也是试图说明物价和货币价值的升降取决于货币量的变化。假定其他因素不变，物价水平与货币量成正比，货币价值与货币量成反比。它表明了控制货币投放对控制物价及稳定币值的意义。

2）凯恩斯的货币需求理论——流动性偏好论

现代宏观经济学的奠基人凯恩斯在其 1936 年出版的经典著作《就业、利息和货币通论》中，在扬弃古典货币数量说的基础上，提出了自己的货币需求理论。凯恩斯深入细致地分析了货币需求者的各种动机，认为经济主体之所以需要货币，是因为存在"流动性偏好"这一心理倾向，即愿意持有具有完全流动性的货币而不是其他缺乏流动性的资产，以应付日常的、临时的或投机的需要，从而产生货币需求。因此，凯恩斯的货币理论被称为流动性偏好论。流动性偏好论指出，货币需求是由三类货币需求动机决定的：①交易动机。②预防动机（即为了应付不测之需）。③投机动机。前两项构成交易性需求，由获得的收入多少决定，是国民收入的增函数，后一项是投机性需求，是国民收入的减函数。凯恩斯认为，当利率降到某一低点时，货币需求会无限增大，此时无人愿意持有债券，都愿意持有货币，流动性偏好具有绝对性。这就是著名的流动性陷阱。

凯恩斯的理论突出了利率对流通中货币需求的影响，试图表明应如何通过控制利率来控制货币需求及物价水平。

3）弗里德曼的现代货币需求数量说

美国当代经济学家弗里德曼在接受剑桥学派观点的基础上认为，人们持有货币不仅仅是因为交换，同时还因为货币是财富而形成了多种影响因素。这些影响因素主要有四个方面：①财富总额，即以人们现在收入与过去收入加权计算的收入，也即"恒久性收入"。恒久性收入越高，所需货币量越多。②财富构成，即人力财富与非人力财富之比。人力财富是指个人在将来获得收入方面的能力，非人力财富即物质财富。未来的人力财富总要转化为现实的物质财富。转化过程需要货币，人力财富比例越高，所需准备的货币就越多。③金融资产的预期收益率。持有货币的名义收益率一般等于0，持有其他金融资产如股票、债券、定期存单等的收益率一般大于0。因此，其他金融资产的收益率愈高，持有货币的数量就愈会减少。④其他因素，即影响货币需求的各种随机因素。这里，弗里德曼把货币量看作一个十分复杂的经济范畴，提出了现实中各种错综复杂的影响因素。为此，弗里德曼提出了自己的货币需求函数：

$$\frac{M}{P} = f\left(Y_p;\ W;\ L_m,\ L_b,\ L_e;\ \frac{1}{P}\frac{dp}{dt};\ \mu\right)$$

其中，M 代表名义货币量，P 代表物价水平，Y_p 代表恒久性收入，W 代表非人力财富占总财富的比例，L_m、L_b、L_e 分别代表存款、债券和股票的预期名义收益率，$\frac{1}{P}\frac{dp}{dt}$ 代表物价水平的预期变动率，μ 代表随机因素的影响总和。

弗里德曼同时十分强调货币数量的作用，他认为货币数量的变动在经济生活中起支配作用，强调"唯有货币要紧"。联系近年来世界范围内屡屡发生的金融危机，无不是因为货币数量出了问题。

上述理论都各自从不同的角度就货币数量提出了有价值的观点，对现实经济生活中人们把握货币流通规律具有指导意义。

2.2.4 货币供给

货币供给是相对于货币需求而言的，指货币供给主体即一国或者一货币区银行系统向经济主体供给货币以满足其货币需求的过程。

货币供应量是指非银行部门持有的货币资产数量，即流通中的货币数量。货币一旦被注入经济中并进入实际流通领域，就会形成现实的流通中的货币。因此，货币供应量在数量上就等于流通中的货币流，两者是同量对应关系。

流通中的现金和银行活期存款为流通中的货币，是我国狭义货币供应量 M_1；"定期存款+储蓄存款+证券公司客户保证金"属于潜在的货币量，与 M_1 一起构成我国的广义货币供应量 M_2。

货币的需求与供给既相互对应，又相互依存。货币供给符合经济生活对货币的需求则达到均衡，即货币供求平衡。如货币供给过度，超过了经济生活对货币的需求，则会出现单位货币贬值、物价上涨的现象，这称为通货膨胀。

2.3　价格与均衡价格

无论是以物易物的商品交易，还是以钱换钱的货币交易，或是以货币作媒介的一般流通模式，都必须有价格，**价格**是*商品价值的货币表现*，没有价格就不存在市场交易，也就没有市场经济。价格是市场经济的核心范畴。由于市场经济条件下供求关系是价格决定的主要因素，所以我们的价格分析要从需求与供给开始。

2.3.1　需求与需求曲线

每个物品的市场都有需求和供给两个方面。需求是指消费者在某一特定的时期内，在每一价格水平上愿意而且能够购买的商品量。作为需求要具备两个条件：第一，有购买欲望；第二，有购买能力。这两者缺一不可。

可以把消费者在不同价格水平下对某商品的需求量用表 2-1 来表示。

表 2-1　　　　　　　　　　　　　　对某商品的需求量表

	价格（元）	需求量（吨）
a	20	110.0
b	40	90.0
c	60	77.5
d	80	67.5
e	100	62.5
f	120	60.0

某种商品的需求曲线如图 2-1 所示，通常横轴表示需求量，纵轴表示价格，D 表示需求曲线。需求曲线就是根据需求表所画出的表示价格与需求量关系的曲线。但这个需求曲线只不过是个人需求曲线，市场上的消费者很多，如果把所有的消费者对某种商品的需求表综合起来，就可以得出市场需求表，并根据市场需求表画出市场需求曲线。

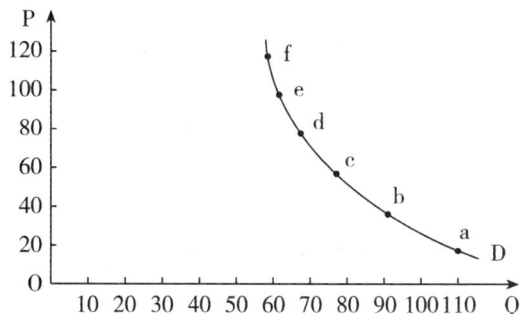

图 2-1　某种商品的需求曲线

这种表明某种商品的价格和需求量之间关系的表，就称为需求表。在经济学中通常用图示法把需求表中所体现的这种关系表现出来，见图2-1。

市场需求不是静止不变的，影响它变化的因素主要有下列4项：

（1）商品本身的价格

在其他因素不变的条件下，某商品的需求量与该商品的价格变动成反比。当价格上涨时需求量下降，当价格下跌时需求量增加。此即需求法则的基本内容。

（2）消费者的货币收入水平

在其他因素不变的条件下，所有消费者的货币收入愈多，对商品的需求量愈大，反之则需求量愈小。在坐标图上，货币收入水平上升使需求曲线向右上方移动，货币收入水平下降使需求曲线向左下方移动。

（3）消费者的偏好

如果消费者对某一商品的偏好程度变大，则该商品的需求曲线向右移动；反之，则向左移动。消费者的偏好变化越大，则市场需求曲线的移动幅度越大。

（4）关联商品的价格水平

一商品的关联商品有替代品和互补品之分。一种是替代关系，它是指两种商品可以相互替代来满足同一种欲望，如苹果与梨。当苹果的价格下跌时，梨的市场需求曲线就会向左移动；当苹果的价格上涨时，梨的市场需求曲线就会向右移动。两种替代商品之间的价格与需求量是同方向变化的。另一种是互补关系，它是指两种商品共同满足同一种欲望，它们之间是相互补充的，如录音机与录音带，录像机与录像带。当录音机或录像机价格降低时，对录音带或录像带的需求就会增加，这时，录音带或录像带的需求曲线就会向右移动。两种互补的商品之间的价格与需求量是反方向变动的。

此外，社会制度、社会人口的数量及组成、风俗习惯、地域等因素也会影响需求曲线的移动。

如果把影响需求的因素作为自变量，把需求作为因变量，则可以用函数关系来表示影响需求的因素与需求量之间的关系，这种函数就是需求函数。用D代表需求，a，b，c，d，…，n代表影响需求的因素，则需求函数为：

D=f（a，b，c，d，…，n）

如果假定其他因素不变，只考虑商品本身的价格与对该商品的需求关系，并以P代表价格，则需求函数为：

D=f（P）

从图2-1中，可以清楚地看出需求曲线向右下方倾斜，它反映了现实经济生活中的一条规律：在一般情况下，如果其他条件不变，价格越高，需求量越少；反之，价格越低，需求量越多，价格和需求量之间存在着反向变动的关系。这就是一般商品的**需求法则**。

需求法则表明，当其他条件不变，即收入、消费者偏好、关联商品价格等因素不变时，商品本身的价格与其所引起的对该商品的需求量的变动是在同一条需求曲线上移动的。这种变动称为需求量的变动。

当商品本身价格不变，其他因素变化，从而引起需求变动时，表现为需求曲线的平行移动。这种变动称为需求曲线移动，也叫需求变动，如图2-2所示。当需求曲线向右移动时，表示需求的增加；当需求曲线向左移动时，表示需求的减少。

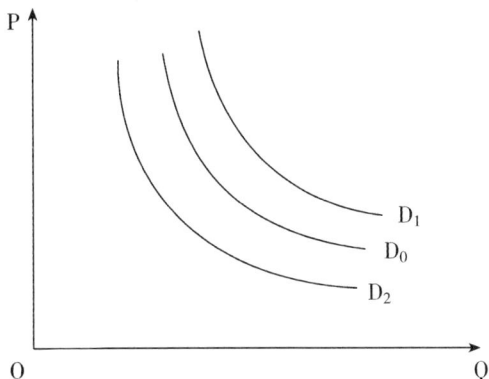

图 2-2 需求曲线的移动

当然，也有例外，主要表现为以下两种情况：

（1）像珠宝、项链这一类作为地位象征的商品，其价格越低，需求量越小。

（2）像古玩、历史珍品、名贵邮票等，当价格发生较大变动时，需求量呈现不规则的变化。

【补充阅读资料 2-3】　　　　　　　**动物园门票的定价**

如果你是一个大型动物园的园长，你的财务经理告诉你，动物园缺乏资金，并建议你考虑改变门票价格以增加总收益。你将怎么办呢？是提高门票价格，还是降低门票价格？

回答取决于需求弹性。如果参观动物园的需求是缺乏弹性的，那么，提高门票价格会增加总收益。但是，如果需求是富有弹性的，那么，提高价格就会使参观者人数大幅减少，以至于总收益减少。在这种情况下，你应该降价，参观者人数会大幅增加，总收益因此而增加。

为了估算需求的价格弹性，你需要请教有关统计学家。他们会用历史资料来研究门票价格变化时，参观动物园人数的逐年变动情况。这种资料分析会提供一个需求价格弹性的估算，你可以用这种估算来对你的财务问题做出应有的反应。

2.3.2 供给与供给曲线

经济学中所说的供给是指生产者在某一特定的时期内，在每一价格水平上愿意而且能够卖出的商品量。作为供给也要具备两个条件：第一，有出售愿望；第二，有供给能力。两者缺一不可。在生产者的供给中，既包括了新生产的产品，也包括了过去生产的存货。

可以把生产者在不同价格水平下对某商品的供给用表 2-2 来表示。

这种表明商品的价格与供给量之间的关系的表被称为供给表。根据表 2-2 可以作出图 2-3。

在图 2-3 中，横轴代表供给量，纵轴代表价格，S 即为供给曲线，供给曲线就是根据供给表所画出来的，表示价格与供给量关系的曲线。

表 2-2　　　　　　　　　　　　　　对某商品的供给表

	价格（元）	供给量（吨）
a	20	5.0
b	40	46.0
c	60	77.5
d	80	100.0
e	100	115.0
f	120	122.5

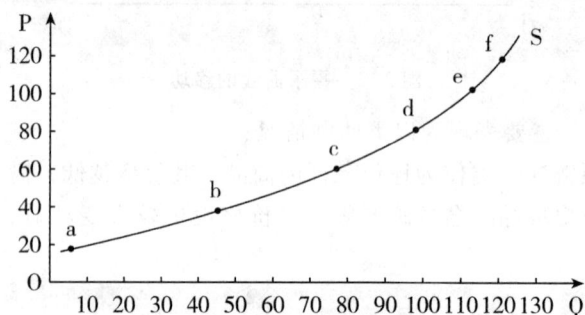

图 2-3　某一商品的供给曲线

　　从图 2-3 中还可以看出，供给曲线是一条向右上方倾斜的线，这表明<u>价格与供给量之间存在着同方向变动的关系，即在其他条件不变的情况下，供给量随着价格的上升而增加，随着价格的下降而减少</u>，这就是经济学中所说的**供给法则**。对某些商品来说，供给法则也不一定适用。例如，劳动力的供给在工资小幅度上升时会增加，但当工资增加到一定程度时，如果再增加，劳动力的供给不仅不会增加，反而会减少。

　　影响供给的因素除了商品本身的价格之外，还有这样一些因素：生产者所要达到的目的；现有的技术水平；其他商品的价格；生产要素的成本以及生产者对未来的预期等。

　　如果把影响供给的因素作为自变量，把供给作为因变量，则可以用函数关系来表示影响供给的因素与供给量之间的关系，这种函数就是供给函数。用 S 代表供给，用 a，b，c，d，…，n 代表影响供给的因素，则供给函数为：

S=f（a，b，c，d，…，n）

　　假定其他因素不变，只考虑商品本身的价格与该商品的供给量的关系，并以 P 代表价格，则供给函数为：

S=f（P）

　　当影响供给的其他因素不变时，商品本身价格的变动所引起的供给量变动是在同一条供给曲线上的移动。这种变动称为供给量的变动。例如，在图 2-3 中，在供给曲线 S 上，从 a 点到其他各点的变动就是供给量的变动，向右上方的变动表示供给量的增加，向左下方的变动表示供给量的减少。

　　当商品本身的价格不变时，其他因素的变动所引起的供给量的变动是整个供给曲线的移动。这种变动称为供给的变动，可以用图 2-4 来说明。

　　在图 2-4 中，供给曲线由 S_0 移至 S_1、S_2，都是供给的变动。当供给曲线向右下方移

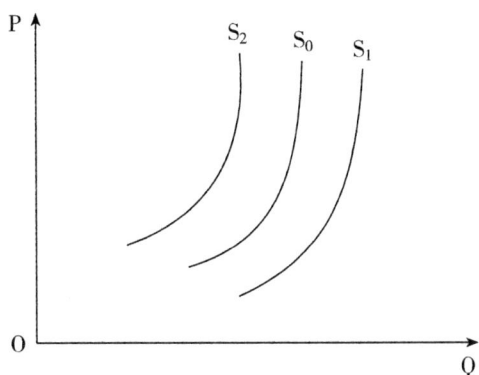

图 2-4　供给曲线的变动

动时（由 S_0 移至 S_1），表示供给的增加；当供给曲线向左上方移动时（由 S_0 移至 S_2），表示供给的减少。

2.3.3　均衡价格

均衡是物理学中的概念。当一物体同时受到方向相反的两个外力的作用，且这两种力量恰好相等时，该物体由于受力相等而处于静止的状态，这种状态就是均衡。马歇尔把这一概念引入经济学中，主要指经济现象中各种对立的、变动着的力量处于一种力量相当、相对静止、不再变动的境界。均衡价格理论是根据需求与供给的变动来说明价格的决定。**均衡价格**是指一种商品的需求与供给相一致时的价格，这时的需求量与供给量也一致，称为均衡量或均衡产量。

均衡价格是经过市场供求波动而自发形成的。

从表 2-3 中可以看出，当价格为 10 元时，生产者认为这个价格最有利，它将提供 5 个单位的商品，但消费者认为价格太高了，需求量为 1，于是供大于求，价格下跌。反之，当价格为 2 元时，消费者认为价格最适合，需求量增大到 5 个单位，但生产者认为价格太低了，供给量减少到 1 个单位，于是供不应求，价格上升，供给量将增加，需求量将减少。由于供求不一致，所以连续波动。通过市场价格的波动和供求的变化，在价格为 6 元时，供给量和需求量相一致。此时，某商品的均衡价格为 6 元，均衡数量为 3 个单位。将此过程用曲线来表示，就如图 2-5 所示。

表 2-3　　　　　　　　　　　　　　　　　**某商品的均衡价格表**

	供给量（个）	价格（元）	需求量（个）
a	5	10	1
b	4	8	2
c	3	6	3
d	2	4	4
e	1	2	5

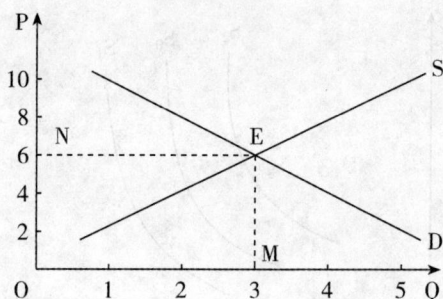

图 2-5   需求与供给均衡

在图 2-5 中，横轴代表数量，纵轴代表价格，D 代表需求曲线，S 代表供给曲线，D 与 S 相交于 E 点，这时需求等于供给，决定了均衡价格为 ON，均衡数量为 OM。

均衡价格是通过市场供求关系的自发调节而形成的。由于供求的相互作用，一旦市场价格背离均衡价格，则有自动恢复均衡的趋势。

影响均衡价格的基本因素有：

（1）需求变动

需求曲线的平移是由商品本身价格以外的因素决定的，主要有消费偏好、关联商品价格的变动等因素。需求曲线的移动，也就是需求的变动。需求增加，需求曲线向右方平移，表明均衡价格和均衡产量都有了增加；需求减少，需求曲线向左平移，表明均衡价格和均衡产量都有了减少。需求变动引起的均衡价格和均衡产量的变动是同方向的变动，如图 2-6 所示。

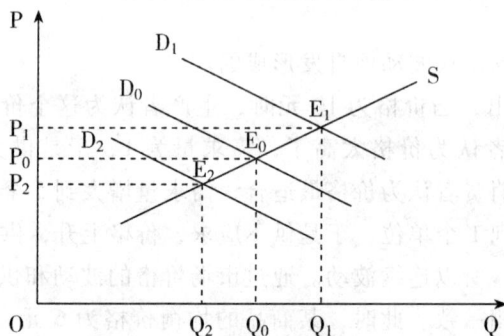

图 2-6   需求变动效应

（2）供给变动

供给曲线的平移是由商品本身价格以外的因素决定的，主要有技术水平的提高、生产要素价格的变动、生产成本的变动等因素。供给增加，供给曲线向右方平移，表示均衡价格下降，均衡产量扩大；供给减少，供给曲线向左方平移，表明均衡价格上升，而均衡产量减少。供给变动引起均衡价格反方向变动和均衡产量同方向变动，如图 2-7 所示。

从以上的分析可以得出以下两点结论：

第一，需求的增加引起均衡价格上升，均衡产量增加；需求的减少引起均衡价格下降，均衡产量减少。即需求的变动引起均衡价格与均衡产量同方向变动。

第二，供给的增加引起均衡价格下降，均衡产量增加；供给的减少引起均衡价格上

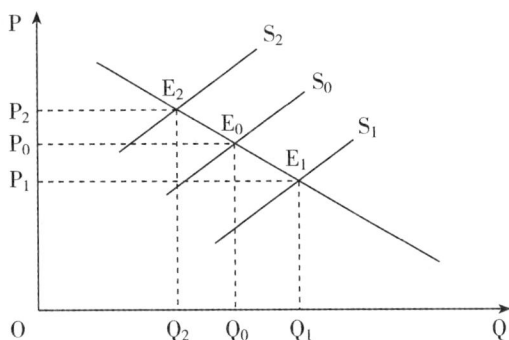

图 2-7　供给变动效应

升，均衡产量减少。即供给的变动引起均衡价格反方向变动，均衡产量同方向变动。

上述这种关于需求变动与供给变动对均衡价格和均衡产量影响的关系，被称为**供求定理**。

均衡价格理论常用来分析政府的各种价格政策对经济的影响，关于支持价格与限制价格的分析便是一例。

支持价格，是政府为了扶持某一行业的生产而规定的该行业产品的最低价格。支持价格高于均衡价格，供给大于需求。为了维持支持价格，政府就要收购过剩产品，用于储备、出口或援外。

限制价格，是政府为了限制某些产品的价格上涨而规定的这些产品的最高价格。政府为了防止物价上涨，确定了某种产品的限制价格。限制价格低于均衡价格，这时需求量大于供给量，为了维持这种限制价格，政府会采用配给制，市场上会出现抢购现象与"黑市"交易。

在现代经济社会，随着收入水平的大大提高，人们的需要不仅高层次化，而且越来越多样化，可变性也越来越强，因而满足固定需要的必需品的生产在整个生产中所占的比重越来越小，更多的商品和劳务生产不得不伴随着需要的变化而变化。从某种意义上说，现代经济生活更多的是"需求创造供给"，而非"供给创造需求"。

2.3.4　弹性及应用

这里应该引起注意的一个现象是，当需求和供给两方面都仅仅发生需求量或供给量变动的时候，需求曲线和供给曲线的交点不发生变动，但是呈现出了需求弹性和供给弹性。需求弹性，是需求价格弹性的简称，它表示某一商品的需求量对其本身价格变化的反应程度。需求弹性是指百分之一的价格变化引起需求数量多大百分数的变化。需求的价格弹性可以测量需求数量对价格变化反应的灵敏度，用公式表示为：

$$需求弹性 = \frac{需求量变动的百分比}{价格变动的百分比} \tag{2.2}$$

不同商品的需求弹性是不同的。决定一种商品需求弹性的因素可概括为下述四个方面：

（1）该商品的替代品的数目和替代的相近程度

如果一种商品有很多相近的替代品，它的需求很可能是有弹性的。因为若价格上涨，消费者会少买这种商品，而多买它的替代品；若价格下跌，消费者会多买这种商品，而少买它的替代品。

（2）必需品和奢侈品

必需品倾向于需求缺乏弹性，而奢侈品倾向于需求富有弹性。例如，食盐、面粉、肥皂之类的商品，其需求弹性就很小。

（3）市场的范围

在任何一个市场上，需求弹性都取决于我们所划出的市场界限。范围小的市场的需求弹性往往大于范围大的市场，因为范围小的市场上的物品更容易找到相近的替代品。例如，食物是一个广泛的范畴，它的需求相当缺乏弹性，是因为没有更好的食物替代品。冰激凌是一个较狭义的范畴，它的需求较富有弹性，是因为容易用其他甜点来替代冰激凌。香草冰激凌是一个非常狭义的范畴，它的需求非常有弹性，是因为其他口味的冰激凌几乎可以完全替代香草冰激凌。

（4）时间的长短

物品往往随着时间变长而需求更富有弹性。当汽油价格上升时，在最初的几个月中汽油的需求量仅略有减少。但是，随着时间的推移，人们购买更省油的汽车，或转向公共交通，或换到离工作近的地点，几年之内，汽油的需求量会大幅度减少。

需求弹性这个概念，对于厂商确定销售价格和政府机构制定销售价格的政策，都是必须考虑的重要因素。

供给弹性是供给价格弹性的简称。它表示某一商品供给量对其本身价格变化的灵敏度，用公式表示为：

$$供给弹性 = \frac{供给量变动的百分比}{价格变动的百分比} \tag{2.3}$$

决定商品供给价格弹性的因素有两方面：

（1）供给价格弹性决定着卖者改变他们生产的物品产量的伸缩性。例如，海滩土地供给缺乏弹性，因为几乎不可能生产出这种土地。与此相比，诸如书、汽车和电视这类制成品的供给富有弹性，因为生产这些物品的企业可以对价格上升作出反应而增加产量。

（2）供给价格弹性的决定性因素是时间的长短。供给在长期中的弹性通常大于短期。在短期中，供给量对价格非常不敏感。与此相比，在长期中企业可以建立新工厂或关闭旧工厂。此外，新企业也可以进入一个市场，旧企业也可以关门。因此，在长期中供给量可以对价格作出相当大的反应。

供给弹性对政府调整产业结构、扩大或压缩产品生产有很大的借鉴作用。

【小思考 2-2】

供求关系对价格形成的作用如何？

答案：供求平衡价格接近价值，供过于求或供不应求则出现过低或过高的价格上下浮动现象，因而供求在价格形成中是一个最为关键的客观依据。

【补充阅读资料 2-4】　　减少香烟需求量的两种方法

公共政策制定者常常想减少人们吸烟的数量。政策可以努力达到这一目标的方法有两种：

一种方法是使香烟或其他烟草产品的曲线移动。公益广告、香烟盒上"有害健康"的警示，以及禁止在电视上做香烟广告，都是旨在任何一种既定价格水平下减少香烟需求量的政策。如果成功了，这些政策就使香烟的需求曲线向左移动。

减少吸烟的另一种方法是，政策制定者可以试着提高香烟的价格。例如，如果政府对香烟制造商征税，烟草公司就会以高价格的形式把这种税的大部分转嫁给消费者。较高的价格促使吸烟者减少他们吸烟的数量。在这种情况下，吸烟量的减少就表现为沿着同一条需求曲线移动到价格更高而数量更少的点上。

吸烟量对价格有多大的反应呢？经济学家试图通过研究香烟税变动时出现的情况来回答这个问题。他们发现，香烟价格上升 10% 会引起需求量减少 4%。此外，青少年对香烟价格特别敏感：香烟价格上升 10% 使青少年的吸烟量减少 12%。

◀ 本章小结 ▶

●商品经济是以商品生产和商品交换为内容的经济形式，在商品经济社会，要实现资源的有效配置，就必须充分利用商品、货币、信用、价格、均衡价格在资源配置中的杠杆作用。

●商品自愿交换的一个基本结果就是每一方都受益，参与交换的好处是使个人和社会可以集中资源用于他们最善于生产的物品。参与者的受益可表现为比较利益的绝对优势和比较优势。

●商品的间接交换产生了货币，货币的出现使经济核算变得更容易，降低了"交换成本"。

●市场包含需求和供给两个方面，需求曲线是一条从左上向右下移动的曲线，需求数量随价格提高而减少；供给曲线是一条从左下向右上移动的曲线，供给数量随价格提高而增加。

●用需求的价格弹性可以测量需求数量对价格变化反应的灵敏度。需求弹性是指百分之一的价格变化引起需求数量多大百分数的变化。

●价格是商品价值的货币表现，但受供求关系的影响并直接决定其高低。在完全竞争条件下，当商品的需求量和供给量正好相等时，需求曲线和供给曲线相交的那一点的价格叫均衡价格。现实中的实际价格通常低于或高于均衡价格，但实际价格存在向均衡价格接近的趋势。

●供求定理的内容是：需求的变动引起均衡价格与均衡产量同方向变动；供给的变动引起均衡价格反方向变动，均衡产量同方向变动。

◀ 主要概念和观念 ▶

☐ 主要概念

效用　商品的价值　货币　价格　需求法则　供给法则　均衡价格　供求定理

☐ 主要观念

商品经济的相互依存的利益。

◆ **基本训练** ◆

一、选择题（单项或多项选择）

1. 商品经济是（　　）。

A. 自利经济　　　　　B. 利他经济　　　　C. 互利经济　　　　D. 损人经济

2. 商品的主观效用（　　）。

A. 不存在　　　　　　　　　　　　　B. 客观存在

C. 有客观标准　　　　　　　　　　　D. 差别具有客观性

3. 均衡价格是（　　）。

A. 由价值决定的

B. 不存在的

C. 是反价值的

D. 价值决定在供求平衡状态下的价格表现

4. 费雪的交易方程式表达的观点是（　　）。

A. 货币量决定货币价值　　　　　　　B. 物价是被动因素

C. 最活跃的因素是货币量　　　　　　D. 货币量决定物价水平

5. 庇古的现金余额数量说认为（　　）。

A. 物价水平与货币量成正比，货币价值与货币量成反比

B. 人们对货币的需求量取决于他们的流动性偏好

C. 恒久性越高，所需货币越多

D. 货币量是最活跃的因素

6. 凯恩斯的流动性偏好理论认为，影响人们流动性偏好的因素主要有（　　）。

A. 交易动机　　　　　B. 预防动机　　　　C. 投机动机

D. 发展动机　　　　　E. 价值动机

7. 在弗里德曼的货币需求函数中，与货币需求成正比的因素有（　　）。

A. 恒久性收入　　　　B. 人力财富比例　　　C. 存款的收益率

D. 债券的收益率　　　E. 股票的收益率

二、思考题

1. 直接交换、间接交换及货币的产生。

2. 怎样理解交换的相互依存的利益？

3. 需求的变动和需求量变动的区别。

4. 供给的变动和供给量变动的区别。

5. 需求弹性和供给弹性的计算。

6. 比较弗里德曼等西方经济学者的货币需求观点，怎样理解这些观点的价值和实际意义？

7. 谈谈价值、价格和均衡价格的关系。

三、练习题

1. 某种商品的需求弹性系数为1.5，当它降价8%时，需求量会增加多少？

2. 如果要提高生产者的收入，那么对农产品和电视机、录像机这一类高级消费品应

采取提价还是降价办法？为什么？

3. 根据需求弹性理论解释"薄利多销"和"谷贱伤农"这两句话的含义。

4. 为什么化妆品可以薄利多销而药品却不行？是不是所有的药品都不能薄利多销？为什么？

5. 收入增加和价格下降都可以使彩电的市场销售量增加。从经济分析的角度看，收入增加和价格下降引起的销售量增加有什么不同？

◆ **观念应用** ◆

□ 案例分析

日本人"鬼"在哪里

某年，福建省某机械厂进口了一套设备，当时国际上有许多国家出售该设备，价格为1 000万~1 300万美元。该厂预测经过艰苦谈判，最多争取到1 000万美元，不料日本商人找上门来，开价1 000万美元，该厂长心想，其中一定有鬼，但考察结果，货真价实，无可挑剔，于是成交。

设备使用一年后，许多零部件需要更换，结果发现国际上只有日本企业型号相配，日商的供货价格提高了一倍，明知不合理，该厂也不得不接受这个条件，几年下来，整套设备比最早预期的1 200万美元价格高出了很多。

学习了经济学以后，该厂长明白了其中的道理，恍然大悟："日本人太鬼！"

问题：你能否运用经济学原理分析其中的道理？

第3章

市场经济

学习目标

知识目标：掌握市场经济及市场机制的含义。

技能目标：掌握市场机制体系及其核心机制的相互作用。

能力目标：学会用市场机制原理分析市场动态，把握市场变化的大致方向。

> **引例**　　　　　　人均收入翻一番的时间由 1 400 年缩短到 50 年

人类的技术进步在市场经济中是最快的。在市场经济诞生前的 2 000 年中，人类社会的年技术进步率不超过 0.05%，这意味着人均收入得花 1 400 多年才能翻一番。而在过去的 200 年中，人类社会的年技术进步率约为 1.5%，是原来的 30 倍，这意味着人均收入翻一番的时间不到 50 年。这样快的技术进步来自市场经济本身，而非政府补贴。

上一章我们研究了货币、价格、均衡价格等基本概念及供求定理，本章将在此基础上继续深入探讨经济学的基础理论，即市场经济理论。

商品经济是社会经济发展不可逾越的历史阶段。市场经济是同商品经济紧密联系的经济范畴，是商品生产和商品交换发展到一定历史阶段的产物。

3.1　市场与市场经济

在商品经济的发展阶段和高级阶段，产生了近代原型市场经济和现代市场经济。市场经济存在和发展的历史表明，它对稀缺资源的配置是有效的，对社会生产力的发展和经济现代化起了巨大的推动作用。市场经济是当代经济效率最高的经济制度。

3.1.1　市场及生产者和消费者的分离

市场几乎与人类历史同样古老。市场建立起了人们之间的贸易链。大约 5 000 年前，两河流域就出现了记录经济信息的账本。

如果有人想买东西而又有人想卖东西，市场就出现了。经济学对市场的定义有多种，最初理解为商品交换的场所。较为抽象的理解是，市场是把买卖双方联系到一起并便利交换的制度安排。如今，较为普遍接受的定义是：买卖双方的相互作用就形成了市场。因为买卖双方的相互作用即"交易"，因而一般也把"市场"与"市场交易"混用。

在此处还需要揭示上述"市场"定义中的两个主要特征，即斯密特别强调的自由与竞争。

（1）自由。在市场上，交换是自愿进行的，买卖双方都是独立的个体，可以拒绝任何一项交易，不受制于其他任何人，只受制于资源约束和市场规则。不是自由、自愿的"交易"也就不是市场交易。当然对于低收入的人来说，市场信息的自由是有限的。但这是受制于资源约束的问题。无论如何，选择接受或拒绝交换是一种自由。

（2）竞争。竞争限制了任何参与交换的人的权力，而且在大多数市场中可以阻止任何人对整体的交易结果施加决定性的影响。经济学将市场划分为两类：一类是完全竞争市场，其中的买者和卖者都是根据市场价格来决定买或卖；另一类是不完全竞争市场，其中的买者和卖者或是买卖双方拥有足够的市场力，能够影响市场的价格和产量，并为其销售或购买的物品或服务确定最有利于自己的价格。一个竞争性的市场，意味着人们自由选择余地的存在。

值得一提的是，古代智者和古典经济学家们对于市场的认识。亚里士多德指出："如果没有向朋友施善和展示美德的机会，自己的成功有何用处？没有朋友，我们的成功又怎能保证，怎能维持？"斯密则把亚里士多德的观点推广到关系疏远的人、陌生的人或普通人之间，并指出普通人之间相互依存、互惠互利的途径是自由、公平的市场交换。因此，斯密指出：市场建立了体验自由、真实人际关系的条件，在这个人际关系中，真正的友谊及美德、善举等其他关系产品得以繁荣发展。

市场是改善人类生活、实现人类幸福的最有效的手段。对于贫困的国家来说，市场给它们提供了最可行的摆脱贫困的手段；对于富裕的国家，市场则是它们维持并提高现有生活水平所不可或缺的链条。

自然经济的特征是自给自足，即生产满足消费，消费决定生产。个人或家庭有自己独特的偏好，面对各种各样的可获得性资源约束，个人偏好和资源禀赋决定着生产计划。当然，人类面临很多的自然灾害，导致很多计划无法实现。当不确定性造成生产结果与计划不一致的时候，消费就要适应结果而调整，最终使个体消费出现较大幅度的波动。

简单的产品交换自古以来就存在。但在长期农业社会，人们生产产品主要是为了消费，生产者和消费者是一体的，没有出现二者分离的现象，交换只是互通有无，调剂余缺。

但随着交换和分工的发展，出现了我们现在所谓的"市场经济"，生产和消费分离了。在市场经济中，生产者生产的产品主要不是为了自己消费，而是为了在市场上出售，消费者消费的产品通常也不是自己生产出来的，而是从市场上购买的。由此，产品变成了"商品"。在市场上，同一种商品通常有多个生产者和众多的消费者，同一个生产者通常生产少数几种产品或者专业化于一种商品的生产，同一个消费者要向不同的生产者购买不同的商品，生产者之间要为出售商品而竞争，消费者之间要为购买商品而竞争。进一步，生产者通常并不拥有从事生产所需的所有投入（生产要素），他们需要从市场上购买生产要素，而这些生产要素的出售者是作为要素所有者的消费者。因此，我们可以这样定义：市场经济是以市场为基础配置社会资源的经济组织形式。

在自给自足的自然经济中，家庭既是生产单位，也是消费单位，而在现代的市场经济中，生产单位变成了"厂商"（企业），家庭则成了消费单位。

3.1.2　经济循环流模型

市场不是狭隘地指某个交易场所，它的本质是承载买卖双方之间的契约关系。经济学家把市场分为两大类：第一类是产品市场，第二类是要素市场。图3-1展示了一个简单的产品市场与要素市场构成的经济循环流模型。厂商和家庭在两个市场上的角色正好相反：在产品市场上，家庭是买方，厂商是卖方；在要素市场上，家庭是卖方，厂商是买方。在两个市场上，产品和要素的流向与货币的流向正好相反，产品和要素由卖方流向买方，货币由买方流向卖方。这样，家庭在要素市场上出售生产要素（劳动、资本、土地等），以要素价格的形式获得货币收入，再在产品市场上支出货币买到它们需要的产品；厂商在要素市场上支出货币购入生产要素，然后组织生产，再在产品市场上向家庭出售产品，获得货币收入。在产品市场上，家庭的货币支出构成厂商的货币收入，在要素市场上，厂商的货币支出变成家庭的货币收入。正因为如此，货币的流动就成为市场经济中生产活动和消费活动的基本表现。

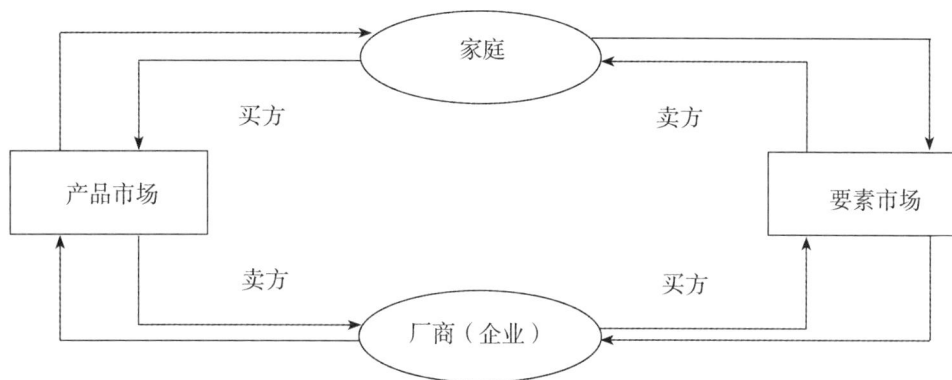

图 3-1　产品市场与要素市场的循环流模型

这个循环流是现实经济的一个高度简化。现实中，不仅产品市场五花八门，要素市场也多种多样，产品市场上的买方与要素市场上的卖方并不相同。比如，一个人受雇于一家玩具厂家，但他并不一定在玩具市场上购买玩具，即使购买玩具，也不一定购买他自己工作的那个厂家的玩具。这意味着单个厂商在要素市场上的支付与其在产品市场上的收入并不是对应的。这一点对于理解厂商的运营十分必要。

另外，由于垂直分工，现实中的产品市场并不只是消费市场，还包括材料中间产品市场。原材料和中间产品的交易是生产者之间的交易，而不是生产者和消费者之间的交易，消费者并不会购买原材料和中间产品。经济的专业化和分工越深、越细，原材料和中间产品市场的比重越大。事实上，衡量分工程度的一个主要指标是原材料和中间产品交易额在总交易额中的比重。在大部分现代经济体中，原材料和中间产品的交易额相当于最终产品交易额的 3 倍左右。这对于理解货币与实体经济的关系非常重要，因为原材料和中间产品的交易也是以货币为媒介的间接交易。

3.2　市场机制及市场规则

有了市场概念，还需要掌握市场运行的内部机理，即市场机制与市场规则。

3.2.1　市场机制及其本质特征

"机制"一词的含义是：机器的构造和工作原理，有机体的构造、功能和相互关系；泛指一个复杂的工作系统或某些自然现象的规律。**市场机制**是把市场作为资源配置的一种机制，是市场统一体的内在结构体系，是市场内各种要素相互适应、相互制约、相互协调的自我组织能力。经济学界公认，"看不见的手"的机制就是市场机制。

指导市场自动运行的"手"可能是看不见的，但实际上并不是超自然现象的力量。斯密在《国富论》第四篇中讲道："他只是盘算他自己的安全……他所盘算的只是他自己的利益。像在其他许多场合一样，在这种情况下，他受一只看不见的手的指导，去尽力达到一个并非他本意想要达到的目的。"在《国富论》第四篇的后面讨论国内贸易和对外贸易的时候,斯密干脆用"个体利益和个人欲望"代替了"看不见的手"一词,即个体的"自利动机"或"自利性"。

市场机制有三个本质特征:

(1)自利。市场机制即斯密讲的"看不见的手"的机制。自利,是"看不见的手"的机制的动力源泉。斯密在《国富论》中讲的"看不见的手",即是人们对财富的获取欲,对自己需要的满足欲,表现为人们劳动的自利动机。"自利"是斯密特别强调的创造繁荣、幸福的三种成分中的"又一个"。

(2)互利。市场交易是互惠互利的。这是"看不见的手"的机制的结果(目前讲的"看不见的手"恰恰忽略了这一点。)如果交易失去了互利,则不会持续。在《国富论》中斯密讲道:"他追求自己的利益,往往使他能比在真正出于本意的情况下更有效地促进社会的利益。"

(3)竞争。自由市场即是指完全竞争市场或自由竞争市场。"竞争"也称作"竞争机制",是市场机制或"看不见的手"的机制。因为具有自由竞争,才能保证商品价格普遍地、快速地下降,才能保证消费者获得更多的利益。在自利的动机下,尽可能多的生产者、消费者参与市场交易,则形成市场竞争。自由市场天然地排斥垄断。

总之,正是因为自利动机的驱动,或者正是因为"自利"动机,供求双方追求着各自的利益,才能保证"自由(竞争)市场中价格不断变化并趋于市场出清(均衡)",并最终实现供给者和需求者之间的"互利"以及社会利益的最大化。正是这三个本质特征演绎出了市场机制体系的社会资源配置功能。

至此,我们可以认定:自利、互利和竞争是市场机制或市场经济的三个本质特征。

3.2.2 市场规则

为了保证市场的良好运行,还需要一整套规则、习惯和制度等的支持。市场规则也称为市场机制的支持机制,主要包括下面三个方面的规则:

(1)诚信规则。由于我们将"互利"视为市场经济的本质特征之一,因而诚实守信就成为市场经济的内在要素。只有当人们彼此建立起了信任之后,市场才能有效运行。没有公共道德,就不会有市场经济;仅仅在善于合作、诚实守信的人们之间,市场才能有效地运行,带来财富和幸福。许多商品的品质是看不见的,因此,必须找到某种方法,使买者确信商品的质量,如果得不到其他人"信守诺言"的保证,人们是不会进行交易的。故"诚信"是市场良好运行所必需的一条基本规则,也视为平台机制或支持机制。

(2)信息对称规则。只有当能够保持信息畅通时,市场才能够有效地运行。信息不对称会阻碍谈判的进行,阻碍合约的达成,故信息对称是保证市场良好运行的必要规则。

(3)降低交易成本是市场有效运行的基本规则。只有当交易成本降至足够低时,市场才能有效运行。交易成本是指为了完成交易必须支付的成本,包括交易过程中各种各样的摩擦,如花费在商品交易过程中的时间、精力和金钱。交易成本名目繁多,会吞噬很多资源,使交易低效或无效,导致市场失灵。人们开始寻找交易伙伴时,进行比较、选择就会产生交易成本;为了达成一项协议,需要进行谈判等,将会产生更多的交易成本;协议达成后,还有其他的交易成本,诸如监督工作、合同的执行、争端的解决等发生的交易成本。每发生一笔交易费用，都会直接降低效益，故控制摩擦、降低交易成本是保证市场有效运行的基本原则。

为了保证市场的良好运行，政府还会从宏观上建立某些规则及建立健全从立法、司法到监管的机构，并保证其有效运行。

综上，作为市场机制"支持机制"的市场规则并不是市场机制外在的东西，而是市场机制良好运行必不可缺的要素，因此完善的市场机制定义应包含市场规则，即支持机制。

至此，我们可以给市场经济下这样的定义：市场经济是以市场为基础配置社会资源的经济组织模式、经济运行机制（包含"支持机制"）或社会经济体制。

【补充阅读资料 3-1】　　　市场机制是一种精巧的机构

市场机制是一种精巧的机构，通过一系列的价格和市场，无意识地协调着人们的经济活动。它也是一部传达信息的机器，把千百万不同个人的知识和行动汇合在一起。虽然不具有统一的智力，它却解决着一种当今最大的计算机都无能为力、牵涉上百万个未知数和关系的问题。

【补充阅读资料 3-2】　　商品房的"吉芬商品"属性与市场价格

商品房的价格之所以长期以来一路攀升但需求始终火爆，别除虚假信息诱发需求膨胀的因素之外，最关键的原因在于商品房已经成为典型的"吉芬商品"。"吉芬商品"是一种需求弹性为负数的特殊商品，专指那些价格上涨而消费者对其需求量不减反增的商品。"吉芬商品"得以产生的前提条件有两个：其一，这种商品是必需品；其二，不存在更廉价的替代选择。

对于大多数靠工资生活的中国老百姓来说，商品房一直都是"吉芬商品"。首先，衣食住行，这是人的最基本的生活需要。无论房价涨得多离谱，大家都得勒紧腰带，为自己寻找一块栖身之地。其次，除了购买商品房，大多数老百姓的确没有什么更好的选择。数量有限的经济适用房、天价的别墅都不是合适的替代品。因此，商品房的价格一路上涨，老百姓对商品房的需求却一直不减反增，谁知道明天的房价又将涨几个百分点。而高涨的需求又成为开发商们继续涨价的理由，推动房价一轮又一轮地上涨。

更为重要的是，对于"吉芬商品"的供给者而言，向消费者转嫁成本简直易如反掌。由于涨价不会导致需求下降，即使政府通过宏观调控增加了供给者获取巨额利润的成本，开发商以及炒房者们依然可以通过继续上调交易价格向消费者转嫁成本。

根据国际经验，出台房产税可能是比较有效的调控手段。商品房这样的特殊"吉芬商品"仅靠市场调节是不够的。

◀ 本章小结 ▶

●自利（动因）、互利（客观结果）和竞争是市场机制也是市场经济的三个本质特征。市场经济对社会资源的配置功能正是这三个本质特征的充分演绎。

●市场经济对于稀缺资源的有效配置和市场的有效运行起着巨大的推动作用。市场经济的功能就其基本方面是积极的、主要的。

●市场机制是市场经济运行的基础。市场机制包括价格机制、供求机制、竞争机制、风险机制以及利率机制、汇率机制，还包括其支持机制。价格机制是价格形成、价格运行和价格调节的机制，是市场机制体系的核心机制。

●一个社会用什么样的经济机制配置社会资源取决于一定的社会经济条件。市场经济就其本质来说，是社会化大生产的产物，是商品经济充分发展基础上的资源配置方式，其本身并不具备社会制度属性。市场经济是当代经济效率最高的运行机制。我国正处在社会主义初级阶段，建立和发展现代市场经济是历史发展的必然选择。

◆ 主要概念和观念 ◆

□ 主要概念

市场机制

□ 主要观念

市场经济是当代效率最高的经济体制。

市场机制是客观存在的经济范畴。

价格机制是市场机制体系的核心机制。

◆ 基本训练 ◆

一、选择题（单项或多项选择）

1. 完全的市场主体是（　　）。

A. 生产者　　　　　　　　　　　　B. 消费者

C. 中介人　　　　　　　　　　　　D. 生产者、消费者及中介人

2. 市场经济是（　　）。

A. 一种经济形态

B. 一种经济运行机制

C. 主要以市场为基础配置资源的经济组织形式

D. 资本主义性质的

二、思考题

1. 市场及市场经济的定义；深刻理解市场经济的三个本质特征。

2. 结合经济循环流模型理解货币流动为什么会成为市场经济活动中的基本表现。

3. 市场机制的定义。

4. 市场机制体系及核心机制。

5. 为什么说控制摩擦、降低交易成本是保证市场经济有效运行的基本原则？

◆ 观念应用 ◆

□ 案例分析

价格机制的重要性

1947 年，第二次世界大战后的联邦德国，生产和消费下降到极低的水平。造成这种

经济崩溃的原因既非战时轰炸的破坏，也非战后的赔款。很明显，问题的原因是价格机制的瘫痪。价格管制和无所不在的政府规章制度使市场陷于困境：钱不值钱了；工厂由于缺乏原料而关闭；火车由于缺煤而无法运行；煤不能开采出来，是因为矿工饿着肚子；矿工饿着肚子，是因为农民不愿用粮食来换取货币，而又没有工业品来偿付他们。市场的作用没有得到正常发挥。人们不能按自由市场的价格来购买他们所需要的东西或销售他们所生产的东西。接着，在 1948 年，一次彻底的货币改革使得市场机制重新发生作用，人们把它称为"经济奇迹"，但是事实上，经济的恢复是由市场机制顺利运行所引起的。

　　问题：如何理解价格机制对联邦德国经济发展所起的作用？

第 2 编　经济制度分析

第4章

财产制度

学习目标

知识目标：通过本章学习把握财产制度、产权、产权制度和企业的财产组织形式等基本概念。

技能目标：掌握产权的性能规定，把握产权制度对资源配置效率的影响，了解企业财产组织形式的基本类型。

能力目标：能用所学原理对企业的产权关系作出基本判断。

为了提高资源的配置效率，就有必要把产权关系界定清楚。产权的界定有两种方式：一是诉诸法律；二是私下交易。这里的产权初始界定的含义，指的不是由谁做什么，而是谁有权做什么，即重要的是权利界定本身，至于把权利界定给谁则是无关紧要的。下面我们可以借助一个虚构的案例来验证通过产权的界定和交易使产权结构发生某些变化进而可以提高资源配置效率这一结论。

假定在一个岛屿上有4个人和一片鱼塘，每个人的钓鱼技术相同。如一个人在鱼塘里钓鱼，每天可钓得10条鱼，但两个人去钓，每天总共只能钓得12条鱼，3个人一天的最大钓鱼量为14条，4个人都去钓鱼，最多只能钓得16条，可是却破坏了鱼的繁殖，结果使他们必须花费更多的代价去补偿鱼苗的再生长以使鱼能繁殖下去，这就得不偿失了。另外，假定人们不去钓鱼而从事其他活动可得到相当于4条鱼的收益，因而放弃钓鱼的"机会成本"为4条鱼。由此可判断，如果这个岛上的鱼塘的产权没有得到明确界定，那么排他是不可能的，每个人感到只要钓鱼的收益不少于放弃钓鱼而从事其他活动的机会成本（即只要所钓鱼的数量不少于4条），就会出现4个人都去钓鱼的情况。由于对鱼塘资源的利用出现了"拥挤"现象，造成净收益趋于零，全体人的福利都得不到改善。

显然，从资源配置效率的角度考察，4个人都去钓鱼这一状况是最不理想的。如果可以对钓鱼加以限制和约束，这4人的全体福利可以变得更好。限制钓鱼人数实质上就意味着产权结构的变化，即通过产权的界定提高资源配置效率。产权的界定可以是多样化的。一种可能是4个人也许达成一致协议，以集体产权取代社团产权。一旦建立了集体产权，有关钓鱼的"委员会"便利用民主表决程序严格将钓鱼人数限制为2人，从而达到较佳的资源配置效率。另一种可能是以私有产权取代社团产权。譬如说，4个人都要求将鱼塘归属某个私人占有，这就势必出现某些产权的让渡，而且在4位竞争者中，必然会转让给出价最高者，从而实现资源的最优配置。

上一章我们研究了市场经济，明确了现代市场经济是当代效率最高的经济方式，下面我们需要进一步研究市场经济的运行。

经济制度是社会经济运行的基本条件，是社会资源配置的"制度变量"，财产制度是经济制度的核心；财产制度与经济主体的经济行为之间存在内在联系，财产制度对资源配置有重要影响。

4.1 财产和产权

如果从生产关系的角度即政治经济学的角度看待财产关系，那就要考察生产资料所有制，考察生产资料所有制归属的性质，考察所有制的变更，譬如公有制或私有制的性质区分以及取代等问题，而本书主要是从经济运行的角度去看待财产关系，因而侧重研究特定所有制下的产权制度，研究产权在经济运行过程中的各种具体结合形式以及对资源配置效率的影响。

4.1.1　财产

财产是产权的客体，是与主体相分离或相对分离，能够被人们所拥有，对人们有用的、稀缺的对象，是人们建立产权关系的客观基础。作为财产必须同时具备三个条件：

（1）它必须是独立或相对独立于主体（人或人的群体）的意志而存在的对象，也就是说，财产必须与财产主体分离开来。财产主体是意志的化身，而财产本身是没有意志的。

（2）它必须是能够被人们所拥有且具有使用价值的物。首先，这种物必须能够为人们所控制和利用。例如，宇宙中还有无数的东西客观存在着，但是至今人们既不能认识它们，也不能控制和利用它们，因而，就不称其为财产。其次，这种物必须对人们具有使用价值，无用的东西不可能成为财产。当然，财产的使用价值不仅体现在自身固有的属性和直接用途上，而且体现在它可以间接地为人们带来一定的经济或其他利益。

（3）它必须具有稀缺性。一种独立于人的意志存在的东西，虽然能被人们拥有，也对人们有用，甚至用处极大，但是如果取之不尽，用之不竭，即不具有稀缺性，也就不可能成为财产。也就是说，人们对它不可能建立财产观念、形成财产权利关系。例如，在一般情况下，空气和阳光仍然不构成人们的财产对象。

4.1.2　财产制度的内容

在现实的经济生活中，主体之间为了自身的需要经常发生交往或共同行为，从而建立了各种财产上的联系。为了使人们在这些联系中利益有所保障，主体行为能够协调，进而使建立的社会关系能够稳定，于是就产生了一种需要，即要求共同遵守的办事规程或行为准则。**财产制度**就是为了满足人类共同经济生活的需要，为了保障经济主体的利益，在经济活动中要求共同遵守的办事规程或行动准则。它是以法律形式对财产主体在经济活动中形成的各种关系的规范化，是对主体地位、权利、利益、责任等的确认形式。它是社会存在和正常运行必须具备的制度。

财产制度通常表现为法律制度，它以国家强制力为后盾，直接或间接地提出一个标准或者方向，指引人们应该怎样行为或不应该怎样行为，使人们的行为符合它预期的要求，违者将受到制裁。财产制度是调整财产关系的法律制度，因而财产制度的对象是财产关系。所谓财产关系，是指人们在占有、支配、交换和分配物质财富的过程中所发生的关系。在这一关系中，有主客体之分。主体是在财产关系中享有一定权利，并承担义务的组织和个人，客体则主要是财产物。

财产制度包含以下各项内容：

1）主体制度

它是对从事经济活动的主体资格的一般规定，任何组织、个人从事经济活动时，其法律地位都是由主体地位确定的，它规定了每个财产关系参加者的角色和地位。公司法是主体制度的具体化形式。国家则以所有者的身份作为特殊主体参与财产关系。

2）所有权制度

它是反映在经济中的所有制关系，是对财产的取得、归属、使用、处置、收益的一般规定，是主体制度的根基。这是财产制度中的基本制度。

3）债权制度

它是以所有权明晰为基本前提，对商品的交换、分配过程以及这一运动过程中所发生的各种活动和联系的法律规定。票据权利的设定、转移、担保证明及付款方式和承兑等都是债权制度的具体化。保险制度也是债权制度的发展。

上述内容既各自独立，又密不可分，在各自的领域发挥着作用。上述内容都以法律规范的形式体现，包括行为模式（作为或不作为）及其法律后果。

4.1.3　产权

在经济运行中，财产的运作是通过产权形式实现的。所谓**产权**，是指财产的所有权及其派生的对财产的占有、使用、收益和处置等权利的总称。

所有权与产权都是反映财产关系的。但前者是从生产关系角度，着重研究生产资料所有制归属的性质，即通常所说的公有制或私有制，而产权及产权制度则是从经济运行角度考察占有权、使用权、收益权、处置权这四种权利在运行过程中的具体结合形式。

从产权的历史发展看，原始意义上的产权就是指财产的所有权，即财产主体对其财产拥有的绝对的支配权，因而占有权、使用权、收益权、处置权也包括在其中。随着商品经济的发展，特别是借贷关系和租赁关系的出现，所有权出现了二重分离，即分离为法律上的所有权和经济上的所有权。法律上的所有权，是指作为财产主体的所有者对财产的最终所有权。经济上的所有权是指作为经济主体的企业实际占有、使用财产的权利。经济所有权又称为法人所有权。因此，产权就有了广义与狭义之分，广义上的产权即四权的统一，狭义上的产权单指财产的实际经营权。

产权在法律上的意义和在经济学上的意义是不同的。从法律上说，它着重对财产作出归属的判断，即归谁或不归谁，具有排他性。从经济学上说，它不是指一般的物质体，而是指由人们对物的使用所引起的相互认可的行为关系，用来界定人们在经济活动中如何受益，如何受损，以及他们之间如何进行补偿的规则，以帮助形成交易时的预期。进一步分析不难发现，同样的所有制关系可以体现为不同的产权制度。例如，资本主义生产资料私有制可以有不同的产权组织形式，如自然人原始产权基础上的独资企业，法人产权制度基础上的股份公司等。反之，同一形式的产权制度也可归属于不同的所有制形式，如股份公司的法人产权制度既可以是资本主义私有制的体现形式，也可以在社会主义公有制基础上建立起来。

在市场经济中，为了资产的有效运营，产权应具有如下几个方面的性能：

（1）产权必须完整，不能残缺

它的权能是否完整，主要可以从所有者对它具有排他性和可转让性来衡量。如果权利的所有者拥有实际的占有权、排他的使用权、收入的独享权和自由的转让权，那么他所拥有的产权是完整的。如果这些方面的权能受到限制，那么他所拥有的产权是残缺的。

（2）产权的主体应该是十分明确的

有人（或者行动团体）对某一经济实体拥有明确的产权。这种界定，具有享受权益和承担责任的对称性，有利于整个社会财产的营运和维护。

（3）产权的主体应该是多层次的

从商品经济产生和发展的经济条件来看，它是一种"渗透型""横向性"的经济，因而产权主体结构不是单一的，而是多层次的。当然，这里不是指同一资产的产权主体。

（4）产权的主体应该是分散的

商品经济关系的实质是不同产权主体之间所有权的平等交换关系。正是因为有多个分散化的彼此独立的产权主体的存在，才产生了通过市场彼此交换劳动、配置资源和满足需要的必然性。

（5）产权独立与产权自由转移

产权的独立，意味着维护自身财产的刚性和不可侵犯性。选择将保值与增值有机结合起来维护财产的方式，必然是一切经济主体及其代表所寻求的。产权的自由转移，意味着产权流动的自主性和有偿性。为了追求自身的利益，经济主体必须能自由地处置所拥有的财产，特别要反对和防止凝固化。一旦通过产权界定了经济主体的权益，所有者放弃财产必然依法得到相应的补偿，否则就会侵权。与财产有偿转让相联系的产权流动，由于建立在经济主体自觉自愿的基础上，因而就避免了滥用财产和扼杀经济主体积极性的现象，从而有益于财产营运效益的提高。它大大地推动了产权的合理流动和资源的优化配置。

（6）产权的交换与转移必须通过市场，并通过在产权独立和自由转移基础上的等价交换来实现

这种交换与转让要有契约化的准则，即法制和道德准则。等价交换，要求自由意志和平等权利，以及与此相适应的法律制度和道德准则，它是等价交换关系的扩展和凝结。

4.1.4　两权分离与产权社会化

所有权形式的选择是创建企业的前提。但是，决定企业形态更重要的因素是经营模式。经济学主要从效用和利润的角度来研究企业。而详细考察企业所有权归属关系，则是法学的专门课题。

所有权的形态并不是凝固不变的，而是受生产力或生产社会化水平的影响而发生变化的。

"古老的"个人所有权，是将占有权、使用权、收益权、处置权紧密地结合在一起并集中于某一个具体的个人。工业革命前的手工作坊的所有权就是采取这种形式。

即使在工业革命以后，个人所有制在相当长一段时间内仍然是四权合一的。工业革命后，工厂虽然代替了手工作坊成为生产的主要组织形式，但由于这些工厂中所使用的机器在数量上是有限的，在技术水平上也是较低的，还由于工厂调集资源（如原材料）受到运输工具和运输线路的限制，更由于工厂的产品生产受到市场规模比较狭小的限制，因此，这种工厂的规模比较小，工厂生产的产品数量也比较少，对这种工厂的投资并不太多，对这种工厂的管理（无论是生产管理还是资金管理）也都比较简单。在这种情况下，工厂主以自有资金对工厂进行全额投资，进行独资经营和对工厂进行包揽管理都不是太困难，因此，个人所有制仍然可以将四权集于一身。

人类科学技术的发展，并没有停留在工业革命的水平上。以发电机和电动机的出现以

及电力技术的广泛使用作为标志的第二次技术革命，把人类从蒸汽时代带进了电气时代。人类依靠科学技术，不仅扩大了原有资源的用途，而且将更多的新的资源投入使用。人类使用的资源种类和资源数量也都在以过去难以置信的速度增加。人类还依靠科学技术建立起了快捷周到和运量大增的现代交通运输系统，使生产要素在不同地区乃至不同国家之间的迅速流动成为可能，因而使生产者在生产活动中调集资源的空间范围扩大，种类和数量增多。大量的高精密度、高效能的机器投入使用，特别是自动化生产线的出现，使得劳动生产率迅速提高，再加上原来的区域市场向全国市场和世界市场发展，市场需求急剧扩大，使人类社会的生产和消费变成了"大规模生产"和"大规模消费"。正是这种大规模的生产和消费，使得先前那种"四权合一"的个人所有制在运转过程中遭遇到了自身难以克服的困难。这种困难突出地表现在筹资和管理两个方面。

如果说在工业革命和工业革命后的相当长一段时间内，由生产力的发展水平原因所造成的产品生产数量不那么多，工商企业的规模也不那么大，个人还可以独资（或大部分出资）创建小工厂和小企业的话，那么，当产品生产变成大规模生产、企业变成大企业时，个人要进行这种投资已变得十分困难。对于小工厂、小企业，由于所使用资源的种类和数量并不多，生产过程和经营活动也都不那么复杂，因此，企业主和工厂主个人还能凭借个人的能力和以往的经验对其实行管理。然而，随着工商企业规模的扩大，使用资源种类和数量的增多，生产过程和经营活动的复杂化，依靠一个人的能力和经验已经越来越不适应这种管理。

正是社会化大生产的客观要求，使得先前那种"四权合一"的所有权发生了重大变化，这种变化集中地表现在经营权从所有权中的分离和产权的社会化。

一般说来，谁对某物品拥有所有权，谁就拥有该物品的占有权。因此，所有与占有，所有权与占有权没有什么区别。你可以将你所有或占有的物品，借、租给他人使用、经营，在借、租期间，你虽然拥有对该物的最终所有权，但是该物的控制、使用和经营的权利已让渡给租借人，出现了所有权与经营权、占有权与使用权的分离。经济学把所有权与经营权的分离叫作"两权分离"。

我国改革开放以前的国有企业和集体企业，经营权没有独立，国有和国营融为一体。20世纪80年代推行"拨改贷"（国家对企业的直接拨款改为银行贷款）和"利改税"（企业向国家上缴利润改为交纳税款）改革，政府的目的是想使国有企业走两权分离的道路，将企业改变成自负盈亏、独立经营的主体。实现两权分离的基本条件是产权的归属明确，国有企业的财产必须由国家授权的单位公开行使所有者的权利。

国有企业走两权分离道路的前提条件是产权明晰，要确立单纯行使国有资产所有者权利的代表，这个代表的基本职能是在监督国有资产是否保值增值的同时，代表国家收取资产租金，就像房东收取房租一样。在这种条件下，国有资产经营者不但要承担所有企业都有的纳税义务，而且还要承担向国有资产代表机构交纳资产租金的义务。

股份制属于两权分离的资本或资产产权制度。无论是比较分散的股民持股还是大股东持股，股票无论是上市还是不上市，股份制企业的所有权和经营权都是相互独立的。股票或账面股额代表控制资产的权利，股息是让渡资产使用权的收益，这都属于所有权的行为。作为一种所有权制度，股份制不但具有一定程度的"资产共有"特征，而且产权是社会化的，这对于向社会发行股票尤其是股票上市的企业而言更是如此。从这个意义上，股份制既可以看作是一种社会所有制，也可以看作是一种更高形态的个人所有制。这既避免了传统公有制产权主体缺位的弊端，又使产权的组织和市场操作具有联合的性质，实现了产权的社会化，因而更适应现代市场经济的发展。社会主义市场经济应该注意发展股份制。

另外，产权与经济发展是有内在联系的。首先，明确的产权具有排他性，而产权的排他性构成了滥用稀缺资源的屏障，排除了一切人的任意滥用，有利于稀缺资源的利用和再生的统筹安排，在使其个人收益最大化的同时也使社会收益最大化。其次，明确的产权，特别是知识产权，使得发明创造者的个人收益率接近社会收益率，因而可以激发发明和创造。再次，最为关键的是明确的产权之所以能够促进经济的发展，就在于排他性的产权支撑了迄今为止被证明了的最有活力、最有效率的市场经济。市场经济之所以迄今为止最有活力，就在于市场的制度安排高效地解决了任何经济运行所必需的经济计算和经济激励问题。这里所讲的经济计算，就是会计手段所无法替代的千万次的市场交换，通过这种交换进行各种劳动的换算比较，通过货币选票给资源流向以评价和诱导，由于市场经济特有的计算而使报酬相应公正，也由于市场经济特有的竞争压力而使经济激励问题相应解决。这就是几乎全人类都选择了市场经济的原因所在。从市场经济的各种规定出发，市场经济最怕产权不明确，经济学的知识告诉我们，任何交易都是产权的交易。产权不明确的交易，会发生各种混乱，如搭便车、互相蚕食等，这都增大了交易成本。所以，产权是否明确，对于确立市场经济的秩序至关重要。

【补充阅读资料 4-1】　　　　　　　　**科斯定理**

科斯定理告诉我们，如果当事双方能就产权进行成功的自愿谈判与交易，那么，无论产权初始界定在哪一方，其效果都是一样的，都能带来最适度的资源配置。

【小思考 4-1】

为什么经营模式是决定企业形态的最重要因素？

答案：因为经营模式直接影响并决定企业的效率和效益，从社会角度考虑，企业形态的决定从根本上说取决于效率及效益。

4.2　产权制度与资源配置效率

产权制度是所有制的具体化。所有制具体化为产权制度，从总体上说，并非人们的随意安排或选择，它是由特定所有制的产生、发展的内在逻辑和需要等因素决定的。因为生产资料必须在经营过程中才能实现增值，那么为了有效经营，不同主体（所有者、经营者）就必须有明确的权、责、利，做到各行其权，各负其责，各得其利。这些权、责、利等关系可以是所有者的，也可以是经营者的，还可以是所有者与经营者之间的。对这些复杂关系的界定规则就构成产权制度。正因为这些关系的复杂性，仅靠所有制性质的界定无法处理，所有制具体化为产权制度才显得十分必要。

4.2.1 产权制度

产权是泛指对一切财产的权利，因而产权制度也包括关于一切产权关系的制度。但是，一方面，由于"生产资料"的外延广泛而且是动态的，其他财产可以转化为生产资料，消费资料的消费可以与劳动力生产等同，因而从一定意义上看，消费资料与劳动力都可以纳入生产资料或生产要素范畴，从而其产权制度也可以纳入"生产资料"产权制度和生产要素产权制度范畴；另一方面，由于生产资料是所有财产中最重要的财产，它的所有制性质决定整个社会经济制度的性质，因而生产资料产权制度就具有代表性意义，基本上把所有的产权制度都包括了。

简言之，**产权制度**就是制度化的产权关系或对产权关系的制度化，是划分、确定、界定、保护和行使产权的一系列规则。"制度化"的含义就是使既有的产权关系明确化、相对固定化，依靠规则使人们承认、尊重并合理行使产权，如果违背或侵犯它，就要受到相应的制约和制裁。"制度变革"就是通过规则改变，调整产权关系，改变产权格局。产权的规则或制度可以分为两类：一类是正式规则，包括法律（广义的法律）规则、社会契约、组织机构的构造和确定；另一类是非正式规则，包括人们的文化传统、习惯或约定俗成和道德规范等。以上两类规则及第一类规则中的具体规则，都可以在一定范围内单独地起作用——规范产权关系。但是，事实上，它们往往可以而且经常是综合地发生作用。例如，契约的签订和履行得到有关法律的约束、认可和保护就是"契约化"与"法制化"两种规则的综合作用。

一般来说，一种产权关系能够存在，是因为有相应规则的支持。理论上讨论产权时，也基本可以假定产权都是获得了某种制度形式的。

4.2.2 适应市场经济要求的产权制度安排

在人类社会的不同发展阶段，产权制度具有不同的内容。在现代市场经济条件下，能保证资源最优配置的产权制度应具有怎样的内在规定性，这正是产权理论所要解决的问题。我们知道，市场交易的本质是在交易者平等和自愿的基础上追求效用函数最大化的产权交易。在交易费用大于零的条件下，与现代市场经济相适应的一套法律上强有力的产权制度至少应包含以下内容：

1）产权安排

为了使市场交易顺利地进行，必须确定排他性的产权，即通过产权界定，确定谁有权做什么，并确立相应的产权规则。现代产权经济学认为，权利应让与那些最具有生产性地使用权利并且有激励他们这样使用动力的人，从而可降低权利让渡的成本，提高合作的效率。具体来说：

（1）交易主体对交易对象应拥有明晰的、唯一的产权，而且产权具有可分离的特性，即产权在量上是可以度量的（通过市场价格反映出来），而且是可以分解的。

（2）只要产权的拥有者不违反法律及不损害他人的利益，产权的行使应该不受任何限制。

（3）产权具有可交换性，这是市场平等交易与资源自由流动的必要条件。

（4）产权拥有者必须对产权行使的后果承担完全的责任。

2）企业产权结构安排

为了避免企业内部各种要素所有者之间在团队生产中的偷懒和"搭便车"行为，就需要形成一套能提高企业产权结构效率的激励约束规则，以降低交易费用。具体来说：

（1）明确界定出资人、经营者与生产者之间的权利和义务关系。

（2）出资人通过设置一个最优化的激励约束机制监控经营者的行为，使经营者对个人效用的追求转化为对企业利润最大化目标的追求。

（3）确立法人财产权。企业法人对法人资产拥有完整的支配、转让和收益权，并对企业债务承担清偿责任。

（4）经营者与生产者的利益和动机不能雷同，以便提高经营者的监督动机。

3）有效的产权保护

有效的产权保护包括合约各方可通过行使退出权保护自己的权益，以及法律制度能通过强制惩罚一切破坏现有产权关系的行为和由此产生的威慑力量来实现对产权的保护。

4.2.3 产权制度在市场经济中的功能

产权制度的最主要功能在于它能降低经济活动中的交易费用，从而提高资源配置效率。根据现代产权理论，经济制度的不同决定着交易费用的大小，并根据交易费用的大小来选择经济制度。制度选择的含义是广泛的，既包括契约、规则、权利安排的选择，又包括社会体制、经济组织的选择。

产权制度选择的依据可以在两个层次上加以比较：一个层次是不同的、可供选择的制度类型的交易费用比较，由于不同的权利安排有着不同的交易费用，也有着不同的资源配置结果，那么由最优的资源配置结果倒推，最佳的权利安排应是本身运作费用最少的，这成为权利安排的选择原则。另一个层次是主权制度变迁、操作的成本与其带来的收益的比较。产权制度结构转换的可能性条件是：转换成本小于转换收益。如果替代性产权制度安排的交易费用要较原有安排高的话，这种可能就不成为必要，因为这种替代本身就是新一轮产权制度选择的过程，必须体现交易费用的节约原则。引入交易费用的比较，才能完整地说明产权制度变迁的合理性。作为对旧的产权制度的替代，新的产权制度必须满足新的权利安排的交易费用小于旧的权利安排的交易费用这一必要条件。可能性条件强调的是变迁的过程，而必要性条件侧重的是产权制度变迁所导致的结果。

一个在法律上强有力的产权制度之所以能有效地节约交易费用，其关键在于产权制度具有以下功能：

1）界定交易界区的功能

交换本质上是产权的交换，如果没有对财产权利本身的界定，就会模糊交易界区，从而不可能存在真正意义上的市场交易。一个在法律上强有力的产权制度可以通过法律体系等形式界定和保护排他性的产权，使交易者既能在市场上展开公平的现货交易，又可以与其他交易者缔结具有法律保障的契约关系，形成多样化的财货交换方式和财产转让方式，如借贷、租赁、拍卖、期货交易等。由此可见，排他性产权的确定是市场机制有效协调微观决策的必要条件。

2）规范交易行为的功能

在现代市场经济中，财产的实际占有关系具有复杂性和多样性，一个在法律上强有力的产权制度一方面通过法律等形式界定财产的最终归属,保护所有者的权益,另一方面对财产实际占有主体进行定位和对其拥有的权限进行界定。明确的产权关系既有助于制定公平而有效率的交易规则,又能有效地约束和规范行为人的交易行为。因此,产权关系明晰化是市场经济有序运行的重要条件之一。

3)形成稳定预期的功能

产权是由一系列权利与义务的规范组成的。一旦排他性产权确定,产权主体就可以在法律允许的范围内和不损害他人权益的条件下自由支配和处分产权,并独立承担产权行使的后果。权利与义务的明晰化和对称性,使行为人在行使产权时具有稳定的预期,他将全面权衡成本与利益的关系,以效用最大化原则来支配和处分产权。

4)激励功能

排他性产权的确立使权利与义务对称化,这就使产权主体内有动力、外有压力,在利益动机的激励下从事市场交易活动。

5)提高资源配置效率的功能

排他性产权的确定,使公平、自由的市场交易成为可能,产权的可分离性,可使人们在拥有和行使这些可分离性的权利时实行专业化分工,获取由分工带来的增量收益。产权的可转让性,使资源能根据市场需求的变化在全社会自由流动,提高资源的配置效率。因此,一个在法律上强有力的产权制度既有利于提高资源的利用效率,又有利于提高资源的配置效率。

【补充阅读资料4-2】

一个牧场主和一个农场主是邻居,牧场主的牛经常闯入农场主的土地践踏农作物,如果这片土地的产权没有界定(比如是公共地产),那么损害农作物就是一种社会成本或称外部非经济。现在假设农场主拥有耕作土地的产权并受到法律的保护,那么,通过双方的谈判协议,牧场主向农场主赔偿其受到的损失,在完全竞争的市场条件下,就可以做到资源合理配置。现在假设牧场主拥有让他的牛践踏农作物的产权,农场主将愿意"贿赂"牧场主,通过支付给后者一定的补偿,使他不要让牧牛损害农场主的庄稼,同样也可以实现资源的最适度配置。

【小思考4-2】

怎样理解权利让渡成本?

答案:制度变更、权利让渡也要讲求效益,不是为变而变,或为图新而变,一是要降低交易成本,让权利安排本身运行费用最少;二是新的安排能带来更高的收益。

4.3　企业的财产组织形式

企业是社会经济活动中最重要的组织之一,考察企业的财产组织形式是社会财产关系的重要内容。从产权关系的角度看,企业的财产组织形式是企业出资者所有权的具体存在形式，它所反映的经济关系主要是企业出资者之间的关系。

4.3.1　企业财产组织形式的类型

企业的财产组织形式，是指企业的资本金（它是由企业的出资者以资金、设备、技术、专利、品牌等形式对企业出资而形成的）的组成形式，它所涉及的只是企业资本金的构成问题。它所要说明的是企业的资本金究竟来自于一个出资者，还是来自于多个出资者的问题。依据企业出资者的构成状况，企业的财产组织形式可以区分为一个出资者独资，两个或两个以上出资者合资，以及众多出资者出资的股份制等不同类型。

1）独资的企业财产组织形式

由一个出资者出资的独资的企业财产组织形式，意味着企业的资本金仅有一个所有者。这个所有者既可以是一个自然人，也可以是一个法人。当一个企业采取独资的财产组织形式时，因为只有一个出资者，因此，在出资者之间达成一致意见的成本在所有企业财产组织形式中是最低的。但是，依企业的这个出资者是自然人还是法人（或政府机构），其出资者之间达成一致意见的成本有所不同。当企业的这个出资者是自然人时，企业出资者之间达成一致意见的成本为零，因为形成出资者的一致意见，不需要任何协商活动；而当企业的这个出资者是法人（或政府机构）时，在法人（或政府机构）的组织内部，需要通过一定的协商活动达成一致意见，因而，或多或少需要一定的协商成本。

由于独资的企业财产组织形式形成出资者的一致意见的成本较低，因此，在这种企业财产组织形式下，企业的出资者进行资本经营的决策，具有较高的效率。同时，在对企业实施控制时，不存在如何对企业进行控制方面的意见分歧，因而不会发生控制力的"内耗"，由此使得控制成本也相对较低。

但是，由于这种企业财产组织形式只有一个出资者，因此，企业的财产风险及由此导致的财产损失，只能由这个出资者独自承担。同时，与由多个出资者出资的其他企业财产组织形式相比，一个出资者（除了国家作为出资者的情况）的财力总是相对较少，因而影响企业的规模。在现代经济中，具有这种财产组织形式的企业，通常是一些中小型企业。

2）合资的企业财产组织形式

由两个或两个以上出资者共同出资的企业财产组织形式，意味着企业的资本金有不止一个所有者。早期的合伙企业、现代的合资企业，其财产组织形式都是以合资为特征。由于这种企业财产组织形式的特殊性，其合资者不能很多，通常只有几个，至多十几个。目前我国《公司法》所称的"有限责任公司"，就其财产组织形式而言，应属于合资的企业财产组织形式。对它的出资者的数量，《公司法》明确规定不能超过 50 个。作为这种企业财产组织形式中的资本金所有者，同样既可以是自然人，也可以是法人。不过，在有些国家，以出资者中是否有法人出资者为区别，将合资企业分为两类。从一般情况来看，亚洲的一些国家，如我国及日本，由法人作为出资者的合资企业较多，而欧美的一些国家，由自然人作为出资者的合资企业较多。

合资的企业财产组织形式，其特点不仅在于出资者的数量有限，并且是以具体的数量来确定每个出资者的出资额，而且在于每个出资者的权益不能直接在市场上交易，而是必须先转让给其他合资者。只有在其他合资者都不愿购买的情况下，经合资各方的同意，方可出售给原出资者各方以外的企业或个人。

当一个企业采取合资的财产组织形式时，出资者之间达成一致意见的成本要高于独资的企业财产组织形式。但由于其出资者数量有限，出资者之间仍有可能达成一致意见，而且达成一致意见的成本也不会过高。也正是由于这种情况，才使得这种企业财产组织形式得以存在。

合资的企业财产组织形式，虽然在出资者之间，对资本经营和对企业实施控制方面达成一致意见的成本要高于独资的企业财产组织形式，但它通过合资的方式，解决了独资形式的资金局限问题，而且，在若干出资者之间形成了利益共享、风险和损失共担的机制。因此，如果从发展角度来看，合资的企业财产组织形式具有比独资的企业财产组织形式更多的优越性。实践证明，无论在早期的市场经济中，还是在现代的市场经济中，合资企业的规模通常都大于独资企业。

3）股份制的企业财产组织形式

有众多出资者的股份制的企业财产组织形式，意味着企业产权的社会化。马克思把以私人资本为基础的股份制形式，称作"私人资本的社会化"形式。股份制这种企业财产组织形式的出现，最终打破了企业发展方面的资金和企业积累规模方面的约束，为巨型企业的出现奠定了物质基础。正如马克思所指出的，如果没有股份制的出现，"恐怕直到今天世界上还没有铁路"。与此同时，股份制的企业财产组织形式也为企业所有权与经营权的分离创造了条件。

股份制的企业财产组织形式，是以等额的股份为单位，计算企业的出资者对企业的出资额。企业出资者的资本所有权是以股权的形式存在的。作为股权凭证的股票的持有者，既可以是自然人，也可以是法人，在人数上只有最低限，而无最高限。在有些国家，允许一个人持有一个企业的全部股份（在公司法中称为"一人公司"）；在有些国家，则不允许一个人持有一个企业的全部股份，如果出现这种情况，则公司将被依法解散。

企业的股票，按其承担风险和享受收益的不同状况，可分为普通股股票和优先股股票。所谓普通股股票，是企业股票中承担风险最大、持股者所获收益与企业的经营状况直接联系的一种股票。在股份制企业设立时，大量发行的主要就是这种普通股股票。普通股股票持有者拥有参与企业经营决策和决定企业收益分配的权力，他们是股份制企业中权力最大的出资者。每个普通股股票的持有者所享有的权力与他们所持有的股票份额成正比。所谓优先股股票，是相对于普通股股票而言的，它是股份制企业发行的具有代表性的一种特种股票。优先股股票的持有者拥有通常由企业章程所规定的优先权。这些优先权主要包括：优先于普通股股东取得股息和红利，而且优先股股票的股息通常是事先规定的，不受企业经营状况的影响；在企业解散或破产时，优先于普通股股东分取企业的剩余资产等。根据优先股股票发行时的有关规定，企业可以回购其发行在外的优先股股票。在一般情况下，优先股股票的持有者无权参与企业的经营决策和收益分配。

在股份制的企业财产组织形式下，企业的股权可以自由流动而不需征得其他股东的同意。企业股权的自由流动，使得企业的出资者对企业的影响具有两种方式：一是通过直接行使表决权的方式，影响企业的重大决策；二是通过"退出机制"影响企业的经济活动。前一种方式俗称"用手投票"，后一种方式俗称"用脚投票"。随着股份制的发展，企业产权社会化的程度和股权分散化的程度日益提高，对于数量众多的股东而言，达成一致意见的成本之高，已到了难以承受的程度。在这种情况下，企业出资者影响企业经济活动的方式，逐步从"用手投票"转向"用脚投票"。

4.3.2　选择企业财产组织形式的原则

在现代经济生活中，同时并存着多种企业财产组织形式，各种财产组织形式的功能又有所不同。因此，对于一个企业来说，存在着企业财产组织形式的选择问题。选择企业的财产组织形式，应该遵循一定的原则。这些原则可以分为两类：一类是应该遵循的一般原则；另一类是应该遵循的具体原则。

概括地说，一般原则包括两个方面：一是符合企业实际的原则；二是可能实现的原则。前者反映其必要性，后者分析其可能性。综合考虑二者，实际上是实现目标与约束条件的关系问题。

所谓具体原则，是在具体选择企业财产组织形式时，针对企业的具体情况对上述一般原则的细化。比如，一般地说，大中型企业应选择合资或股份制的企业财产组织形式，中小企业应选择独资的或合资的企业财产组织形式，但具体到某一个企业究竟应该选择什么样的企业财产组织形式，还要考虑企业经营方式的特点、企业发展的要求等因素。同是大企业，当它在经营中需要大量流动资金，并且又能以较低成本获取银行贷款时，则有可能选择独资的财产组织形式，而一些中小企业在急需发展或经营风险较大时，只要有可能，还是会选择合资或股份制的企业财产组织形式。

4.3.3　企业的财产组织形式与企业的所有制性质

任何一个企业都具有一定的所有制性质，而这种所有制性质通过企业的财产组织形式反映出来。从这个意义上说，企业的财产组织形式是企业所有制的表现形式。但是，如果说某一种企业财产组织形式必定是某一种所有制的表现形式，则是没有道理的。这是因为，企业的财产组织形式虽然也同企业的所有制性质一样，能说明谁是企业的出资者或者企业的所有者，但它们的着眼点不同。企业的财产组织形式只着眼于企业出资者数量和出资方式上的差别，而不管这些出资者是个人、集体还是国家，是公有还是私有。而企业的所有制性质则着眼于企业的出资者是什么人，是个人、集体还是国家，是公有还是私有，而不考虑企业出资者的数量和出资方式的问题。因此，某一种企业财产组织形式与某一种企业所有制性质之间，并不存在必然的联系。

就独资的企业财产组织形式而言，当企业的出资者是个人时，这个企业的所有制性质是私有制的；当企业的出资者是法人时，这个企业的所有制性质就不一定是私有制的，而是要根据这个法人单位的所有制性质来判断，当企业的出资者是国家时，这个企业的所有制性质是国有制的，而不是私有制。

就合资的企业财产组织形式而言，当企业的所有合资者都是个人时，这个企业的所有制性质虽然属于个人所有制，但已经不是独立的单个人的所有制，而是有了一定程度的社会化性质。当企业的所有合资者都是法人时，判断这个企业的所有制性质就复杂多了。当企业所有的法人出资者都是或主要是私有制法人时，这个企业的所有制性质就是社会个人所有制性质；当企业的出资者都是国有单位或主要是国有单位时，这个企业的所有制性质就是国有制性质。

　　就股份制的企业财产组织形式而言，情况与合资的企业财产组织形式大致相同。所不同的是，在股份制的企业财产组织形式下，企业的所有制性质一方面取决于股东主体的状况，另一方面取决于企业控股者的状况。在早期经济中，主要是股东主体的状况决定企业的所有制性质，而在现代经济中，则主要是企业控股者的状况决定企业的所有制性质。这是因为，在早期经济中，控制企业所需要的股票控制额较高，企业控股者的状况与企业股东主体的状况基本上是一致的。而在现代经济中，控制企业所需要的股票控制额大幅度下降，以不足50%的股权控制企业的情况非常普遍。在这种情况下，企业控股者的状况与企业股东主体的状况可能完全不一致。比如，一个改组为股份制企业的原国有企业，国有资产所占比重不足50%，企业50%以上的股权分散在个人股东手中，但从发挥作用的角度看，国有股权的作用是举足轻重的。对于这种企业的所有制性质，不能以企业股东主体的状况来判断，而应该由其所属主导地位的所有制关系来判断。

　　经济学之所以强调从产权角度考察企业的财产关系，主要是因为，不管财产是什么所有制性质的，企业都追求效益的最大化，都遵循市场运行规则营运，都必须按经济规律办事，都必须按社会化大生产要求实施管理。

【小思考 4-3】

　　既然合资的财产组织形式达成一致意见的成本高于独资形式，那么人们为什么还要选择合资方式？

　　答案：更重要的意义是，这种方式解决了独资形式的资金局限性问题，有利于发展，而发展带来的收益远远高于达成一致意见提高的成本。

◀ 本章小结 ▶

●财产制度是一个社会经济制度的核心，是社会资源配置的主要"制度变量"，财产制度是界定人们的财产关系的。从生产关系角度考察财产关系是着意于从生产资料所有制的性质判定公有制或私有制。而经济学主要是从经济运行的角度去看待财产关系，因而侧重研究产权制度，研究产权在经济运行中的各种具体结合形式，以及对资源配置效率的影响。

●财产制度通常表现为法律制度，它以国家的强制力为后盾，直接或间接地提出一个标准或者方向，指引人们应该怎样行为，不应该怎样行为，使人们的行为符合它预期的要求，违者将受到制裁。财产制度是调整财产关系的法律制度，因而财产制度的对象是财产关系。

●在经济运行中，财产的运作是通过产权形式实现的。所谓产权，是指财产的所有权及其派生的对财产的占有、使用、收益和处置等权利的总称。同样的所有制关系可以体现为不同的产权制度；反之，同一形式的产权制度也可以依属于不同的所有制。

●明确的产权之所以能够促进经济的发展，就在于排他性的产权支撑了迄今为止被证明了的最有活力、最有效率的市场经济。市场经济最怕产权不明确，在市场经济条件下，任何交易都是产权的交易，产权不明确的交易会发生各种混乱。

●生产资料必须在经营过程中才能实现增值，为了资产的有效营运，相对分离的不同产权主体（所有者、经营者）就必须有明确的权、责、利，对所有者、经营者以及所有者、经营者之间权、责、利关系的界定规则就构成了产权制度，即规则化、制度化的产权关系。一种产权关系能够存在，是因为有相应规则或制度的支持。

●在市场经济中，产权制度的最主要功能在于它能降低经济活动中的交易费用，从而可提高资源配置效率。

●企业是社会经济活动最主要的经济组织，考察企业的财产组织关系是社会财产关系的主要内容。从产权关系的角度看，企业的财产组织形式即是企业出资者所有权的具体存在形式。依据企业出资者的构成状况，企业的财产组织形式可以区分为一个出资者独资，两个或两个以上出资者合资，以及众多出资者出资的股份制等不同类型。

●有众多出资者的股份制的企业财产组织形式，意味着企业所有者资本金或产权的社会化。股份制这种企业财产组织形式的出现，最终打破了企业发展受企业资金个别积累规模的约束，为巨型企业的出现奠定了物质基础。同时，股份制的企业财产组织形式也为企业所有权与经营权的分离创造了条件。

◆ 主要概念和观念 ◆

☐ 主要概念

财产　财产制度　产权　产权制度

☐ 主要观念

财产制度是社会资源配置的主要"制度变量"。

明确的产权能够促进经济的发展。

◆ 基本训练 ◆

一、选择题（单项或多项选择）

1. 产权在经济运行过程中派生出的具体形式相对分离，（　　）。

A. 这同产权的必须完整性是相矛盾的

B. 这同产权的必须完整性是一致的

C. 这是完整产权的具体表现形态

D. 这是完整产权的个别表现形态

2. 对资产经营过程中行为主体的责、权、利关系的界定，构成了产权制度。这种关系可以是（　　）。

A. 所有者的　　　　　　　　　　　　B. 经营者的

C. 所有者同经营者之间的　　　　　　D. 所有者同经营者之外的

3. 某一种企业财产组织形式与某一种企业所有制性质之间（　　）。

A. 存在必然联系

B. 不存在必然联系

C. 所有制性质决定企业财产组织形式

D. 所有制性质不决定企业财产组织形式

二、思考题

1. 财产制度的内容有哪些？

2. "两权分离"和产权社会化的动因是什么？

3. 简述企业财产组织形式及类型。

4. 为保证资产的有效运行，产权应具备哪几方面的功能？

5. 企业财产组织形式的两个原则是什么？

◆ **观念应用** ◆

□ 案例分析

产权是市场正常交易的基础

假定一个化工厂排出的污水污染了下游的 5 个渔场，每个渔场由此损失 75 元，5 个渔场共造成 375 元的损失。再假定有两个解决办法：一是花 150 元给化工厂安装一个污水处理设备；二是给每个渔场买一台价值 50 元的小型净水器，共需 250 元。

如果政府不加干预，在产权明确的前提下，到底问题该如何解决呢？现在就要来看产权清晰的假定了。如果产权被界定在化工厂一边，即化工厂拥有排放污水的权利，渔场又想拥有清洁水源，那么，它们就会进行商议，5 家渔场共同出钱"贿赂"化工厂安装一个价值 150 元的设备，花 150 元的代价会避免 375 元的损失，这对渔场是合算的。如果产权被界定在渔场一边，即渔场有不受污染的权利，那么，处理污染的问题就要由化工厂来解决了。化工厂在两种方案中选择的结果是自己出 150 元安装一个设备比给 5 个渔场安装净水器损失要小，也就是说，化工厂也必然选择第一种办法。

在上述例子中，只要产权归化工厂还是归渔场是明确的，则由它们任何一方进行选择都会选择花 150 元安装一个污水处理设备来消除污染，解决外部影响问题。

科斯定理告诉人们，解决外部影响问题不一定需要政府干预，只要产权是明确的，市场会自动地进行合理解决。当然，在此过程中，政府也不是无事可做，明确产权就是它的责任。有效地运用国家权力保护产权是市场正常交易的基础，在此政府要做一个裁判员而不是一个运动员。但是，这里有一点需要指出，那就是交易成本问题，如果交易成本太大，通过市场也许无法有效地解决外部性问题，使资源达到有效的配置。这时，就需要政府调节了。

问题：如何理解"产权是市场正常交易的基础"这句话？

第 5 章

收入分配制度

学习目标

知识目标：通过本章学习掌握收入分配的原则和
方式，把握基尼系数的含义，了解效
率与公平是分配的两大基本目标。

技能目标：掌握效率优先、兼顾公平的分配
原则。

能力目标：能用所学原理分析我国的基本经济制
度，能通过基尼系数分析社会经济发
展的一般状况。

在鸦片战争之前漫长的封建社会中，"不患寡而患不均"这种过分重视平等的孔孟之道对中国的封建统治者有很大影响。尽管严格的等级制度下不可能有真正的平等，但是封建统治者，特别是改朝换代初期的封建统治者，对于每一等级内部的平等还是比较重视的。"重农抑商"的政策也有防止两极分化的色彩。过分地强调平等，是我国逐渐成为落后国家的一个重要原因。

在解放前的半封建半殖民地社会，自然经济的解体和市场经济的发展在客观上有助于效率的提高，但是，由于社会两极分化严重，再加上这一时期战争、革命和动乱特别频繁，使平等与效率都成为泡影。在新中国成立之后的前30年中，我国在重视均等的同时，却忽略了效率。特别是在"文化大革命"运动中，绝对平均主义成为流行的思潮，多劳多得的分配原则实际上没有得到贯彻，致使效率受到极大损失。尽管革命理想和爱国热情一时鼓舞许多中国人作出了可歌可泣的贡献，但却不能持久，我国与发达国家和一些新兴工业化国家和地区之间的差距反而扩大。

1978年实行改革开放政策以来，效率在我国的地位得到空前提高。"允许一部分人先富起来"的政策尽管在执行中出现了某些偏差，特别是出现了利用权钱交易致富的现象，但是从总体上看，近40年来的实践证明效率得到了迅速的提高。

目前，我国又面临重视平等的问题，城乡差别、地区收入差距已成为制约内需的重要因素。我国加入世界贸易组织表明我国进一步对外开放，客观上有助于农村剩余劳动力向非农业转移和缩小城乡差距。党中央实施的西部大开发及城市化战略，也有助于抑制东西部收入差距及城乡差距扩大的趋势。

影响市场经济运行的社会基本条件除了财产制度外，还有社会收入分配制度，下面我们继续考察社会收入分配制度对市场经济运行的影响，而本章侧重研究个人消费品分配制度与市场经济运行的关系。

在经过企业生产和市场交换的过程之后，现代经济所创造的财富将表现为一定价值量的国民收入。关于国民收入如何分配的一整套规则和规定，就是这个社会的收入分配制度。

5.1　收入分配原则和分配方式

现代社会关于收入分配的规则和规定是怎样制定的？其主要依据是什么？这是研究分配问题首先需要搞清楚的。

5.1.1　两个平等原则

在现代社会中，每个社会成员应当拥有平等的生存权利，应该平等地享有衣、食、住等方面的基本生存资料。人与人之间的"平等生存权"就构成现代收入分配制度的第一个原则，该原则所阐述的简明道理是：生产首先是为了生存，生存是第一位的。如果从社会再生产的过程看，收入分配不仅会影响到人们的生存，而且还会影响到下一阶段的社会生产。人们参加生产活动，不仅为了生存，还为了发展，不但希望创造出社会财富，而且希望得到相应回报。如果个人得到的回报与其在生产中的贡献不适应（特别是回报低于他的贡献时），就会感到以等量贡献不能换取等量回报而受到损害，从而挫伤其在下一生产阶段中的工作积极性，社会再生产过程就会由于分配不合理而受到冲击甚至破坏。可见，"等量贡献获得等量报酬"的平等原则是现代市场经济社会收入分配中第二个重要原则。

很明显，以上决定收入分配规则的两个基本原则或两个平等概念是存在矛盾的。如果只是按照满足基本生活需要的原则来制定分配规则，那么一方面随着社会的发展和进步，基本生活需要的标准越来越高。例如，中国在 20 世纪 70 年代以前的生活标准只是吃饱肚子和不受冻，而今天随着生活水准的提高，还要包括摄入的热量、蛋白质、洁净自来水和基本居住面积等各项指标。在此情况下，社会必须将其创造的收入越来越多地平均分配到每一个成员的头上。但另一方面，现代市场经济的扩展，又使人们更为注重个人的价值尤其是个人创造的经济价值的大小，以及关心个人的经济利益，因此平均主义的收入分配会越来越严重地造成价值创造上的逆反心理，降低个人的工作积极性，从而阻碍社会经济的增长。反之，如果仅仅按照贡献回报原则来制定分配制度，那么社会成员中那些身强力壮的、比周围人聪明的和掌握着一份祖传秘方、技能或家产的人，会对生产活动的贡献较大，而那些体弱、不太聪明、没有技能和没有任何遗产继承的人，肯定对生产活动的贡献较小。这一情况会直接导致两种不同的结果产生：一方面，贡献较大的人得到更多回报的利益刺激，从事生产活动的积极性更大；另一方面，生产能力较弱或暂时不具备生产能力的人得不到足以维持基本生存需要的收入，于是体力、智力和财产力进一步相对下降，收入水平也进一步恶化，使社会成员中出现贫富差距的两极分化现象。

社会主义市场经济条件下的收入分配更需要兼顾这两个平等原则。

5.1.2　按劳分配

按劳分配就是按照个人的劳动贡献来分配收入或消费品的一种分配原则或制度。它是马克思在《哥达纲领批判》中作为共产主义社会第一阶段的分配制度而提出来的。在社会主义市场经济条件下，按劳动贡献分配的意义更为广泛。这是因为：第一，生产资料公有制占所有制格局的主体地位。在这一条件下，处于公有制内部的任何社会成员不可能凭借对公有生产资料的占有去占有其他内部成员的劳动。第二，生产力的现实水平决定了劳动还是个人谋生的基本手段。对大多数人来说，还必须通过向社会提供自己的劳动索取需要的消费品。在这种分配中，劳动的多少构成分配的基本依据，社会只承认人们之间的劳动差别，不承认其他社会性差别。同时，作为按劳分配尺度的劳动时间，也不是个别劳动时间。按劳分配的实质就是按等量劳动相交换，通俗地说，即多劳多得，少劳少得，不劳不得。

社会主义市场经济条件下的按劳分配与马克思所设想的按劳分配有着不同的特点。马克思所设想的按劳分配是以产品经济为前提的，因此，按劳分配的特点是：没有流通过程介入，社会是按劳分配的主体，个人消费品采取实物形式，是社会对个人进行统一的、一个层次的直接分配。但是，在社会主义市场经济条件下，按劳分配的实现形式表现出如下特点：第一，按劳分配通过商品货币形式表现出来。第二，按劳分配不是以国家为主体，在全社会范围内进行分配，而是以企业为主体，在企业内部分配。第三，按劳分配的实现过程受市场机制的制约，主要是受市场供求和价格的影响。

在我国现阶段，仍应坚持按劳分配为主体，多种分配方式并存，把按劳分配和按生产要素分配结合起来。

5.1.3　按生产要素分配

在市场经济条件下，生产要素包括经营管理、资产、资金、技术、信息等。这些要素都要进入市场，其所有者作为市场主体，在市场中要按照客观经济规律，优化配置并要求获得相应的收入。因此，按劳分配和**按生产要素分配**同时并存。按生产要素分配主要包括以下几种形式：

1）按经营分配的收入

按经营分配的收入，是指经营主体单位或个人由于其对经营活动的组织、管理及正确决策而得到的收入。这种收入的分配既与按劳分配相关，又与一些非劳动因素相关。它是市场经济下必然存在的一种收入分配形式。在这一收入分配中，收入的多少在一定程度上取决于劳动者投入的劳动量及复杂程度，但是，在更大程度上取决于价格变动、市场供求、技术装备及自然因素等。这种分配的最大优点是适应市场的需要，而缺陷在于有可能导致收入的大涨大落，甚至诱导某些人去投机钻空子。

按经营分配的收入包括经营性劳动的报酬、风险收入，以及由于某些偶然的机会所带来的收入。对于这样一些收入，政府一般都采用高额所得税等办法予以遏制，但在客观上默认它的合法性。

2）按资分配的收入

按资分配的收入是指资产（含实物形式的资本和货币形式的资金）所有者凭其所有权参与分配的收入。按资分配的收入在形式上包括：个人存款所得的利息；个人投资于证券所得的股息、红利及债息；个人直接投资于房地产和其他生产经营活动时凭资金所有权获得的报酬；个人出租其各种形式的资产的租金收入等。这是居民个人的劳动积累参与社会生产必得的一种报酬。外资经济、私营经济中的资产收入，是根据个人提供的用于生产经营的货币资金、生产资料的多少分配的个人收入，是凭借资金或资产所有权参与劳动成果的分配，属于合法的非劳动收入。

在我国当前社会，随着改革的深化，按资分配的形式还会在更多的领域里出现。

3）按技术分配的收入

技术是生产中的渗透性因素。技术收入主要是指技术人员以出售专利、诀窍或提供技术咨询、技术指导等形式获得的收入。这是复杂劳动的产物，取得高报酬是合理的。随着科学技术的发展和技术市场的不断完善，这种收入分配形式会越来越占有重要地位。

除了上述几种分配形式以外，我国现在还存在着个体劳动者的自劳自得收入、创作收入、信息收入、劳务收入以及社会保障收入等分配形式。随着市场经济的深入发展，我国的个人收入分配形式将更加复杂多样。

5.1.4　多种分配方式的并存和结合

　　在市场经济条件下，所有制形式的多样化及相应产权形式和经营方式的多样化决定收入分配机制和分配方式的多样化。在我国社会主义初级阶段实行的经济制度是以公有制为主体、多种所有制经济共同发展的多元所有制结构，所以把按劳分配与按生产要素分配结合起来，采取多种分配形式并存的制度，是社会主义市场经济的要求。

　　生产方式的多样化，必然带来分配方式的多样化，随着改革的深化、所有制结构的调整以及相应的产权制度的调整和完善，必然会带动和促进收入分配方式的调整和完善。譬如，混合所有制经济的出现和发展，使得各种分配方式结合起来成为新的分配方式。目前，我国社会正在积极推行的股份制和股份合作制的收入分配方式，就是按劳分配和按生产要素分配相结合的新的分配方式。在股份制经济单位中，它的财产所有者或投资主体都是多元的，不论是投资、参股或交叉持股，也不论是法人持股和个人持股，收入分配方式必然是多样化的，按劳分配和按生产要素分配是并存的。又如，在股份合作制经济单位中，劳动者既有按劳分配取得的收入，又有按生产要素分配取得的收入。特别是以劳动者的劳动联合和劳动者的资本联合为主的股份合作制经济单位，劳动者既可获得按劳分配的收入，也可以取得按资分红的收入。关于通过按生产要素分配方式取得的其他收入，分配方式和收入来源更是呈现多样化的趋势。

　　在社会主义市场经济条件下，按劳分配和其他多种分配形式并存是合理的。

　　首先，资产收入是合理的。因为生产资料和劳动力是再生产过程中的两大主要要素，它们在运用中不仅要保值，也要增值，因为生产出的使用价值是劳动力与生产资料相结合的产物，收入是市场对使用价值承认的结果，因此生产资料和劳动力的提供者都应当从收益中取得收入。根据这个道理，不仅国有资产不能无偿使用，任何个人只要把自己拥有的资本投入到生产经营中去，都理应取得一定收入。

　　其次，经营收入是合理的。因为经营本身就是一种劳动，而且是一种较高级的、复杂的脑力劳动，它需要多方面的知识、灵敏的反应和决策能力。经营者一般都应承担经营风险，因此，在他们获得的较多收入中还含有一块风险收益。

　　最后，名誉收入也是合理的。因为名誉收入的取得，除了天时、地利等客观条件外，很大程度上取决于本人超常的能力和超常的努力，尽管这种收入与努力相比不一定相符，但在市场经济条件下，这有利于人们才干的充分发挥，有利于人们奋发进取，创造奇迹。

　　这里需要特别说明的是投机收入的合理性。不应把投机理解为一个贬义词。投机一词，在英文中是"预测""思考"的意思。经济学中的投机是指经营者通过预测未来市场价格和供求关系的变动、风险做出买入卖出的决策，牟取厚利的行为，是人们在市场经济中逐利的积极行为，尤其在证券市场投资活动中体现得更为明显。证券投资与证券投机是一个问题的两个方面，证券投资是指购买各种证券以获取利润的经济行为，证券投机是指买卖证券以获取利润的经济行为。二者同属一种经济行为，只不过前者是证券的购买行为，后者是证券的交易行为。

【小思考 5-1】

　　为什么说证券投资与证券投机是一个问题的两个方面？

答案：前者发生在证券购买环节，应看作是一种投资行为；后者发生在证券交易环节，应看作是一种投机获利行为。

5.2 适度差别及其实现

在市场经济中，由于不同个人在拥有和运用生产要素产权方面的差异，个人的收入水平就不一样，由此而形成个人收入和财富方面的不平等。从上面提出的两个平等原则的分析中看到，从单纯强调平等生存权中所产生的完全平均分配不利于促进经济增长，而单纯按照贡献回报原则分配收入又会产生贫富两极分化，从而不利于社会稳定和共同富裕。因此，如何根据不同经济发展阶段的要求和社会历史条件，来调整个人收入分配的差异程度，以促进经济稳定发展，就成为收入分配理论和改革面临的一个实际问题，即如何测量收入的差距或不平等程度。

5.2.1 洛伦斯曲线和基尼系数

洛伦斯曲线是用来反映社会收入分配（或财产分配）平均程度的曲线。如果把社会人口分为 10 个等级，各占人口的 10%，按他们在国民收入中所占份额的大小可以作出表5-1。

表5-1 人口及其在国民收入中所占的比例

级别	每级占人口的百分比	合计（%）	每级占总收入的百分数	合计（%）
第1级	10	10	2	2
第2级	10	20	3.5	5.5
第3级	10	30	4.5	10
第4级	10	40	5.5	15.5
第5级	10	50	6.5	22
第6级	10	60	7.5	29.5
第7级	10	70	9	38.5
第8级	10	80	11.5	50
第9级	10	90	15.5	65.5
第10级	10	100	34.5	100

把表5-1的结果用图来反映就得到图5-1。在图5-1中，横轴代表人口的百分比，纵轴代表收入的百分比，OY 为45°线，在这条线上，每 10% 的人口得到 10% 的收入，表明收入分配绝对平等，称为绝对平等线。OPY 表示收入绝对不平等，称为绝对不平等线。根据表5-1所作的实际反映收入分配状况的洛伦斯曲线（如图5-1所示），即实际收入线介于这两条线之间。洛伦斯曲线与 OY 愈接近，收入分配愈平等；与 OPY 线愈接近，收入分配差别愈大，就愈不平等。

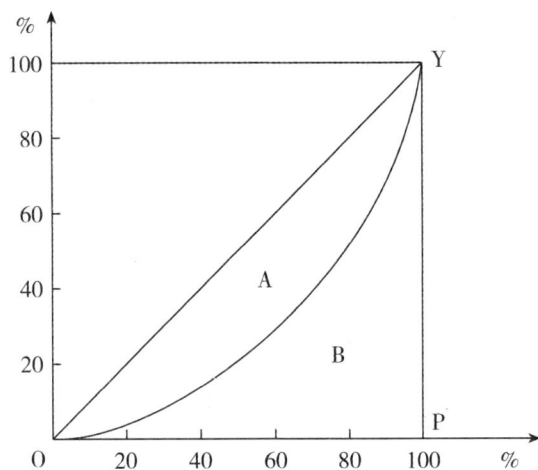

图 5-1　洛伦斯曲线

根据洛伦斯曲线可以计算出反映收入分配平等程度的指标，这一指标为**基尼系数**。如果我们把图 5-1 中实际收入线与绝对平均线之间的面积用 A 来表示，把实际收入线与绝对不平均线之间的面积用 B 来表示，那么计算基尼系数的方法是：

$$基尼系数 = \frac{A}{A+B}$$

当 A = 0 时，基尼系数等于零，这时收入绝对平均。

当 B = 0 时，基尼系数等于 1，这时收入绝对不平均。

实际基尼系数总是大于 0，小于 1。基尼系数越小，收入分配越平均；基尼系数越大，收入差别越大，就越不平均。

运用洛伦斯曲线可以对各国、各地区收入分配与各种政策的收入效应进行比较。表5-2提供了我国 1995—2012 年基尼系数的变化情况。

表 5-2　　　　　　　　　　1995—2012 年我国基尼系数变化情况

全国	1995 年	2000 年	2005 年	2008 年	2010 年	2012 年
	0.39	0.402	0.447	0.466	0.481	0.474

5.2.2　收入差别与平均主义

不同的收入分配制度，形成不同的个人收入。

一个极端是，个人收入差别最大的国家是一些实行封建君主制的国家。在这样的国家中，收入分配的标准不是对于生产或经济增长的贡献，而是个人所拥有的政治权力——皇室成员及其官吏的权力最大，因而占有社会财富的绝大部分，僧侣阶层具有参政的第二大权力，因而也占有社会财富的相当大一部分，平民阶层只有基本的公民生存权，因而只能分配到维持基本生存所需的收入。收入分配的渠道当然也不是通过市场，而是通过强制性征缴高额租税迫使对生产做出贡献的各界交出绝大部分的财富。在这种分配制度中，个人收入差别主要是由于存在政治压迫和经济剥夺。古典资本主义（第二次世界大战前）也存在极明显的两极分化，其成因主要是经济方面的，尤其是缺乏政府对收入分配的干预，缺乏福利和社会保障，以及教育不普及与教育机会不平等。第二次世界大战后，这些情况发生了变化，分配的不平等程度有所降低。

　　另一个极端是，收入分配最为平均的是原来实行计划经济的社会主义国家。在国家计划可以包揽一切的思想指导下，国家几乎经营着生产活动的一切方面，从社会生产的布局到每一小块土地上生产什么都由国家计划指令层层下达。与此相适应，国家掌握着差不多全部生产要素的产权，土地和自然资源由国家管，资本及其积累由国家管，劳动力的支配也由国家管，因此，国家自然拥有对新创造财富的所有权和分配权。由于国家难以具体区别在不同生产单位的不同生产要素的不同贡献，加上传统社会主义国家占支配地位的平均主义的分配思想，国家对于个人收入高低的划分就是十分粗略和差别很小的。因此，整个经济中实行的是平均主义为主的分配制度，分配的方式是国家拿走全部或大部分新创造的收入，然后再以国家和集体工资或工分的形式拨付或预留少量收入给参与生产的个人。在这种分配制度中，收入的差别主要是由于国家政策原因造成的，基尼系数接近于零。

5.2.3　适度差别

　　在市场经济中，由于生产要素产权的分散化和生产要素经营决策的独立化，作为生产要素所有者的个人之间的收入差别是不可避免的。面对正常的市场竞争过程给个人分配造成的差别，一个理性的社会是没有必要大惊小怪的，同时也不是完全无所作为的。正确的选择应该是以两个分配平等原则为基础，将收入分配保持在与一定社会的富裕程度、文化传统、发展阶段、公共选择等方面相适应的适度差别范围内，以使社会既能保证市场效率又能保证社会稳定。

　　为了做到适度差别，一个社会所采取的相应政策是有区别的。对于个人收入的初次分配过程，社会的宏观政策应该是保护"等量贡献获得等量报酬"的平等原则，让市场价格机制自动完成对生产要素贡献的定价和收入分配，并尽量防止非竞争和非市场的人为力量干扰这一分配过程的自然进行。另外，对于宏观经济范围的个人收入再分配过程，社会所实施的政策则应是基于"平等生存权利"的原则，将一部分过高的个人收入通过纳税和举办公共福利的方式征收起来以再分配给收入水平低的个人。

　　在中国现代市场经济体制中，为了消除资产收入分配过分不平等的问题，我们没有必要重复传统社会主义中没收所有资本同时取消市场经济的做法，因为历史已经证明这种做法在消除资本收入不平等的同时也扼杀了经济增长。借鉴其他市场经济国家的做法，比较有效的措施是实行分配相对均等化的宏观再分配政策，即实行具有累进性质的个人收入所得税征收制度，让善于经营的资本产权所有者获得较高收入而鼓励其继续经营，同时又让其负担相应的纳税责任以扶持社会中较贫困的人。这样做，还有助于避免单方面功能性分配政策所造成的消极影响，因为除了资本无限扩大效应以外，其他的生产要素如劳动力和土地产权的差异也会造成很大的个人收入差别，这些差别与资本要素造成的收入差别都是市场经济条件下社会选择的结果，都有一定的经济合理性。但如果仅仅对资本收入征税就会有悖于税收公平性的基本原则，而对于所有高收入者都征收同一累进税，不仅能有效扼制资本分配的不平等趋势，而且也使收入相对均等化政策获得切实的可行性。

5.2.4　再分配：税收与社会保障

　　一个社会适度差别目标的实现主要是通过宏观领域内的收入再分配过程来实现的。再分配就是社会将一部分收入集中起来再分配到他人身上。因此再分配包括两个方面：一方面是将一部分很高水平的个人收入集中到国家手中，这个过程是通过税收体系中的个人所得税征收制度的实现来完成的；另一方面是将集中起来的收入转移支付到收入水平较低的个人，这一过程则是通过社会保障制度的实施来完成的。

由于再分配中遵循的是"平等生存权"的平等分配原则，因此，在个人所得税征收制度上，税率往往带有累进的性质，即收入水平越高的个人，其收入中必须纳税的比例越大。

社会保障作为一种制度，是指国家或社会依据一定的法律和规定，为保证社会成员获得基本的社会生存权而提供救助和补贴的制度。它主要包括社会保险、社会救济、社会福利、社会优抚等方面的内容。社会保障的对象是全体公民和特定公民。对全体公民来说，主要是在住房、环保、公共卫生和基础教育等方面，保障他们享受社会提供的帮助和服务。对离退休职工、暂时失去劳动机会和劳动能力者、工伤致残及死亡者、各类灾民、生活在贫困线以下的居民、现役军人及其家属、退伍军人及烈属等特定公民，要保障他们享受社会提供的特定的帮助和服务，如失业救济金、抚恤金等。随着社会生产力的发展，社会保障对象、项目和范围必将向多方面不断发展。总之，社会保障制度是国家为达到确保社会成员基本生存权的目的，通过参与国民收入的分配而形成的一种分配关系。

现代市场经济的主要标志之一是建立完善的社会保障制度。在当今，市场经济比较发达的国家，社会保障制度也都比较完善。在我国现代市场经济制度建立的过程中，也必须相应地建立和完善合理的社会保障制度，这对于保持社会稳定、调整社会利益关系等具有重要作用。

【补充阅读资料 5-1】　　　　　发达国家如何缩小城乡差距

英国：实施"逆城市化"行动

英国是全球城乡差别最小的国家之一。行驶在路上，很多时候你很难分清哪里是城市，哪里是农村。事实上，英国能够实现今天的城乡协调发展，也经历了一段曲折的历史。

18 世纪吹响工业革命号角的"日不落帝国"，开始了如火如荼的城市化进程。然而，城市化也带来了农村土地荒芜、城市人口过于集中等诸多社会问题，牵绊了经济发展的步伐。为解决这一问题，英国 20 世纪初开始出现将城市问题与乡村问题合并解决的"田园城市构想"。第二次世界大战后，英国政府开始大力发展田园城市和新镇建设。

20 世纪 60 年代，随着汽车在家庭的普及，英国人口开始大量向小城镇迁移，新的小城镇开发通常追求"小而精"而非"大而全"，城镇功能较为单一，根据其地理位置和特点与中心城市配套。

为进一步带动小城镇的发展，英国政府实施了逆城市化行动，将政府部门或其下属机构向小城镇转移，以带动小城镇的基础设施建设，缩小与大中城市的差距。比如英国外交部政策研究部门从伦敦市中心搬到城外，英国金融管理局由伦敦市区搬到伦敦东部新区。许多政府部门有多个办公地点，市区仅保留部分窗口部门，大量政策调研、内部行政等部门都搬到城外小镇。

英国政府的行动很快得到公共事业单位及企业的响应，高校、研究所、博物馆等公共事业单位紧随政府之后开始了迁移，许多原本在市区的大学纷纷到小城镇设立第二、第三校区。英国大企业总部落户小城镇也渐成趋势，如英国燃气公司总部设在了温莎小镇，英国罗尔斯·罗伊斯总部在德比小城，英国航空公司总部在伦敦希斯罗机场附近的哈默兹沃斯小镇等。

在基础设施建设方面，英国政府也重点扶持农村地区的住宅、交通、医疗卫生建设。

美国：财富从市中心向乡镇分流

绝大多数的美国大城市都是这样的格局：城市中心是商业区，白天人们利用各种交通工具如城际铁路等抵达城市中心上班，夜晚和周末便人去楼空。中产阶级普遍选择在空气质量好、住房面积大、犯罪率低的城郊居住，于是城市和乡镇的界限便逐渐模糊。这使得财富从城市中心向城郊和乡镇流去，收入差距自然不大。

如今的美国农民常常是一家人管理几百英亩的田地，自家富裕的同时也带动了当地经济的发展。而且，美国农民有组织地向美国政治家派出说客，让美国政府的政策向农民倾斜，比如种玉米用于制造乙醇就能享有减税的优惠等等，美国农民在美国政坛的势力不容忽视。

日本：全方位政策支援农民

在日本，出身农村，作为农民，不是什么跌份的事。而无论从收入、生活水平还是满足度、幸福感来说，日本的农民都不比城市居民差多少。这主要得益于政府出台的一系列政策。

日本负责农业政策的主要部门是日本农林水产省。该部门负责实施的补贴农民政策，主要从金融、税收、养老金、政府补贴等层面对农民进行支援。

比如，在金融层面，设立了农民改良基金。凡是想引进新技术、改良品种，或者想对农作物进行加工和直销的农户，都可以申请无利息的农业改良基金。

在养老金领域，为了让农民能够安心养老，日本政府设立了农民养老金基金。农户将从 65 岁开始领取养老金，直到其去世。如果不到 80 岁去世的话，家人将一次性领取该农户活到 80 岁所可以领取到的养老金。

【小思考 5-2】

一个社会确保社会成员基本生存权的主要方式是什么？

答案：主要是通过再分配，即税收与社会保障方式实现的，如累进性质的个人所得税以及各种社会保险、社会救济、社会福利、社会优抚方式。

5.3 效率与公平

任何一个社会经济发展的目标都是多维的，其中至少包括经济增长、充分就业、物价稳定、国际收支平衡和国民生活质量提高等项，但所有这些目标，最终似乎都可以归结为两大目标：效率与公平。效率与公平的关系是当代经济学中最为困惑的一个理论问题，也是研究个人消费品分配不可逃避的问题。

5.3.1　效率与公平的含义

1）效率的含义

效率一般是指产出与投入之间的对比关系。对于既定的产出来说，投入越少，效率越高；对于既定的投入来说，产出越多，效率越高。经济效率是指经济运行过程中产品（包括劳务）产出与资源投入的对比关系。提高经济效率也就是用尽量少的投入取得尽量多的产出。效率作为经济学上的一个概念，是指人们对经济资源的有效利用和合理配置，做到人尽其才，物尽其用。效率是衡量生产力诸因素有效配置和运行状态的重要标准。

在分配中重视效率就是要通过贯彻正确的分配政策，鼓励和保证企业和个人充分发挥积极性、创造性，在促进整个社会经济活动的效率不断提高的基础上使个人收入增加。个人收入多少与劳动效率的高低成正比，个人收入的分配既要和个人提供的劳动数量和质量挂钩，又要和劳动效率挂钩。

2）公平的含义

所谓公平，是指一定社会中人们之间利益和权利分配的合理化。社会公平则是指收入与投入的对称性和一致性。但公平不是指平均。公平是一个社会历史范畴，是社会历史给定的公平尺度，不同社会具有不同的公平标准。公平问题比效率问题复杂得多，它是一种价值判断，不同的社会制度，社会发展的不同阶段，对公平的价值判断也不相同。公平是相对的，绝对的公平是不存在的。在社会主义初级阶段的经济生活中，公平的内涵主要包括评价规则平等、机会均等和差别适度。

5.3.2　效率与公平的矛盾

效率与公平之间是存在矛盾的。美国经济学家阿瑟·奥肯说过："为了效率就要牺牲某些平等，并且为了平等就要牺牲某些效率。"公平与效率的矛盾或者说交替关系的存在不是偶然的，是市场经济运行机制本身决定的。在市场经济中，要获得效率，就必须给生产要素所有者即供给者以相应报酬，这些报酬构成他们的收入。而人们占有生产要素的状况是不一样的，有人占有的资本、土地要素多些，有人则少些，甚至完全不占有；有人劳动能力强些，有人则差些。根据要素供给分配收入，则人们的收入必然有差别。如要取消或缩小这种差别以实现收入均等化，则必然损害效率。例如，在工资收入分配上如果搞平均主义，就会伤害人们的工作积极性；在税收政策上如果个人所得税税率过高，虽有助于缩小贫富差距，但也会妨碍人们工作、储蓄和投资的积极性，从而影响效率。在社会保障制度中，保障的人数越多，保障项目越全，保障待遇越高，虽然越有助于实现收入均等化，然而，又会损害效率。这是因为：第一，社会保障支出所需经费归根到底来自各种税收，税负越重，人们工作和投资的积极性就越差；第二，保障待遇过高，还会直接影响人们就业的积极性，当失业救济金标准偏高时，人们会觉得就业不如失业；第三，社会保障支出增长过快会使国家财政负担过重，因而形成赤字和通货膨胀，也会影响效率。

5.3.3　效率与公平必须兼顾

由于公平和效率存在矛盾或相互交替的关系，因此对效率与公平必须兼顾。

一般说来，效率是实现公平的物质前提。由于效率来自个人的努力和勤奋，不重视效率，就是鼓励懒惰，社会经济就难以发展，平均只会导致普遍贫穷。例如，按美国经济学家米尔顿·弗里德曼的看法，目前的福利计划大多是本来就不应该制订的。要是没有这些计划的话，现在依赖这些计划生活的人当中，就会有许多人自力更生，而不是依赖国家的照顾。德国自由主义经济学家艾哈德也认为，现代福利国家使人们不必依靠自己的努力，而是依靠国家生活。这会使经济发展失去动力，久而久之，社会陷于瘫痪，社会福利也便成为无源之水。

重视效率必须兼顾公平，兼顾的原则主要有三：

第一，应首先考虑丰富公平实现的物质前提。在历史上，只有当效率提高到剩余产品产生之后，社会才可能提出公平分配问题。在效率极低、根本没有剩余产品的情况下来奢谈公平显然没有任何意义。可见，效率决定公平的发生，而不是相反。再从公平的走向来看，公平也只有在效率提高过程中才会增长。在农业社会，人口中1%或2%的处于最高层的人通常获得不低于国民总收入一半的财富；而在工业社会，一般说来，人口中处于最高层2%的人获得税后个人现金总收入的10%左右。显然，在收入分配上的差距，农业社会大于工业社会。当今世界的现状也表明，穷国在财富和收入分配上通常比经济发达国家更不平稳。

由此可见，在兼顾效率和公平时，应该首先考虑丰富公平实现的物质前提，只有效率提高了，蛋糕做得更大了，才会丰富实现公平的物质基础。

第二，要善于把握效率和公平二者在不同时期所存在的不同矛盾的主要方面或主要倾向来协调二者关系。公平和效率这对矛盾，在任何时候都存在，但有些时候公平的问题更显得更重要，而另一些时候，效率问题会更加突出。在西方资本主义世界中，20世纪30年代由于遭受空前经济危机，工人大量失业，生活十分困难。于是，各国大力发展社会保障事业，既稳定了社会秩序，也刺激了有效需求，使经济摆脱了衰退。虽然这一时期西方社会突出了平等要求，然而到20世纪70年代，各国普遍感到，社会保障发展过快损害了效率的问题变得越来越严重，其突出表现是社会保障制度中的财务危机日趋严重。养老金支出和医疗保健费用扶摇直上，政府不得不用征税和通货膨胀的办法予以解决，这又引起了纳税人的不满，于是经济学家开始批评社会保障损害了效率。一些政府也开始对原有社会保障制度进行改革，增加个人保险负担。这样平等和效率这对矛盾的主要方面就从如何实现平等开始转向如何提高效率。在我国，新中国成立后的很长时期内平均主义一直是主要倾向，因此，现阶段宜强调拉开些距离，以增进效率。然而，当前我国收入分配中，出现了由严重的市场分配不公平造成的收入差距过大的倾向。这里，分配不公平是指收入分配不是根据劳动贡献，而是由一系列不合理因素造成的收入分配的苦乐不均。诚实劳动的人，即使贡献不小，也富不了，而以权谋私者、钱权交易者、贪赃枉法者、偷税逃税者则大发横财。贫富差距过大已成为我国当前社会的主要倾向，这需要通过深化改革，建立起正常的市场经济秩序予以解决。今后，初次和再次分配都要兼顾效率和公平，再次分配更加重视公平。

第三，要寻找一些以尽可能小的不公平换取尽可能高的效率，或以尽可能小的效率损失换取尽可能大的公平的途径，以降低效率与公平替代的机会成本。例如，在劳动就业方面，必须通过深化改革，增加劳动力的流动性，打破劳动力流动中的部门限制、城乡限制和地区限制，在就业方面创造一个公平竞争的机会。招工、招考、招干必须分开，杜绝走后门、拉关系以及搞特殊化的不正之风，这样，既有利于实现公平原则，又有利于提高效率。在社会保障方面，既要逐步取消一些"大锅饭式"的补贴，又要加强对退休职工、残疾人、孤儿和无依靠老人的困难补助和救济工作；既要努力扩大社会保障的覆盖面，又要根据各地实际情况因地制宜，在形式和待遇上切忌"一刀切"。在财政税收方面，当前重要的是要努力完善税制，严肃税纪，切实解决偷税漏税问题，否则，公平和效率的问题都难以解决。

【补充阅读资料5-2】　　　　"漏桶原理"与收入分配

在西方经济学界，庇古最早打破了古典经济学在分配问题上无为而治的传统。面对庞大的社会财富和大众化严重贫困的对比，他第一次比较系统地表达了对经济平等的关注。1920年他出版了名著《福利经济学》，把平等和效率同时纳入了经济分析的视野。在庇古看来，争取效率就是要合理配置资源，增加国民收入；而争取平等则是将富人的一部分收入转移给穷人，实现收入的均等化；只有二者兼顾，才能增进整个社会的福利。庇古描述的这种富足而又和谐的社会无疑令人向往，但问题在于，平等和效率在现实中往往是矛盾的。

对于平等和效率的难题，美国经济学家阿瑟·奥肯（Arthur Okun）提出了著名的"漏桶原理"。"漏桶原理"指出：根据税收的转移支付问题，富人缴纳了一美元的税款，实际上转移支付到穷人手中的钱要远少于这一美元，即高税率会使税收总额有所减少，这也就是著名的"拉弗曲线猜想"。

假定有这样一个社会，富人和穷人分灶吃饭，富人那里人少粥多，许多粥吃不完，白白浪费掉；而穷人那里人多粥少，根本吃不饱，已有不少穷人得了水肿。于是政府决定，从富人的锅里打一桶粥，送给穷人吃，以减少不平等现象。奥肯认为，政府的这种愿望是美好的，但不幸的是，它使用的那个桶，下面有个洞，是个漏桶。这样，等它把粥送到穷人那里，路上就漏掉了不少。暗喻政府如果用税收的方法，从富人那里转移一部分收入给穷人，穷人实际得到的，比富人失去的要少得多，比如富人纳税使收入减少了1 000元，穷人可能只得到了600元，其余的400元不翼而飞了。

为什么会有这种现象呢？因为追求平等损害了效率，从而减少了国民收入。奥肯有一句名言："当我们拿起刀来，试图将国民收入这块蛋糕在穷人和富人之间做平均分配时，整个蛋糕却忽然变小了。"这里所说的蛋糕变小，实际就是效率的损失，原因主要有两个：一是税收削弱了富人投资的积极性。奥肯在他那本著名的《平等与效率——重大的抉择》一书中，曾这样写道："如果税收对于储蓄和投资具有重大的和有支配的影响，那么在总量数字方面的证据将是引人注目的而且是明显的。1929年，尽管美国经济处于萧条时期，但由于当时税率很低，投资还是占了国民收入的16%；在此之后，联邦税的税率上升了好几个百分点，到了1983年，尽管当时的经济处于复苏时期，但投资率仍没有超过14%。"二是税收影响了劳动的积极性。不仅影响富人，而且影响穷人。如一个失业工人，由于得到了一份月薪并不算高的工作，而失去了政府所有的补贴，他自然也就对找工作不热心了。这样，由于在收入分配的过程中，可供分配的国民收入总量减少了，结果就必然有"漏桶效应"，使富人失去的多，而穷人得到的少。

"漏桶原理"意味着：平等和效率是"鱼和熊掌不可兼得"。经济学家、伦理学家，乃至哲学家就此开始了旷日持久的争论。有人认为，人们之所以在平等和效率的抉择问题上争论不休，原因就在于，现实世界是不平等的。富人害怕失去既得的利益，因而鼓吹效率，反对平等；穷人想不劳而获，因此支持平等，批评效率。人们都戴着"有色眼镜"进行讨论，很难得出一个符合人性本来目的的结论，但这并不否定追求二者兼得的理论。

5.3.4　共同富裕及其实现

共同富裕是指在现代市场经济社会，随着经济的高速发展，人们的收入普遍增加，且收入差异从长远来看有缩小的趋势。

共同富裕原则内容十分丰富，具体可概括为以下几个方面：首先，共同富裕是以生产力的发展和效率的不断提高为前提。如果经济发展水平不高，经济效率低下，则不管收入如何分配，其结果总是贫穷，蛋糕太小，怎么分也是每人一小块。只有尽力把蛋糕做大，同时实行合理的分配方式，人们才有可能都得到较大的一块。其次，共同富裕不等于平均富裕。这一点值得特别强调。有些人把共同富裕看成是传统分配原则的翻版，认为共同富裕就是平均富裕，就是平均主义，这是十分错误和有害的。共同富裕仍然是一种有差别的富裕，而且这种差别应尽可能反映人们的努力程度和资源禀赋的差别，共同富裕意味着从大家都富裕这个角度来看是共同的，但富裕程度是有差别的。再次，共同富裕不等于同步富裕，共同富裕只能是一个不平等发展的过程，因为不同地区、不同经济主体的主客观条件是有差异的。如果把不同地区、不同部门、不同企业和不同的个人都捆在一起，强求步调一致，结果必然是谁也富不起来。要以共同富裕为目标，扩大中等收入者比重，提高低收入者收入水平。

共同富裕作为一个动态过程是以一部分地区和一部分人先富起来的形式逐渐实现的。这一过程表现为贫困地区与富裕地区之间，贫困人群与富裕人群之间此消彼长的过程。贫困逐渐消亡，富裕逐渐普及。因此，为了实现共同富裕，我们要鼓励一部分地区和一部分人先富起来，只要是通过诚实劳动和合理经营而致富，只要这种致富不带来过高的社会成本（如竭泽而渔的资源开发和严重破坏生态环境等）都是应该保护和鼓励的。一部分地区先富起来后，可以带动更多的地区富起来。这是因为，首先，先富地区可以对其他地区产生积极的示范效应，使相对落后地区感受到较强的压力，也可以使它们从先富地区学习有用的经验，争取少走弯路；其次，先富地区会对其他地区产生较强的连带作用，先富地区通过横向联合、技术转让、人才培训、资金融通等形式可以对其他地区发挥辐射作用；最后，基于政府的适当干预和道德力量，先富地区可以对其他地区提供更为直接的帮助和扶持。先富地区之所以能先富，既是自己主观努力的结果，同时与政府的倾斜政策、优惠政策和相对优越的自然、地理和历史条件有关，因此，从某种意义上说，帮助其他地区是先富地区的应尽之责。同时，扶持其他地区尽快富起来也符合先富地区的长远利益和根本利益。

【小思考 5-3】

　　在效率与公平替代中为什么要注意降低机会成本？

　　答案：如果累进的个人所得税税率过高，就会挫伤多劳群体的工作积极性，从而降低社会整体经济效率，付出较高的机会成本代价。

【补充阅读资料 5-3】　　　　　　　关于贫富差距质的解读

　　著名经济学家茅于轼对中国当前社会的贫富差距提出了质的解读，茅于轼认为："公平"其实是一个很含混的词。由于含混，各人有各人的理解。最直观的公平就是大家都差不多，特别是大家的消费差不多，有些人看到当今社会穷的穷，富的富，消费水平相差十倍百倍，不平之心油然而起。但在我看来人们花钱所带来的享受，从效用上讲却有极为明显的收益递减现象，只不过富人为了区别于众，在消费品牌上和穷人拉开差距。一个普通的手包和一个 LV 包，在功能上并没有差别。一件名牌服装，据说比普通衣服更舒适一点、更有型一点、更耐穿一点。

　　因此有人提出，现在贫富差距可能比改革开放前还小了。这个观点我非常认同，就拿通讯来讲，改革前只有局级干部才能在家里装电话，现在差不多人人都用手机。那时候城里人基本能吃饱穿暖，而很多农民却挨饿受冻。即使是乞丐，也比 30 年前的农民吃得好，穿得暖。想想看，30 年前是吃饱和挨饿的差距，今天则是吃什么的差距；30 年前是穿暖和受冻的差距，今天则是穿什么的差距。哪个差距更大，不是很明显吗？

　　人类发展有一个好的趋势，财富的差距也许在增大，但人与人的差距特别是人格尊严上的差距却在缩小。比尔·盖茨交完税还有好几百亿美元，是中国普通农民财产的一亿倍吧，但让农民给比尔·盖茨倒杯咖啡，盖茨也得说声谢谢，总统也一样要对服务员说谢谢，而当年的慈禧太后就绝对不会对李莲英道谢。"文化大革命"时期，大家工资收入看上去比较平等，可地位却很不平等，结果不但政治上极端不公平，经济也到了崩溃的边缘。如今虽然财富的差距悬殊，但仍有人可以通过自身的努力和聪明才智过上富裕的生活，这就算是社会的一种进步。

◆ **本章小结** ◆

　　●每个社会成员都应当拥有"平等的生存权"和"等量贡献获取等量报酬"的平等权，这是现代社会两个最基本的平等原则。

　　●按劳分配就是按照个人的劳动贡献来分配收入或消费品的一种分配原则或制度；按生产要素分配主要包括按经营分配、按资产分配和按技术分配等。在我国现阶段，仍应坚持以按劳分配为主体，多种分配方式并存，把按劳分配和按生产要素分配结合起来。

　　●根据洛伦斯曲线可以测量一个社会收入分配的不平等程度的指标，即基尼系数。可以依据基尼系数的大小及其反映的不平等程度，来决定或调整社会的分配政策。

　　●基尼系数接近于零值，即表现为分配上的平均主义，或无差别的分配。平均主义的分配不利于生产者积极性的发挥。

●一个理性社会在分配上应选择以两个平等原则为基础，将收入分配的差别保持在一个适度范围内，既反对平均主义，又避免过大的收入差距。为此，在初次分配过程中社会的宏观政策应该是既重视保护"等量贡献（含劳动贡献和生产要素贡献）获取等量报酬"的平等原则，也要注意兼顾公平。而在再分配过程中，则应将过高的个人收入通过纳税和社会保障等方式支付给收入水平过低的人。

●效率和公平的关系是研究分配不可逃避的问题，从根本上说，两个平等原则也是以效率和公平的兼顾关系为依据的。社会要兼顾效率和公平，根据社会不同时期的二者主要矛盾方面及主要倾向来调整二者的关系。

●共同富裕是以效率的不断提高为前提的，共同富裕既不是平均富裕，也不是同步富裕，它要通过以一部分地区和一部分人先富起来的途径逐渐实现。

◀ 主要概念和观念 ▶

□ 主要概念

按劳分配　按生产要素分配　洛伦斯曲线　基尼系数　共同富裕

□ 主要观念

现代社会在分配上要强调"两个平等原则"。

社会经济发展追求的目标归结为效率与公平两大目标。

◀ 基本训练 ▶

一、选择题（单项或多项选择）

1. 两个平等原则是（　　）。

A. 资本主义社会的原则　　　　　　　B. 发达资本主义社会的原则

C. 社会主义社会的原则　　　　　　　D. 现代所有社会的共同原则

2. 一个社会适度差别的实现主要通过（　　）。

A. 初次分配　　　　B. 政府的强制　　　　　　C. 社会保障制度

D. 收入再分配　　　E. 说服教育

二、思考题

1. "生存权的平等"含义是什么？

2. 如何正确认识适度差别分配原理及其实现？

3. 效率与公平的关系如何？

4. 收入分配的两个基本原则是什么？

5. 基尼系数的经济意义是什么？

◀ 观念应用 ▶

□ 案例分析

过分强调平等也会妨碍效率

在西方，瑞典可算是最典型的"福利国家"，瑞典的福利是世界上最高的，瑞典人纳税率也是世界上最高的，产业工人纳税率为35%，收入高的资本家、商人、演员、运动员等纳税率甚至高达80%，其所得税主要用于拉平社会各集团成员的收入，通过社会再分配使全体公民都保持相对平均的生活水平。全国最高收入与最低收入的比例约为 3 : 1。就是说，即使一个人终生没有为社会创造多少财富，退休后收入还能达到社会最高收入者的 1/3，结果形成了人们普遍依赖国家的心理。瑞典给患病职工照发工资，医疗全部公费，结果不仅医疗费用消费惊人，泡病号现象也很严重。所有这些都表明，过分强调平等确实会妨碍效率。

　　问题：试用经济学原理解释这种现象。

第 3 编　微观经济分析

第6章

消费者选择

学习目标

知识目标：把握边际效用、收入效用、替代效用、恩格尔系数、消费者主权等基本概念。

技能目标：掌握边际效用递减规律和恩格尔法则的含义。

能力目标：作为消费者，学会维护自己的权利；会用恩格尔法则分析我国社会居民消费水平。

引例　　　　　　　　　利用时间的经济学

假如你只有一定时间用于学习，而且，你决定仅仅想使你的平均分数达到最高。那么，你如何分配你的时间？是把时间平均分配于每一门课程吗？出乎意料，回答是，否。你应该从历史转到化学，从外语转到经济学，一直到你用于各种课程的最后 1 分钟所得到的好处相等为止。

消费者是市场经济微观层次的主要行为主体，消费者主权是促进社会资源有效配置的重要原则，消费者只有成为理性的消费者，消费者主权才可能更有效于资源配置。

经济学微观部分以单个经济单位（家庭、企业及单个市场）为考察对象，研究其经济行为及相应的经济变量数值如何决定。

每一个消费者都面临着各种消费选择，但每一个人都有自己的兴趣爱好、生活习惯，形成自己的偏好。同样的物品，对不同的消费者来讲，购买所产生的满足程度是不同的，因此同样的花费，所购买消费品的组合是不同的。

6.1　效用最大化

人们消费的目的是为了满足身体本身的需求和基于文化习惯而产生的需要。在日常生活中，消费者总是倾向于选择在他们看来具有最高价值的那些物品及劳务。为了描述消费者在不同消费可能性之间进行选择的方式，经济学家通常用效用来解释。

6.1.1　边际效用及边际效用递减规律

消费者在一定时间内从消费一定数量商品获得的总的满足程度称为总效用（TU），或称效用总量。

由于商品效用的大小是由其满足消费者欲望的程度决定的，商品数量的多寡也就成为决定它的效用大小的一个重要因素。随着对某种商品的消费越来越多，给消费者带来的效用越来越大，但在总效用达到一定的数量以后，从最后一个单位商品得到的额外满足程度会逐步下降。这种额外的效用增加量称为**边际效用**（MU）。随着个人消费某种物品的数量的增多，他从中得到的额外的或边际的效用量越来越少，这一规律称为**边际效用递减规律**。

商品的边际效用递减规律存在的原因主要有两个方面：一方面，人类的欲望很多，每一种欲望虽不能绝对地完全得到满足，却可以相对地获得部分满足，当消费者在对商品的占有和使用过程中对它们的欲望已得到了部分满足以后，消费者对这种商品的欲望强度就会降低，因而这种商品的数量再增加，消费者感觉到的额外的满足程度也会降低，所以这种商品的边际效用递减，这时消费者可能已更迫切地要去满足其他欲望了。另一方面，每种商品都可以有若干种不同的用途，当它的数量少的时候，消费者会用它来满足最重要的欲望，因而感觉到的满足程度就非常之高，但当它的数量增加以后，消费者就会逐渐用来满足次要的或不重要的欲望，于是感觉到的满足程度就小了，这也导致边际效用递减。如当一个人拥有的粮食不足以养家糊口时，粮食的效用是极其巨大的，但当他获得的粮食不但足以养家糊口且有剩余时，他就不把一袋米看得那么重要了，他可能把这袋米拿来喂鸟，满足养鸟这一次要欲望。

6.1.2　消费者选择的基础

消费者无法样样都选择，以实现他们最喜爱的市场商品组合，他们必须在他们的货币收入和商品价格限制范围内求得效用的最大化，或者说从消费品购买中所产生的满足与享受的量达到最大化。那么，什么是在这些限制条件下的效用最大化的市场商品组合呢？概言之，这种组合是指消费者花费在所有商品上的最后 1 元钱所得到的效用相等的市场商品组合。假如消费者不遵守这项预算支配原则，便无法达到效用最大化。

为什么必须保持这一条件呢？因为，如果 1 元钱的任何一种物品能够提供更多的边际效用，那么，消费者就会把钱从其他物品的花费中转移到该物品上去——直到边际效用递减规律使得该物品的每 1 元钱的边际效用下降到等于其他物品的边际效用时为止；如果花费在某种物品上的每 1 元钱提供的边际效用少于普通水平，那么，消费者就减少购买该物品的数量，直到花费在该物品上的最后 1 元钱所提供的边际效用上升到普通水平为止。

消费者经济行为的基本目标是凭借自己的财产和可支配的收入，使自身的物质和精神的需求得到最大限度的满足，即消费效用的最大化。这就是消费者选择的基础或基点。

【补充阅读资料 6-1】　　　　连续吃三块"三明治"面包的感觉

美国总统罗斯福连任三届后，曾有记者问他有何感想，总统一言不发，只是拿出一块"三明治"面包让记者吃，这位记者不明白总统的用意，又不便问，只好吃了。接着总统拿出第二块，记者还是勉强吃了。紧接着总统拿出第三块，记者为了不撑破肚皮，赶紧婉言谢绝。这时罗斯福总统微微一笑："现在你知道我连任三届总统的滋味了吧。"这个故事揭示了经济学中的一个重要的原理：边际效用递减。

总效用是消费一定量某种物品与劳务所带来的满足程度。边际效用是某种物品的消费量增加 1 单位所增加的满足程度。我们就从罗斯福总统让记者吃面包说起。假定记者消费第一块面包的总效用是 10 个效用单位，消费第二块面包的总效用为 18 个效用单位，如果记者再吃第三块面包总效用仍为 18 个效用单位。实际看，记者消费第一块面包的边际效用是 10 个效用单位，第二块面包的边际效用是 8 个效用单位，第三块面包的边际效用为 0 个效用单位。这几个数字说明记者随着消费面包数量的增加，边际效用是递减的。为什么记者不再吃第三块面包因为再吃也不会增加效用了。还比如，水是非常宝贵的，没有水，人们就会死亡。但是你连续喝超过了你能饮用的数量时，那么多余的水就没有什么用途了，再喝边际效用几乎为零，或在零以下。现在我们的生活富裕了，我们都有体验，"天天吃着山珍海味也吃不出当年饺子的香味"。这就是边际效用递减规律。设想，如边际效用不是递减而是递增会是什么结果？吃一万个面包也吃不饱。而吸毒就接近效用递增，毒吸得越多越上瘾。吸毒的人觉得与其他消费相比，毒品给他的享受超过了其他的各种享受。所以吸毒的人会卖掉家产，抛妻弃子，宁可食不充饥，衣不遮体，毒却不可不吸。所以说，幸亏我们生活在效用递减的世界里，否则资源会更稀缺。

消费者购买物品是为了效用最大化，而且，物品的效用越大，消费者愿意支付的价格越高。根据效用理论，企业在决定生产什么时首先要考虑商品能给消费者带来多大效用。

企业要使自己生产出的产品能卖出去，而且能卖高价，就要分析消费者的心理，能满足消费者的偏好。一个企业要成功，不仅要了解当前的消费时尚，还要善于发现未来的消费时尚。这样才能从消费时尚中了解到消费者的偏好及变动，并及时开发出能满足这种偏好的产品。同时，消费时尚也受广告的影响。一种成功的广告会引导一种新的消费时尚，左右消费者的偏好。

【小思考 6-1】

能否说，边际效用递减是一种心理反应或感觉？

答案：效用即是消费者的心理满足程度，边际效用递减也应是消费者超额消费时的一种心理反应。

6.2　消费者偏好及物品替代

消费者偏好及可替代物品的价格是决定消费者选择的两个重要因素。

消费者的需求形成购买动机，进而引起购买行为。购买动机可分为本能动机和心理动机。本能动机是生理需求所引起的购买动机，本能动机所形成的购买行为具有习惯性、经常性和相对稳定的特点。心理动机则是由人们的心理活动过程所引发的购买动机，这种心理动机有多种形式，如理智动机、感情动机等，而消费者偏好则是一个不可忽视的因素。

消费者偏好，是指消费者对不同物品的喜好程度。在每一个消费者的心目中，都有一个关于各种商品需要的轻重缓急的排列顺序。人们常说，一种商品比另一种商品的用处大，实际上就是不同商品的效用在消费者心目中的排列顺序。消费者的选择，实际上就是按照自己的偏好顺序来进行的，例如，一个消费者在吃饭时可选择的食品有海鱼、淡水鱼、牛肉、羊肉、鸡肉、菠菜、萝卜，他最终会选择哪一种？在价格和收入一定的条件下，其选择必然由自己的偏好决定。不同的消费者有不同的偏好，因而选择也有多种多样。

一般来说，消费者有三条偏好公理：

1）有序性

消费者对两种商品（如食物和衣物）的任意两个组合，能够准确地说出自己的偏好。例如，A 组有食物 5 个单位，衣物 25 个单位；B 组有食物 10 个单位，衣物 15 个单位。消费者对这两种商品组合，能够准确地说出自己的偏好，即喜爱 A 组或者 B 组，从而表现出一定的顺序。

2）传递性

当出现第 3 组商品组合 C 的时候，他的偏好可以传递。如果他对 A 的偏好大于 B，B 的偏好大于 C，那么他对 A 的偏好必然大于 C。如果他对 A 的偏好等于 B，对 B 的偏好等于 C，那么他对 C 的偏好也必然等同于对 A 的偏好。

3）不满足性

就某种商品或商品组合来说，消费者对数量较大的组合（例如 15 个单位的食物、30 个单位的衣物）的偏好，必然大于数量较少的组合（例如 5 个单位的食物、20 个单位的衣物）的偏好。

消费者的偏好程度可以用效用指数表示。在一定值的效用指数下，可以有多种两种商品数量的组合，把这些组合排列出来，就形成无差异表，如表 6-1 所示，表中列出 A、B、C 三种食品与衣服数量的组合，对消费者来说，这三种组合的效用是没有差异的，即对消费者的满足程度是相同的。此时，我们又可将表 6-1 中三种商品组合用曲线图来表示，如图 6-1 所示。

当我们把 A、B、C 三点连接起来，就得到一条曲线，称为无差异曲线，用 I_1 来表示。在这条曲线上的任意商品组合，消费者具有同样的偏好，能够得到同样程度的满足。因此，我们把表 6-1 称为无差异表，把图 6-1 称为无差异曲线图。消费者还可以有其他无差异表，表明对他来说满足程度不同的各种商品组合，并形成其他无差异曲线。

表 6-1　　　　　　　　　　　　　　　　　　　无差异表

商品组合	食物	衣物
A	5	25
B	10	12
C	15	5

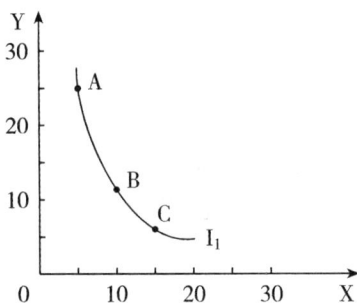

图 6-1　无差异曲线

存在多条无差异曲线的图 6-2 表现了消费者对各种商品组合的偏好，又称为偏好图。

综上分析，我们可以清楚地看到无差异曲线的一些重要特征：

第一，同一条无差异曲线上的各种商品组合，对消费者具有同等的满足水平或者效用水平。在两种商品的各种组合中，消费者为了保持同等的满足水平，在增加一种商品的消费量时，必须减少另一种商品的消费。两种商品不能同时增加或减少。

第二，在同一平面图上，不同的无差异曲线给消费者带来不同的满足水平或效用水平。离原点越远的无差异曲线，所代表的效用越大；离原点越近的无差异曲线，所代表的

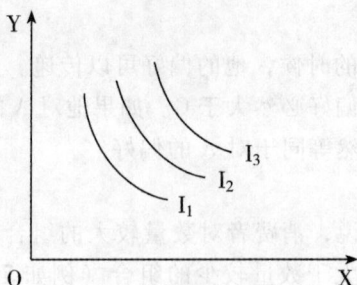

图 6-2 偏好图

效用越小。

第三，同一平面图上，任意两条无差异曲线不能相交。因为，在交点上两条无差异曲线代表了相同的效用，与第二个特征相矛盾。

在消费者收入一定的情况下，决定消费者选择的，除了偏好这个重要因素之外，还有可替代物品的价格。

【小思考6-2】

消费者偏好是一种怎样的心理现象？

答案：它是由消费者对不同物品的喜好程度决定的心理动机。

6.3 收入、价格对消费的影响

前面所说的消费者均衡是在消费者收入和商品价格既定的条件下实现的，如果消费者的收入或者商品价格发生变动，消费者对商品的均衡购买（即消费者均衡）也会随之发生变动。首先我们分析消费者的货币收入变动而消费者的偏好和商品价格不变时，会对消费者均衡产生什么影响。

6.3.1 消费者的预算约束

无差异曲线描述了消费者同样愿意得到的各种消费品的组合，无差异曲线上任何一点的消费品组合对该消费者来讲其满足程度是相同的，但并不是任何一点的消费品组合都能实现，它受消费者收入水平的限制。

在现实生活中，大多数消费者的收入是相对稳定的，因而消费者在一段时间的花费也是相对固定的。假设，一消费者每月花费 600 元钱，而且他面临着每一食品和衣服单位的固定价格——食品每单位为 150 元，衣服每单位为 100 元。显然，在多种可供选择的食品和衣服的不同组合中，他能够把收入花费于其中的任何一种组合。在一个极端，他可以购买 4 单位的食品，而不买任何衣服；在另一个极端，他可以购买 6 单位的衣服而不买任何食品。在图 6-3 中，显示了他花费 600 元的几种可能组合方式。

图 6-3 描绘了 5 种这样的可能性。应当注意：所有的点都在直线 NM 上。另外，任何其他可能存在的点，如 $3\frac{1}{3}$ 单位的食品和 1 单位的衣服，也在 NM 线上。预算直线 NM 总括了消费者正好花费完收入的两种物品的各种可能组合。

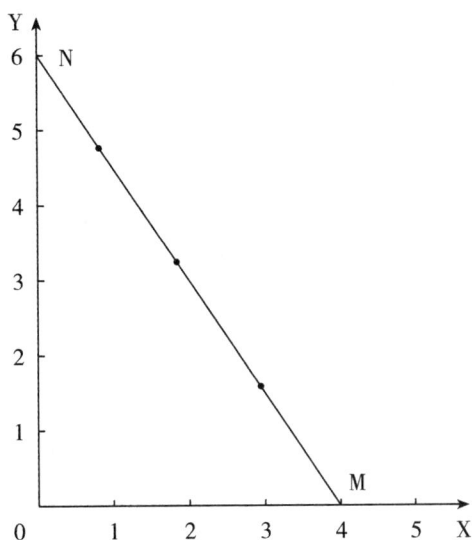

图 6-3　收入制约消费的支出

NM 的斜率（不计正负号）为 3/2，必定为食品价格和衣服价格之比，而且直线 NM 的一般意义也是显而易见的。在既定的价格之下，每当消费者放弃 3 单位的衣服（从而在图形中垂直下降 3 个单位），他可以得到 2 单位的食品（即以水平方向向右移动 2 个单位）。

我们把 NM 称为消费者的预算线或预算约束。所谓预算约束，就消费者而言指的是可支配收入的约束，消费者对效用的获取完全取决于可支配收入的大小。

6.3.2　消费者均衡与收入–消费曲线

如果消费者的收入水平或者商品的价格发生变动，消费者对商品的均衡购买（即消费者均衡）也会随之发生变动。首先我们分析消费者的货币收入发生变动，而消费者的偏好和商品价格不变时，会对消费者均衡产生什么影响。

当消费者的偏好和商品价格不变，收入发生变动时，意味着消费者购买商品的预算支出发生变动，预算线移动。由于商品价格不变，预算线的斜率也不变，因此，收入变动导致预算线平行移动。收入增加，预算线向右平行移动，表示消费者的购买力增加；收入减少，预算线向左平行移动，表示消费者的购买力下降。

收入变动，预算线平行移动，导致消费者均衡变动。收入–消费曲线表明了在其他条件不变时收入变动引起的消费者均衡变动的轨迹，如图 6-4 所示。

现在我们分析当收入变动时，消费者对 X 商品的均衡购买会发生什么变化。在图 6-4 中，原来的预算线 NM 和无差异曲线 U_1 相切于 B 点，实现了消费者均衡，消费者对 X 商品的均衡购买量为 OQ。假定消费者偏好和商品价格不变，消费者的货币收入增加，使预算线平行移动至 N'M'，新的预算线 N'M' 和无差异曲线 U_2 相切于 B' 点，实现了新的消费者均衡，消费者对 X 商品的均衡购买量增加到 OQ'，如果把收入水平变动后所形成的新的消费者均衡点连接成一条曲线，这条曲线就叫作收入–消费曲线（ICC），或称收入扩展线，如图 6-4 中 B、B' 点连接起来形成的 ICC。同样，收入变动对 Y 商品均衡购买的影响

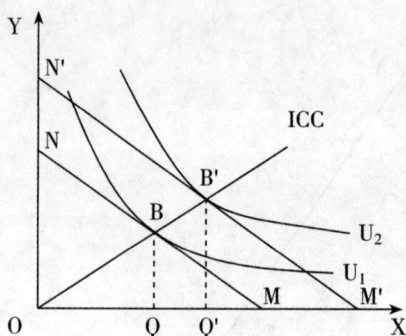

图6-4　消费者的收入-消费曲线

可以通过均衡点在纵轴上表示出来。

当消费者的收入水平变动时，消费者对某一商品的需求发生同方向的变动，即该商品的需求收入弹性为正值，则这种商品为正常商品。图6-4中的X和Y商品都为正常商品。根据收入-消费曲线的变动轨迹，可以判断商品的属性。如果X商品为低档商品，也就是说，消费者对X商品的购买与消费者收入变动呈反方向变动，那么，收入-消费曲线将向左上方变动（如图6-5所示）。在图6-5中，当收入增加时，预算线由NM移到N′M′，消费者的均衡购买由B移到B′，收入-消费曲线ICC向左上方变动，表明收入增加，消费者对X商品的均衡购买反而减少，X商品为低档商品。

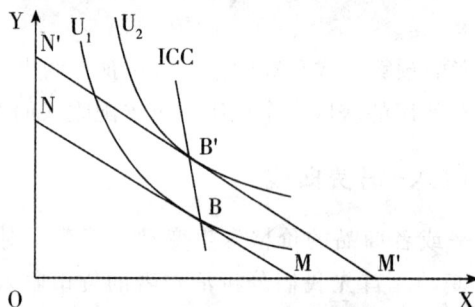

图6-5　消费者反方向收入-消费曲线

6.3.3　价格-消费曲线和收入效应、替代效应

下面我们来分析商品的相对价格变动而消费者偏好和货币收入不变时，对消费者均衡会产生什么影响。

当消费者偏好和货币收入不变，商品的相对价格发生变动时，预算线的斜率变动，预算线发生倾斜移动。预算线的倾斜导致消费者均衡变动。价格-消费曲线表明了在其他条件不变时商品价格变动引起的消费者均衡变动的轨迹，如图6-6所示。

在图6-6中，原来的预算线NM和无差异曲线U₁相切于B点，实现了消费者均衡，消费者对X商品的均衡购买量为OQ。假定消费者偏好和货币收入不变，Y商品价格不变，X商品价格下降。这时，如果消费者将收入全部购买Y商品，数量仍为N；而将收入全部购买X商品，由于X商品价格下降，全部购买X商品的数量由M增至M′，预算线由NM移至NM′，新的预算线斜率比原预算线斜率要小。新的预算线NM′和无差异曲线U₂

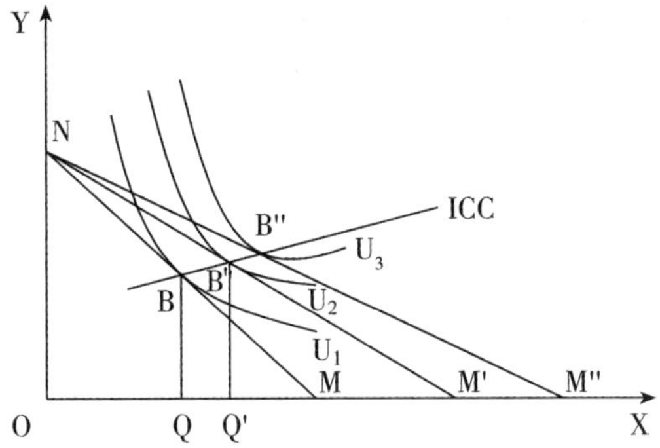

图6-6　价格-消费曲线

相切于 B′点，实现了新的消费者均衡，消费者对 X 商品的均衡购买量增加到 OQ′。如果把 X 商品价格变动后所形成的新的消费者均衡点连接成一条曲线，这条曲线就叫作价格-消费曲线，或称为价格扩展线，如图6-6中 B、B′和 B″连接起来形成的价格扩展线。

对无差异曲线的分析认为，商品价格变动对消费者均衡购买的影响为总效应，这种影响可以分成两部分：一部分影响叫作收入效应；另一部分影响叫作替代效应。所谓**收入效应**是指该商品价格的变化意味着消费者收入的变化。价格上涨意味着消费者收入的下降，价格下跌意味着消费者收入的提高，从而使消费者对该商品的需求量减少或者增加。所谓**替代效应**，是指某商品的价格变动使该商品对其他商品的相对贵贱程度发生变动。某商品价格上涨使该商品变得相对昂贵，某商品价格下降使该商品变得相对便宜，从而促使消费者对该商品的需求量减少或者增加。

【小思考6-3】

依据收入效应，消费者应怎样应对市场？

答案：价格上涨时，应及时购物，价格下跌时应耐心观望，即所谓买涨不买跌。

【补充阅读资料6-2】　　　　　　　　搬家的经济学分析

几年前，我成家后从父母家中搬出，组成了自己的小家庭——一套一室一厅的房子，虽然不大，但对于一个两口之家来说也够了，这算是我的第一次搬家。两个月以后我被一家大公司录用，公司为我租了一套三室一厅的房子，住起来相当宽敞，甚至有点浪费，但由于房子是公司提供的，也就心安理得地住着了，这是我的第二次搬家。又过了几个月，又搬家了，这次是一套两室一厅的房子。原来，我的公司改变了政策，以前是公司统一为员工租房，现在改为把住房租金发给个人，由个人来决定如何租房。在这种背景下，我结合自己的需要，用公司给的钱换租了一套两室一厅的房子之外，还省下了一部分钱补贴家用，这就是我第三次搬家的理由。

我虽然在一年之内连续搬了三次家，但按照经济学中的收入效应和替代效应的解释来看，倒也在情理之中。收入效应是指当人们实际收入增加时，对某种商品的消费量就会增加；而替代效应是指在相互有替代关系的商品中，如果其中一种商品的价格下降，人们就会用这种商品去替代其他商品，从而增加这种商品的消费。如果说我第一次搬家是独立生活的开始，那么我第二次搬家则是由于公司做出的统一消费，也是一种强制消费，对于我而言，也就不存在选择的余地。当公司取消了租房政策而将原来租房的这笔钱直接发给员工以后，我在完全有能力继续租住公司提供的三室一厅的房子的情况下，却换了一套两室一厅的房子。假设其他方面相同，两室一厅的房子总是比三室一厅的房子便宜，对于我的需要来说，两室一厅的房子就足够住了，所以在第三次搬家中，我必然会用两室一厅的房子去代替三室一厅的房子，这就是替代效应的作用。那么我为什么在第三次搬家中没有回到第一次搬家中的一室一厅的房子去住呢？因为公司给我发放一笔租房款时，现在的实际收入比进入公司以前的实际收入大大地增加了。在原来的收入水平下，我只能租用一室一厅的房子，现在我既然收入增加了，就有能力租用两室一厅的房子，当然我也愿意住两室一厅的房子，这是因为收入效应发挥了作用。

6.4　消费结构及方式

人们为了生活，需要有衣、食、住、行等各种消费品。由于人们的生活有不同的需要，就要消耗各种各样的消费资料，因而产生了各种消费资料在全部消费中的不同比重或结构问题。随着社会生产的发展，人们的生活需要日益复杂和多样化，消费结构也就不断变化。

6.4.1　消费结构及恩格尔系数

所谓消费结构就是人们在消费过程中所消费的不同类型的消费资料（包括劳务资料）的比例关系。消费结构有微观消费结构和宏观消费结构之分。后者是从整体（比如一个国家）考察的居民消费结构，前者则是从单个家庭或单个消费单位着眼考察的消费结构。微观消费结构是宏观消费结构的基础。这里主要研究微观消费结构。

消费结构可以从不同的角度分类：

按满足消费需要的不同层次来分类，可以把消费分为生存资料、享受资料和发展资料。一般来说，生存资料是维持劳动力简单再生产所必需的生活资料，如果生存资料得不到满足，劳动者就不能恢复体力和智力，无法正常生活。劳动者的收入通常先是满足生存的需要。享受资料是满足人们享受需要的生活资料，如某些高级食品、娱乐用品和某些精神文化用品等。发展资料则是发展人们体力和智力所需要的生活资料，比如体育用品、健身器械，以及接受教育、从事文艺、进行社交等所需要的设备和交易。生存资料是人们最基本的消费资料，人们在较好地满足了生存需要后，会逐步满足享受和发展的需要。

按消费者实际支出的不同方面，可以划分为吃、穿、住、用、行这样一种消费结构。这种划分比较具体，在实际工作中一般采用这种分类。

食物是维持人的生存所必不可少的，是必需品中的必需品。在现实生活中，一个消费者收入再少，用在食物上的支出也是不可少的。因此，一个家庭收入越少，总支出中用于购买食物的费用所占比重越大，一个国家越穷，在消费者平均支出中用于购买食物的费用所占比重也越大。随着消费者收入的增加，尽管食物费用开支的绝对量也会有所增加，但它在消费者总支出中所占的比重会下降。德国经济学家恩格尔对此事实，第一个提出了这样的结论，并被称为恩格尔法则。表明食物开支与消费支出之间比例关系的指标叫**恩格尔系数**。

一般说来，恩格尔系数越小，食物支出在总消费支出中所占比重越小，说明收入水平及与之相适应的消费结构的发展程度越高；恩格尔系数越大，食物支出在总消费支出中所占比重越大，说明收入水平及与之相适应的消费结构的发展程度越低。新中国成立初期，城镇居民用于吃穿的开支占全部生活费开支的比率，即恩格尔系数为 80%，农村居民高达 90% 以上，2012 年分别降到了 36.2% 和 39.3%。

非食物的必需品在总消费支出中所占的比重同样存在恩格尔系数现象。例如，消费者衣服支出与总消费支出的差异，就有类似食品支出与总消费支出关系的变动趋向，即随着消费者收入水平的上升，衣服支出在全部消费支出中的比重也会下降。总之，随着消费者收入水平的提高，吃、穿等生活必需品开支所占的比重会逐渐下降，而像休闲、劳务消费等消费支出所占的比重将会逐步上升。

6.4.2　消费方式

在市场经济条件下，消费方式最显著的特点是：首先，商品性消费比率占绝对地位，市场经济越发达，非商品化非货币化的消费将越来越少；其次，劳务消费将逐步增加，随着市场经济的发展和人们收入水平的提高，劳动者消费需要的满足，不仅依靠增加食物消费，而且依靠增加劳务消费。劳务消费不断发展，劳务消费在消费结构中所占比重不断提高，是生产力水平不断提高、消费社会化，特别是家务劳动社会化的客观要求和必然结果。

目前我国社会生产力水平还不高，劳动还存在重大差别，国家不可能把劳动者所需要的一切都包下来，因而个人消费应该是主要方式。而个人消费一般是以家庭消费方式进行的，家庭作为社会的基本消费单位，作为人们消费的主要场所和基本方式，其主要内容是，依据社会经济的发展和家庭收入，合理安排好家庭成员的物质生活和文化生活，合理安排家务劳动等以促进家庭成员的全面发展。

家庭消费作为人们生活消费的基本方式，具有如下主要特征：

（1）消费需求多样性

在一个家庭里，人数虽不多，但每个成员的消费需求是各不相同的，老年人、青壮年、儿童的需求不同造成了消费需求的多样性。

（2）家庭消费的分散性和灵活性

家庭消费方式是建立在消费资料个人所有制基础之上的，家庭可用消费的支出来源于家庭成员的劳动收入，家庭成员根据自己的劳动收入在市场上购买消费品，个人对收入有自由支配权，对消费品的购买具有自由选择权，只要不违背政策法令，其他人无权干涉。

（3）家庭预算的约束性

家庭消费是建立在家庭成员的各种收入基础上独立地进行各种消费活动的，因此必须合理安排，量入为出，把家庭有限的经济收入用在最需要的方面，恰当选择适合自己家庭收入水平和家庭具体条件的合理消费结构。

6.4.3　消费者主权

在市场经济条件下，生产者生产什么，生产多少，最终要取决于消费者的意愿和偏好。其具体过程是：消费者根据自己的意愿和偏好，到市场上选购所需的商品，于是他便把这种意愿和偏好通过市场传递给了生产者，而生产者按照市场反馈来的信息安排生产，提供消费者需要的商品和服务，这种关系被称为**消费者主权**。消费者主权被看成是促进社会资源有效配置的一个重要原则，也是消费者和生产者双方都能借以得到最大满足的一个重要原则。

尊重和保护消费主权具有极其重要的意义：

首先，尊重和保护消费者主权是市场经济发展的必然要求。市场经济要求实行等价交换，正确处理各方面的物质利益关系，如果不尊重消费者主权，搞不等价交换，搞不正当竞争，就会使商品生产者信誉扫地，不仅损害消费者利益，而且会大大影响生产者、经营者的利益，影响社会经济效益。因此，保护消费者主权，维护消费者权益，合理解决消费者与生产者、经营者之间的矛盾，将有利于解决生产与流通之间、流通与消费之间及生产与消费之间的矛盾，大大有利于社会主义市场经济的发展。

其次，尊重和保护消费者主权是实现消费者主人翁地位的客观要求。在社会主义社会，劳动者的权利和利益应该受到保护和尊重。消费是人们物质利益的最终体现，消费者权益反映这些物质利益的实现程度，如果消费者主权不能得到尊重，消费者权益便不能得到保护，也就无法维护其主人翁地位。

再次，尊重消费者主权、维护消费者权益是实现社会主义市场经济生产目的的客观要求。社会主义市场经济的生产目的是为了满足广大劳动者日益增长的物质和文化方面的需要。可以说，人们的需要是否能得到较好的满足决定着社会主义市场经济生产目的能否得到较好的实现。

消费者权益在不同的社会发展阶段、价值观念和文化氛围下具有不同的内容。1960年成立的国际消费者组织联盟确定的消费者基本权利，有如下几点：

（1）要求安全的权利。

（2）提供信息的权利。

（3）自由选择的权利。

（4）听取意见的权利。

（5）要求赔偿的权利。

（6）受教育的权利。

（7）要求保障有益于健康的环境的权利。

中国消费者协会根据我国有关法规和政策，提出我国消费者应具有以下基本权利：

（1）了解商品和服务的权利。

（2）选择商品和服务的权利。

（3）求得商品和服务安全、卫生的权利。

（4）监督价格、质量的权利。

（5）对商品和服务提出意见的权利。

（6）受损害有索取赔偿的权利。

在传统的计划经济体制下，企业是国家行政机构的附属物，它的眼睛盯着上级领导机关，保证完成上级下达的生产任务，根本不必根据消费者的意愿和偏好、市场价格和供求信息去组织生产，从事经营，消费者主权无从谈起。改革开放以来，随着市场的发展，市场机制作用的扩大，企业开始变为一只眼睛盯着上级计划，另一只眼睛盯着市场，按市场和消费者需求组织生产，但目前市场体系还未完全建立，还很不健全，企业往往在市场疲软时想到消费者，市场兴旺时又忘了消费者，更有甚者以假冒伪劣商品坑害消费者。因此，要真正实现消费者主权，还有一段相当长的路要走。

【小思考 6-4】

恩格尔系数能表明一个社会的经济发展水平吗？

答案：恩格尔系数直接反映消费者的消费支出总水平，个人消费的社会平均水平应该同社会的经济发展水平是一致的。

【补充阅读资料 6-3】　　　　　　　关于"节约悖论"

18 世纪，荷兰的曼德维尔博士在《蜜蜂的寓言》一书中讲过一个有趣的故事。一群蜜蜂为了追求豪华的生活，大肆挥霍，结果这个蜂群很快兴旺发达起来。而后来，由于这群蜜蜂改变了习惯，放弃了奢侈的生活，崇尚节俭，结果却导致了整个蜜蜂社会的衰败。

蜜蜂的故事说的是"节俭的逻辑"，在经济学上叫"节俭悖论"。众所周知，节俭是一种美德，既然是美德，为什么还会产生这个悖论呢？

宏观经济学的创始人凯恩斯对此给出了让人们信服的经济学解释。他认为从微观上分析，某个家庭勤俭持家，减少浪费，增加储蓄，往往可以致富；但从宏观上分析，节俭对于经济增长并没有什么好处：公众节俭→社会总消费支出下降→社会商品总销量下降→厂商生产规模缩小、失业人口上升→国民收入下降、居民个人可支配收入下降→社会总消费支出下降……1931 年 1 月他在广播中断言，节俭将促成贫困的"恶性循环"，他还说"如果你们储蓄五先令，将会使一个人失业一天"。凯恩斯的解释后来发展成为凯恩斯定理，即需求会创造自己的供给。一个国家在一定条件下，可以通过刺激消费、拉动总需求来达到促进经济发展和提高国民收入的目的。

由于东南亚金融危机等因素的影响，我国经济发展从 1997 年开始步入困难时期，而与此同时，全国商业信息中心对我国市场主要商品供求情况的分析结果显示，1997 年下半年供过于求的商品占 31.8%，2001 年下半年则升至 83%，2002 年下半年达到 88%，几乎没有供不应求的商品。在这种情况下，我国政府依据凯恩斯理论原理，通过各种途径来拉动和刺激内需，如增发国债以大兴基础设施建设，实施"黄金周"的节假日政策以刺激旅游业的发展等，事实证明，这些政策对于帮助我国走出困境和提高收入水平起到了很大的推动作用。

当然，我们必须要科学地看待"节俭悖论"。"节俭悖论"的产生是有其特定的时空条件的，只有在大量资源闲置、商品供过于求、社会有效需求不足或存在严重失业时，才有可能出现这种悖论所呈现的矛盾现象。2003 年以来，我国频频发生油荒、电荒、煤荒等现象，在这种情况下，节俭不但不会产生悖论，反而是给我们带来更多的好处。

经济学中有一个基本规律叫"合成谬误"，即当所有的局部都是正确的时候，全局往往会陷入错误。"节俭悖论"即是一个证明，当社会上每个人都节俭的时候，国民收入往往会下降，从而最终导致每个人生活水平都会下降。明白"节俭悖论"的内涵对于我国这样一个崇尚节俭的社会具有积极的意义，我们应该根据自身的收入水平适当消费，而不是一味地去节俭，这样对自身、对社会都具有积极作用。但是，"节俭悖论"并不是要求我们要选择一种奢侈的生活方式，我国是一个人口众多的国家，自然资源尤其是能源非常紧缺，非常有可能成为制约我国未来经济发展的主要因素，所以理性的选择是"有选择的节俭"，而不是一味的、不分场合的节俭。

◀ 本章小结 ▶

● 效用是消费者在购买或使用某商品时所感觉到的满足程度。满足的程度大，效用就大；满足的程度小，效用就小。在总效用达到一定的数量以后，从消费添增一个单位的某种物品中所得到的满足程度的增加就是边际效用。随着所消费的某一商品的量的增加，人们从中得到的额外的或边际的效用量越来越少，这一规律称为边际效用递减规律。

● 个人消费总是追求效用最大化的。效用最大化是指，在消费者的收入固定和他面临着各种物品的既定市场价格的条件下，消费者必须使他用于每种物品的最后1元钱的边际效用相等。效用最大化是消费者选择的基础。

● 消费者偏好是一个很重要的影响购买动机的心理因素。在收入和价格一定的情况下，消费者的选择实际上就是按照自己的偏好顺序来进行的。消费者的偏好程度可以用效用指数来表示，在一定值的效用指数下，可以有两种商品数量的多种组合，把这些组合排列出来，就形成无差异表，把这些组合用曲线图来表示就形成了无差异曲线。

● 收入、价格发生变动，消费者对商品的均衡购买（即消费者均衡）也随之发生变动。收入的下降会使预算线平行地向内移动，通常会引起物品购买量的下降。其他条件不变，一种物品价格的单独变动会引起预算线发生旋转，改变它的斜率。在一种物品的价格或收入发生变动之后，消费者均将得到一个新的最大满足的相切点，即新的均衡点，实现了消费者消费的效用最大化。

● 由于人们的生活有不同的需要，就要消耗各种各样的消费资料，因而产生了各种消费资料在全部消费中的不同比重或结构问题。随着社会生产的发展，人们的生活需要日益复杂和多样化，消费结构也就不断变化。一个家庭收入越少，总支出中用于购买食物的费用所占比重越大。随着消费者收入的增加，食物消费在总支出中所占的比重会下降，这一结论被称为恩格尔法则。

● 消费者选购商品的意愿和偏好通过市场传递给生产者，生产者按照市场反馈来的信息安排生产，提供消费者需要的商品和服务，这种关系被称为消费者主权。消费者主权被看作是促进社会资源有效配置的重要原则。

◀ 主要概念和观念 ▶

□ 主要概念

边际效用　边际效用递减规律　收入效应　替代效应　恩格尔系数　消费者主权

□ 主要观念

边际效用呈现递减规律。

消费者主权原则是促进社会资源有效配置的重要原则。

◆ **基本训练** ◆

一、选择题（单项或多项选择）

1. 消费者在使用某商品时，消费数量同效用的关系是（　　）。

A. 消费愈多总效用愈大

B. 消费愈少个别效用愈大

C. 总效用达到一定数量后，添增的消费个别效用开始减少

D. 总效用达到一定数量后，添增的消费个别效用开始增加

2. 在消费者收入一定的情况下，消费物品的价格变化会（　　）。

A. 引发消费者偏好的改变　　　　　B. 出现消费物品的替代

C. 消费不发生变化　　　　　　　　D. 使消费物品的量增加或减少

3. 某商品消费量的减少是因为（　　）。

A. 消费物品价格上涨　　　　　　　B. 消费者偏好发生变化

C. 消费者消费了替代物品　　　　　D. 消费物品价格下跌

4. 人们接受教育所需要的生活资料属于（　　）。

A. 发展资料　　　　B. 享受资料　　　　C. 生存资料

二、思考题

1. 何谓价格变动的收入效应和替代效应？

2. 何谓消费者偏好？三条偏好公理是什么？

3. 何谓消费者的预算约束？

4. 何谓消费结构？

5. 消费者效用最大化的条件是什么？

6. 无差异曲线的特点是什么？

7. 恩格尔系数的经济意义是什么？

三、练习题

1. 根据下表计算：

面包的消费量	总效用	边际效用
1	20	20
2	30	
3		5

（1）消费第二个面包时的边际效用是多少？

（2）消费三个面包的总效用是多少？

2. 某消费者收入为120元，用于购买 X 和 Y 两种商品，X 商品的价格 $P_X = 20$ 元，Y 商品的价格 $P_Y = 10$ 元。

（1）计算出该消费者所购买的 X 和 Y 有多少种数量组合，各种组合的 X 商品和 Y 商

品各是多少?

（2）作出一条消费可能线。

（3）所购买的 X 商品为 4，Y 商品为 6 时，应该是哪一点？它在不在消费可能线上？它说明了什么？

（4）所购买的 X 商品为 3，Y 商品为 3 时，应该是哪一点？它在不在消费可能线上？它说明了什么？

◀▶ **观念应用** ◀▶

□ 案例分析

价格变动对消费最优选择的影响

消费者王某喜爱购买可乐和面包两种食品，现在可乐的销售商为搞促销活动使可乐的价格大幅度下降，王某的消费将如何变化呢？调查结果表明，他既多买了可乐，也多买了面包。

问题：用所学原理分析王某的消费行为。

第 7 章

家庭经济行为

学习目标

知识目标：把握风险、人力资源投资、教育收益率等概念。

技能目标：了解影响家庭收入的因素，把握家庭投资的基本方法。

能力目标：能用所学理论分析当今我国教育投资热的现状。

一般来说，在经济繁荣时期，就业机会就多一些，工资率也高一些，家庭成员能够比较容易地找到工作，获得比较高的薪水，从而家庭收入水平提高也较快。反之，如果经济处于收缩调整期，不但全社会的就业机会会减少，而且名义工资（货币工资）也可能相对减少，家庭收入的增长速度会下降，因为家庭新增劳动年龄人口创造的收入增量有一部分会被工资率下降所抵消。据统计，1989—1991 年中国城镇居民家庭收入增长速度要比1984—1988 年慢30%～50%，而 1992—1994 年又比 1989—1991 年快 60%～80%。这无疑与 1985 年和 1993 年两次工资普调有关，也与当时国民经济景气变化有关，1989—1994年是经济实现全面治理整顿的时期，而 1985—1988 年和 1992—1994 年正是中国经济加快改革和发展的时期。

家庭和企业是微观经济活动中的两个最基本的经济单位，企业通常被当作生产者看待。它虽然也是生产资料的消费实体，但其最基本、最本质的活动是生产。家庭则是微观经济活动的一个综合体，既有消费的职能，又有投资获取收入的职能。本章主要从投资角度考察家庭的经济行为。

作为消费者，家庭行为的基本目的是效用最大化。作为劳动者和投资者，家庭又追求收入最大化。随着我国市场化取向改革的深入发展，家庭收入水平快速提高，已经基本上改变了以往传统社会主义经济制度下只是纯消费单位的状况，投资愈来愈成为家庭经济活动中不可忽视的行为。

7.1　收入最大化

家庭，它首先是一个生活单位，是消费者。作为消费者，家庭行为的目的是效用最大化，这里的效用既有质的规定性，又有量的规定性。为了获取效用最大化，家庭的主要成员必然追求家庭收入最大化。

7.1.1　家庭收入最大化

一个家庭，要实现收入最大化，首先要力争劳动报酬最大化。为此，要争取具有劳动能力的家庭成员在社会上谋得一份薪水比较高的工作或选择工作。譬如当前，在不同行业之间，不同所有制部门和企业之间，其劳动报酬差异很大。同样工作一年，收入大不一样。因此，进行劳动岗位收入比较和选择对于家庭收入的多少具有十分重要的意义。另外，某些劳动者个人和家庭在取得了一项比较稳定的工作后，为了谋求收入最大化，又去寻找第二职业。我国实行改革开放政策之前，国有企事业职工不得不将第一职业的剩余时间都用在闲暇上，而现在职工则倾向于将第一职业的剩余时间用于第二职业。选择一份工作不容易，人们都喜欢更高的薪水，然而工作的很多特征差别很大。一些工作每周工作时数较长，另一些较短；一些工作的强度较大，而另一些则较轻松。除了薪水，不同工作还提供一些不同的福利。一些工作有旅行的机会，而其他一些工作则枯燥乏味。人们常常关心工作的刺激性，工作环境的优劣，以及在时间安排上有多大的自主性。

在选择工作时人们会注意到，一些大致类似技能的工作常常支付相当不同的工资。这是因为，一份工作还有着重要的非金钱或非货币的特征。在一些情况下，吸引一个人的东西对另一个人可能并无吸引力；一些人喜欢别人告诉他们去做什么，另一些人喜欢自己做决定；一些人看重工作环境，而另一些人则要求自由宽松。对吸引力较小的工作通常必须支付补偿性差额，例如，大多数人不喜欢收垃圾的活儿。一般说来，更看重收入的人们才选择那些脏、累、苦、险的岗位，以谋求补偿性差额。

影响家庭收入最大化的另一个重要来源是资产收入。它包括房屋的租金、银行存款利息、购买证券所得到的分红等。资产收入的多少又取决于资产规模。

除了劳动报酬、资产收入外，家庭总收入的形成还有一个来源，这就是转移收入。它包括亲友的赠金、父母留下的遗产。随着人们生活水平的提高，这一部分收入占家庭总收入的份额在逐渐提高。

综上所述，为使家庭收入最大化，需要在两个方面做出努力：一是充分利用家庭劳动的时间资源，用劳动换取收入，同时注意劳动岗位的选择和比较；二是注意将消费后的收入剩余进行投资，实现家庭资产增值。这实际上指的是工薪家庭。如果家庭同时又是生产单位，如城镇个体户和农村农户，那么家庭收入还有一个重要来源——利润。我国的农村家庭是一种典型的生产和消费相统一的单位。从生产者角度考察，农户作为一个相对独立的经济实体承包经营集体的土地和其他大型生产资料，按照合同规定自主地进行生产和经营。建立在家庭联产承包责任制基础上的农户，作为我国农业基本的生产经营单位，是独立的商品生产者和经营者，具有商品生产者和经营者应有的权利、义务和责任。任何行政单位无权干涉他们的合法经营，更不能损害他们的经济利益。在遵守国家有关政策和法令的前提下，农户有权从自身利益出发，根据市场情况，自主地选择经营方向和经营方式，从而实现自身收入最大化。从我国目前的状况来看，不承认或不维护农户是自主经营的商品生产者和经营者的现象是存在的，如随意向农户搞不合理摊派，随意提高农业生产资料价格，硬性确定农户种植方向甚至品种等行为，都严重地损害了农民利益。以上这些行为，在改革中必须加以纠正。

7.1.2　家庭就业规模与收入总量

不同家庭之间收入差别形成的重要原因之一是家庭就业规模不同，因为家庭收入最大化，既取决于家庭劳动成员个人收入最大化，又取决于家庭劳动成员数量或家庭就业规模。

根据国家统计局对 1992 年 36 290 户城镇居民家庭的调查，我们按 5 个收入等级分组，得到表 7-1。

由表 7-1 可见，1992 年城镇居民家庭的人口规模的大小、户人均收入、总收入的高低排序正好相反：人口规模越大，家庭的人均收入、总收入水平越低；人口规模越小，家庭的人均收入、总收入水平越高。这种反向变化即是就业规模的差别所致。表 7-1 中第

表 7-1   1992 年城镇居民家庭的就业与收入比较

项　　目	a. 总平均	b. 最低收入户	c. 低收入户	d. 中等收入户	e. 高收入户	f. 最高收入户
（1）户均人口数（人）	3.37	3.90	3.71	3.36	3.09	2.80
（2）户均就业人数（人）	1.95	1.74	1.90	2.01	2.01	1.90
（3）户均就业面（%）	57.86	44.62	51.21	59.82	65.05	67.80
（4）每户人均年收入（元）	2 032	1 127	1 409	1 977	2 767	3 663
（5）每户年总收入（元）	6 851	4 395	5 227	6 642	8 550	10 250
（6）家庭人均收入差别（b=1.00）	1.80	1.00	1.25	1.75	2.46	3.25
（7）家庭总收入差别（b=1.00）	1.56	1.00	1.19	1.51	1.95	2.33

资料来源　国家统计局. 中国统计年鉴（1993）［M］. 北京：中国统计出版社，1993：287.

（1）项从 b 到 f，数量渐次变小，第（2）项从 b 到 d 渐次变大，第（3）项从 b 到 f 渐次变大，以下第（4）、（5）、（6）、（7）项从 b 到 f 均是渐次变大。可见，城镇居民家庭人均收入、总收入的差别产生于就业规模的差别，一个家庭，有工作的越多，挣钱的人越多，家庭人均收入、总收入也就越多。这是家庭收入差别形成的一般规律。

这个规律的适应性在中等收入户、高收入户和最高收入户之间稍有出入。首先，中等收入户和高收入户的就业人数都是 2.01 人，没有差别，但它们之间的人均收入、总收入有差别，这种收入差别不能单纯用就业规模差别来解释；其次，最高收入户的就业人数为 1.9 人，比高收入户少 0.11 人，但它的人均收入、总收入均高于高收入户，而且高出的幅度很大，这也说明单纯的就业规模差别不能完全解释家庭人均收入、总收入的差别。由此可以推论，城镇居民家庭收入差别的形成还有其他非就业因素，而在社会主义制度下，差别的形成主要是就业因素。

7.1.3　家庭规模与收入总量

假定一对新婚夫妇都懂得计划生育的道理，并且想就家庭规模做出理性决策，他们就要算经济账。

每要一个孩子，妻子要离开工作 10 个月——生孩子前 4 个月，生孩子后 6 个月。她的工资是每月 1 000 元，这样为一个孩子就花费了 10 000 元。接着是以后 18 年的衣食费用，以及要支付的从小学到大学的教育费用等。在仔细权衡了多要每一个孩子的收益和成本之后，他们决定要一个孩子。

一般家庭并不是这样做出关于要孩子的决策的，但经济学家认为，虽然大多数家庭可能只是很模糊地意识到这些，但经济的考虑确实进入了这些最具私人性的决策。经济学家不能解释为什么一个家庭有一个孩子而另一个家庭有三个孩子，然而经济学家观察到，平均而论，具有更高实际收入的妇女有更小的家庭。对于年龄相同的妇女，孩子多的妇女的收入要低得多。

对上述关系有几种解释。

一种解释是，当要孩子的机会成本（机会成本是指人们放弃一种机会而由此放弃的收入或放弃一种机会而由此可能遇到的损失）较高时，家庭会决定少要一些孩子，显然，生育妇女的工资愈高，生一个孩子的机会成本愈高。根据这种观点，高工资收益"导致"小家庭规模。

另一种解释是有大家庭之累。即子女多的妇女会把更多的精力用在家务上，因此用在工作上的精力就更少。当小孩生病时，她们可能更经常地缺勤。根据这种观点，大家庭导致了低工资。

由于我国实行比较严格的计划生育政策，似乎没有多少人算要孩子的经济账，但孩子的多少或家庭规模的大小的确同家庭的经济收入有着密切的关系。有人分析我国农村家庭，特别是贫困落后地区农村家庭之所以愿意多要孩子，就是因为不仅要一个孩子的机会成本低，而且把孩子抚养成人的总成本也很低。这种经济学分析不无道理。

7.1.4　纳税与家庭可支配收入

一个家庭，在获得所有的收入，包括工薪、资产收益和其他形式的收入后，还必须拿出一部分向政府缴税。因为，个人和家庭之所以能够安居乐业，能够安享自己购买的东西外还消费公共物品，与国家为你提供国防、安全、道路和其他公共服务有关，而生产和再生产国防、安全、道路和其他公共服务需要开支，为了满足这些开支，国家必须向个人和家庭征税，因而每一个个人和家庭都有向国家缴纳税款的义务。纳税是对家庭总收入的必要扣除，我们把扣除了纳税项目的家庭收入叫作家庭可支配收入。所谓家庭收入最大化，严格说来应该是家庭可支配收入最大化。

纳税是每一个家庭责无旁贷的大事，是一项应该具有法律强制效力的义务。社会应建立个人-家庭申报税制度，谁不向国家申报收入并根据规定纳税就是非法的。到目前为止，我国的个人-家庭所得税法还不健全，已有的所谓税法也未能真正推行下去，纳税还未成为中国人及其家庭的自觉行动。随着社会进步和人们收入水平的提高，一个强制性的个人-家庭收入纳税制度必然要建立。

由于个人-家庭收入纳税制度是一个十分复杂的体系，同样人口规模和收入的家庭会因是双职工还是单职工而有所不同，一笔跨年度的收入项目是计入总收入高的年份还是计入总收入低的年份，其纳税数量是不同的。还有，如何安排收入抵付债务的项目，在从事家庭经营活动时什么类型的消费资产可以计入生产成本以减少应纳税收入规模，以及父母遗产怎样在子女中分配等等，都可能影响家庭收入中用于纳税的份额。从家庭的角度看，理性的行为是使纳税份额缩小，家庭可支配收入扩大，但必须是在税法许可的范围下进行。任何完备的税法都有一个"边缘"的问题，有的项目，从一个角度理解需要纳税，从另一个角度理解则可以少纳税，这就给家庭可支配收入最大化留下了一个可以活动的空间。这个行为与偷税、漏税的违法行为是不同的，它以守法为出发点，并且只是在税法的"边缘"寻找既与法律条文一致又有利于家庭收入最大化原理实现的合理解释。关键在于，社会如何使所有个人和家庭追求可支配收入最大化的行为必须在一套完备的、有约束的法律规范下行使。

【小思考 7-1】

脏、累、苦、险的岗位为什么要给予补偿性差额报酬？

答案：这类岗位虽然不要求高知识、高技能，但这类岗位却是大多数人不愿干的，或遭人轻视的，而脏、累、苦、险的岗位又为社会所必需，故社会应给这部分劳动者以补偿性差额报酬。

7.2　家庭投资决策

家庭除具有生活消费的职能外，又从事一些投资活动，即具有一定的生产职能。除了人口的生产以及为此而付出的费用是由家庭承担以外，家庭还从事一些营利性生产活动。目前的农业生产基本上是以家庭为单位展开的，城镇私人业主和个体户家庭与农民家庭相似，他们都从事直接生产和贸易活动，都通过直接生产投资活动来达到营利目的。在城镇，还有一类家庭，其成员不从事直接生产和贸易活动，除了消费活动外，也进行营利性投资，但是这种投资不是与直接生产过程相结合，而是以金融业为对象的货币资本，本节我们研究家庭的投资行为，主要对象不是具有企业性质的那一类家庭，而是只在金融领域从事货币资本经营活动的家庭。

7.2.1　家庭投资的一般形式

第二类家庭获得的可支配收入首先是用来购买家庭成员所需要的消费品。在消费之后，可能会有一定收入剩余。如何处理这个剩余？即采取用钱生钱的行为，也就是所谓的家庭投资行为。

用钱生钱，这是一个资本行为，而不是一般的货币行为。资本是带来利润（剩余价值）的价值。如果一笔钱只是在不同的经济当事人之间简单地转手，所有者未从转手行为中得到利润，即钱没有生出更多的钱，那么它就只是货币而已，不是资本。如果这笔钱在转手行为中带来了利润，那么它就成为了资本。

在第 8 章中我们提出，与购买、生产、出售三个阶段相适应，资本依次采取货币资本、生产资本、商品资本三种形式，就家庭投资而言，资本运动形式更为简单，其一般公式是：

$$G\text{--}G' \tag{7.1}$$

它不但比产业资本运动要简单得多，而且比简单化了的商业资本运动还要简单，因为它没有商品作为中间环节，直接用钱生钱。式中的 G 表示投入货币，G′表示含有利润的货币收入。因此，家庭投资的资本是一种货币资本。

7.2.2　保险性投资与风险性投资

家庭如何使货币变成资本，即如何投资？首先要在保险和风险之间作出抉择。

将钱存入银行是最保险的，因为你无论选择哪一种存款形式，都可以得到一个在一定时期内固定不变的利息。因此，向银行投资是一种保险性投资。但是这种保险性投资并不等于是保值的，也可能出现因高通货膨胀率形成的实际本金损失情况。

为了避免因高通货膨胀造成的损失，可以考虑的选择是将钱投入回报率高于通货膨胀率的投资领域，包括投资股票市场、国债市场、期货市场，也可以以入股形式参与企业投资，或购置可以出租的物业性资产。就股市、债市和期货而言，回报一般是比较高的，但股票等证券投资是有风险的，因为这些项目的投资具有投机的性质，就像赌博一样，输和赢对于你个人而言概率各占 50%，如果操作不熟练，就有可能 100% 输，以致造成血本无归的后果。但是，风险大的投资回报也高。

7.2.3　投资及风险分散决策

个人和家庭投资，从根本上说资产选择的目标是在把风险约束在最低程度的条件下使利润（或收益）达到最大化。

所谓**风险**，在经济学意义上，是与资产投资相联系的，它是指投入一定的货币本金在未来一个时期内发生亏损的可能性以及可能获得的收益大小的概率分布状况。在市场经济条件下，投资风险是不可避免的。但一般说来，风险越大的投资，可能得到的收益或可能蒙受的损失越大。这种风险与回报或损失之间的关系就构成了风险机制。

在现实中，由于风险投资结果的不确定性，人们对于风险的态度也是不一样的。有些人属于风险爱好者，他们对于风险的态度是，不怕风险，大胆决策，但又不盲目决策。另一些人则属于风险厌恶者，他们要么观望，不敢作任何投资选择，要么在对一项风险投资进行决策时，同时进行投资保险。

然而不管怎样，要完全避免风险总是不现实的。因此，一般的投资决策者在决策时，首先要有风险观念或意识，也就是在投资时不要只盯住有无风险或风险大小，而应研究如何防范风险、控制风险，以求实现最大的收益。现代经济学给我们提供了这样的方法，即资产分散化决策。

所谓资产分散化，打个简单的比方，就是人们常说的"不要把所有鸡蛋都放在一个篮子里"。由于资产的形式是多样的，而且在每一种资产形式中，可选择性也是很大的。对于任何资产来说，都是存在风险的，投资者要求获得有保证的收益最大化，他会发现分散资产是分散风险或避免风险的最佳选择。下面的例子可以帮助我们理解资产分散这一概念。

例如，某货币持有者正在考虑把 1 000 元人民币投向下述两个公司，其中 A 公司专门生产西装，B 公司专门生产外穿的羊毛衫。假定两个公司现在都正在出售每股 100 元的股票，而且各有 50% 的专家对明年流行的外装是西装还是羊毛衫做出预测，那么，该货币持有者怎样投资才是明智的呢？

不妨先来看他只投资于其中一个公司的情况。假如明年确实流行的是西装，那么 A 公司的股票每股就会值 200 元，而 B 公司的股票每股只值 50 元；如果明年流行的却是羊毛衫，上述两公司的股票价值的情况就会正好颠倒过来。现在假定货币持有者把全部投资都用于 A 公司或者 B 公司的股票，按照概率分布原则，他都有 50% 的机会得到 2 000 元人民币，从而其预期收入均为 1 250 元。

再来看另一种选择方案：货币持有者各拿 500 元人民币购买 A、B 两公司的股票。其结果怎样呢？如果明年流行西装，他将从 A 公司获得 1 000 元，同时也可以从 B 公司获得 250 元；如果明年流行羊毛衫，总收入也是一样的，即 1 250 元。显而易见，在按上述第一种方案投资时，其 2 000 元报酬的可能性虽然存在，但 500 元的蚀本风险也同样存在（1 250 元只是一个按概率计算的预期收入）；然而，在按第二种方案投资时，不管明年流行西装还是羊毛衫，1 250 元是他确定可以得到的收入。这表明，分散投资使风险也分散化了，同时，预期收入不仅不变，且确定无疑地可以获得。

从上述例子可以看出，资产分散化不过是投资者为了尽可能地避免风险，获得最大的有保证的收益而采取的一种资产有效组合方式。

从投资组合的角度来讲，下述几种方法是分散化投资决策所常用的：

1）三分法

三分法，即根据可投资的总资金，各以 1/3 投在银行存款及有确定收益的证券、股票和不动产三个方面。这是一种最简易的分散投资法，但是，在不动产上的投资，不仅资金需要量较大，而且要求投资者必须具备一定的知识。由于许多投资者并不一定具备这些条件，所以他们宁愿选择二分法。

2）二分法

二分法是资金有限的投资者常用的方法，即只把投资投在存款及具有确定收益的债券与股票两种资产之上，前者称为"守势部分"，后者称为"攻势部分"。至于具体的投资划分，一般是规定其中一部分的投资最高不超过总投资的 75%，最低则不低于 25%。这样划分的目的在于避免过分集中于某一种投资，以便分散风险。

3）"金字塔"式投资

前边讲的鸡蛋和篮子的观念很简单，但在期货市场上就有千变万化的可能。有人认为分散投资就是简单地将资金分别投在不同的期货合约上，其实这并不一定是正确的。可行的操作方式是把投资分为三份：最前沿的 1/3 用于最有把握的期货合约上，且最好不要一次投资在三种以上的不同合约；第二层用作加码的砝码，亦即根据第一层的投资收益趋势拟将追加的部分；第三层则是作为"救火队"，即预防万一蚀本时的补偿性投资。这种方法强调的是"不要一次把所有的资本都砸进去"。

4）风险报酬法

这种方法是以风险报酬率为标准，评价和选择投资项目。所谓风险报酬率是指某项风险投资预期盈利率与无风险投资的预期盈利率之差。对一般投资者来说，大家都具有厌恶风险的倾向。所以，除非风险投资比无风险的投资可以获得更高的盈利率，否则投资者是不愿去冒险的。但是，对于风险报酬率的计算，许多人认为带有较大的主观性，它主要是由投资者根据各自的经验自行确定的。因此，这种分散投资法虽然在理论上是成立的，但在操作上是困难的。

投资的方法还有许多，这里不再一一详述。总而言之，在有风险存在的条件下，作为个人和家庭的投资者不仅仅是要追求最大收入，而是要追求有保证或能实现的最大收入。而要达到这一目标，资产分散化被认为是一种明智的决策。

7.2.4　长期投资的选择及人力资本投资

家庭投资经常会面临短期和长期的抉择，不管是参与现行的储蓄还是将钱投向证券市场，都需要考虑是做短期打算还是做长期打算。以银行储蓄为例，有活期和定期之分，也有年数多少之分。为了生息，应尽量减少活期，活期数量只要能满足一年之内的经常性开支即可，增加定期存款比活期存款更有利，因为定期利率高于活期，定期越长利率也越高。但是，由于未来的不确定性，尤其是汇率和通货膨胀率的变化而导致币值的不稳定性，又使得货币化长期投资也存在风险。如果你在银行有一笔存期为五年的款项，这期间人民币对美元汇率贬值一倍，即由 1 美元兑 8 元人民币变成 1 美元兑 16 元人民币，即使五年期存款年利率为 10%，到期取款时，你所取得的人民币与美元相比实际上损失了 50%。如果汇率不变，但五年后物价涨了一倍，到时你所取出的货币的实际价值也要减少一半。这里的问题不是长期投资本身不合理，而是投资选择失当。在上述汇率和通货膨胀率变化的情况下，如果你将人民币兑成美元后进行长期储蓄，其损失就可以避免。

问题是，美元也不是永远稳定的。1994 年美元兑日元急剧贬值就证明美元也并非最好的可以保值的长期投资手段。作为可以保值的长期投资形式通常认为主要有两种：一是黄金；二是物业特别是房地产。但是这两个领域的投资需要一定的规模，本金要求比较大，尤其是房地产投资，对于一般家庭而言基本上没有能力问津。在我国，房地产投资直至今日基本上是一种企业行为，除了少数富裕家庭有能力在市郊和旅游胜地购买别墅外，一般居民（城市居民）家庭只有极小部分把购买公寓套间当作一种长期投资。随着住宅商品化改革的不断深入和居民收入水平的提高，住宅投资将成为一般城镇居民家庭的行为。应该说，房地产投资是一项极有保值和增值潜力的投资。

在家庭投资项目中，还有一项十分重要的长期投资，即人力资本投资或教育投资。

马克思早在《资本论》中就指出：要改变一般人的本性，使他获得一定的劳动技能或技巧，成为专门的劳动力，就要有一定的教育或训练，而这就得花费或多或少的商品等价物。劳动力的教育经费随着劳动力的性质的复杂程度而不同。1960 年美国经济学家舒尔茨在出任美国经济学会会长时，发表了《人力资本投资》的就职演说，提出：人力——包括人的知识和人的技能——的形成是投资的结果，对人力投资带来的收益率远远超过一切其他形态投资的收益率。

所谓**教育收益率**，是指教育的收益的现期价值与个人获得教育的成本的现期价值之比。因此，要了解教育收益率先要弄清什么是教育的成本和教育的收益。教育的成本主要有两类：一是教育费用，由政府拨出的费用和个人家庭负担的学费；二是学生放弃的收入，是指学生由于上学而可能放弃的收入，即上文提到的机会成本。例如，初中毕业生面临着两种机会：一是上学；二是就业。如果学生选择上学，那么他会放弃选择就业所得的收入。这里的教育的收益主要是指受教育者个人在经济上的收益。这种收益包括：

（1）个人未来的较高收入

这就是说，个人多受一年教育，个人未来的收入就比不受这一年教育的收入有所提高。

（2）个人未来较合理的支出

此即假定受过教育的人与未受教育的人相比，由于学识提高，在安排个人和家庭的支出时能够比较合理，从而使每 1 元支出更有效，这也等于增加了收入。

（3）个人未来较大的职业机动性

此即假定受过教育的人与未受教育的人相比有较多的机会更换职业，以取得较多的收入，或者有较大的工作适应能力。

在上述三个方面的个人经济收益中，比较易于计算的是第（1）项，因此在计算教育收益率时，通常只考虑第（1）项。

教育收益率是个人和家庭判断受教育在经济上是否有利的标准。这是因为，既然教育被作为一项投资（人力资本投资），投资者就会根据教育收益率的大小，以及教育收益率与其他投资的收益率的对比，做出是否上学的决定。

学生中学阶段以后，教育成本明显增大，进入大学后，个人用于教育的费用提高，因年龄增大，上学所放弃的收入也越来越大，所以学生年龄越大，面临的升学与就业的选择上的矛盾就越尖锐。既然如此，为何还有成千上万的人想读大学，攻读硕士、博士学位呢？主要原因是人们对未来教育投资报酬率有着高的预期，认为今后中国劳动者之间的收入差别将首先取决于受教育程度的差别，今后受教育水平高的人将成为薪水高的人。因而，从个人和家庭来看，教育投资是一项有利可图的人力资本投资。

个人和家庭除了以营利为目的货币资本投资外，还要进行某些非营利性的投资活动，如购买人寿保险和健康医疗保险等。

【小思考7-2】

教育被视为人力资本投资的实质是什么？

答案：人们通过受教育成为高知识、高技能的劳动者，由无收入或低收入者成为社会高薪收入者，从而表现为较高的教育收益率，这同投资兴办工商企业获取收益有相同的流程，因而视为人力资本投资。

【补充阅读资料7-1】　　　　社会经济补偿与帕累托改进

经济学家们认为，社会应当寻求那些至少不损害其他人的利益而能改善某些人境况的改变。如果满足这一条件的改变得以实现，这种状态被称作帕累托最优状态，或帕累托改进。因此，"如果具体的改革措施会带来社会总财富的增加，但同时会导致社会中的一部分人利益受损，此时，受益者或社会有责任适当补偿（赎买）受损者"。

借助帕累托改进这个分析视角，对妥善处理改革中涉及例如家庭和个人主体等方面利益受损情况，很有指导意义。

◆ 本章小结 ◆

● 家庭是微观经济活动的一个综合体，既有消费的职能，又有投资获取收入的功能。随着我国市场化取向改革的深入进展，投资获取收入愈来愈成为家庭经济活动中不可忽视的行为。

● 为使家庭收入最大化：一是要充分利用劳动换取收入，同时注意劳动岗位的选择和比较；二是注意将消费后的收入剩余进行投资，实现家庭资产增值。

● 家庭就业规模是影响家庭收入总量的重要因素。家庭收入最大化既取决于家庭成员个人收入最大化，又取决于家庭劳动成员的数量，即家庭就业的规模。家庭规模的大小同家庭的经济收入也有着密切的联系。家庭规模大并不一定就业规模大，现实中的大家庭低工资现象就是证明。因此，家庭要孩子应算经济账。

● 纳税是对家庭总收入的必要扣除，也是家庭对社会的义务。扣除了纳税项目后的家庭收入叫作家庭可支配收入。所谓家庭收入最大化，严格说来应该是家庭可支配收入最大化。

●家庭投资的基本行为是用钱生钱，即采取货币资本形态，一般公式是：G-G′。

●个人和家庭投资，从根本上说其选择的投资目标是在把风险约束在最低程度的条件下使利润（或收益）达到最大化。现代经济学给我们提供了这样的方法，即资产分散化决策。

●在营利性投资方面，既要对风险和保险做出选择，又要对时间和空间、短期和长期做出选择。在长期投资中，教育投资是家庭的一个重要的经济行为。

◀ 主要概念和观念 ▶

☐ 主要概念

风险　教育收益率

☐ 主要观念

人力资本投资带来的收益率远远超过其他一切形态投资的收益率。

◀ 基本训练 ▶

一、选择题（单项或多项选择）

1. 一般说来，家庭收入差别形成的原因有(　　　)。

A. 家庭规模，即家庭规模大，收入就高

B. 家庭成员受教育程度

C. 家庭就业规模

D. 家庭就业的劳动成员个人收入最大化程度

2. 市场经济条件下投资的风险(　　　)。

A. 可以完全避免　　　　　　B. 不可避免

C. 可以分散　　　　　　　　D. 可进行投资保险

二、思考题

1. 简述投资风险分散化决策及其方法。

2. 家庭收入最大化的主要行为有哪些？

3. 什么是家庭投资的一般形式？什么是保险性投资与风险性投资？

三、练习题

结合原理分析当代教育投资热现象。

◀ 观念应用 ▶

☐ 案例分析

家庭应怎样做到合理理财?

任何人都有可能面对失业、生病、丧偶，以及经济下滑、股市下跌和生意破产等生活困境。为了使自己面对任何困境都能获得心安，你有必要建立一项应急基金来帮助渡过难关。

建立一项应急基金只要按照下面 4 个步骤，你就能心安理得面对生活的冲击了。(1) 弄清你的开支。列一张清单，把你的租金/抵押贷款、水电费、信用卡支付、日常用品开销、汽油费和娱乐开支都算进去。把这些费用加起来，乘以 3，这就是你 3 个月所必需的生活费。你的应急账户里的钱应该不少于这个数字。（2）自动为应急基金账户存钱。你可以和你的老板商量一下，让他每次付你薪水的时候把一部分钱存入你的应急账户。这笔钱不用很多，高于25美元就行。（3）把应急基金和日常开销分开来。大多数人没有应急基金的主要原因是他们每个月都有所谓的"紧急情况"要应付。把你的应急基金和日常账户分开来，那将有助于你在使用应急基金之前三思。（4）为你的应急基金找到最高的利率。你的应急基金不挣利息就像把它们埋到你家后院一样糟糕。

每个月你从薪水中取出最少25美元存入应急基金账户，你就可以睡得安稳，不会在遇到意外的紧急情况下措手不及，这是一笔合理的投资。

问题：结合自己的实际，分析怎样做到合理理财？

第 8 章

企业生产行为分析

学习目标

知识目标：把握生产函数、企业生产成本、企业家精神及成功的制度环境。

技能目标：把握收益递减规律，了解各种成本在企业决策中的作用，明确企业在投资决策中应注意的问题。

能力目标：能用所学成本理论对企业的投资行为作出可行性论证。

引例　　　　　　　　　　　会议的机会成本

　　企业经常忽略考虑它们的一个最重要的机会成本，这就是它们的高级雇员的时间。根据一家私营机构对美国最大的 1 000 家企业的 200 名老总所做的调查，老总们估计在他们每天的工作时间中，平均 15 分钟用于打电话，32 分钟用于阅读或抄写不必要的备忘录，72 分钟用于不必要的会议。假设这些老总们每年的平均工作时间是 48 周（休假 4 周），每周工作 5 天，那么他们用于打电话的时间就是 60 小时，读写备忘录用 128 小时，而不必要的会议就占 288 小时！

　　无可否认，每个会议都具有一定目的，通常我们只能在会后对会议的必要性下结论。要命的是，企业在安排会议的时候，常常因为不必为参加会议的人额外付钱，便相信会议的成本为零。它们忘了，如果不开会，这些薪水很高的老总们会去做别的有用的事情。

　　上一章我们研究了消费者的经济行为选择及其规律，搞清了消费者主权对企业行为的决定性作用，本章我们继续考察具有理性的企业其经济行为的规律性。

　　企业即生产者，又称厂商，是指能够做出统一的生产经营决策的单个经济单位，是作为消费品生产供给的主要行为主体。厂商既可以是生产产品的企业，也可以是提供服务的企业。具有理性的生产者的行为目的是实现最大利润。经济利润是总收益与总成本的差额，收益与成本都与生产有关，企业生产决策涉及生产的投入、产出及成本。

8.1　企业追求利润最大化

　　在社会主义市场经济条件下，企业是从事商品生产、经营或服务活动，创造商品使用价值和价值的独立核算、自负盈亏的法人单位。它不仅要生产效用，提供有用的物品和服务，而且必须创造价值，实现价值增值。企业是一个营利单位。

8.1.1　企业生存的基本条件

　　企业的生产经营必须具备土地、劳动力、资本、技术和信息等基本要素。企业通过对这些生产要素的组织、管理和经营而形成收益的同时，不仅要补偿所消耗的原材料的价值，还要支付占有和使用这些基本要素的费用，即使用土地需付租金，雇用劳动力需支付工资，占用资本需支付利息，使用技术和信息或技术创新需支付开发费用等。上述支出统称为生产经营成本。如果企业生产经营的收入支付上述生产成本后有剩余，即创造了新的价值，其中一部分转化为利润，企业就可以以此扩大生产经营规模或增加新的投资项目，实现扩大再生产，如果生产经营的收益不能支付上述生产成本，即出现亏损，当亏损到资不抵债时，企业就不得不宣布破产。

　　综上所述，企业不仅是营利单位，还必须最大限度地创造更多的利润，才能实现企业的生存和发展，企业生产经营的动机是要追求利润最大化，力争用尽可能少的投入换取尽可能多的产出，以尽可能低的成本换取尽可能高的收益。企业的生产经营行为，从根本上说，就是追求利润最大化行为。

8.1.2　产品、产量与投入

利润是产出总收益与总支出（或总成本）的差额，**利润最大化**首先表现为总收益的最大化，总收益表现为产品产量、产值及收入。

企业生产活动的直接有效成果称为产品。表明产品的效用、使用价值大小，用实物单位表示的产品数量称为产量。表明产品的价值，用货币单位表示的产品数量称为产值。产量与产值，是分别用实物单位和货币单位对产品数量的衡量，是经济核算的不同需要，二者没有实质性的差别。

作为生产者的企业，为了达到利润最大化目标，它必须首先实现产量最大化。企业的投资计划，首先应当是一个最优产量计划，尽管由于种种原因的限制，实际的选择往往不是最优，而更多是次优，但是这个次优又可以理解为在一定条件约束下的相对最优，制订一个相对最优的产量计划并将这一计划付诸实践，对于企业来说是至关重要的。

利润来源于产量或产出，利润最大化要求产量或产出最大化，而一定的产量或产出又是一定投入的结果，离开了投入，企业就无法展开经济活动。

投入是指企业用于经济活动中的物品和劳务，我们把所有这些物品和劳务叫作总投入。总投入可分成不变投入和可变投入两类：不变投入是指一定时期内其数量不发生变化的投入，如厂房、机械设备等；可变投入是指一定时期内其数量发生变化的投入，如燃料、原材料和雇用工人数量等。

【小思考 8-1】

承认企业追求利润最大化的目的是否意味着企业追求利润的一切行为都是可取的？

答案：市场经济是法制经济，企业的一切行为必须在道德和法规的约束下进行，因此，企业追求利润最大化的行为必须是合理合法的行为。

8.2　生产理论与技术创新

实现利润最大化要涉及生产问题的两个方面：一个是生产技术方面，指投入的生产要素与产量之间的物质技术关系；另一个是生产的经济方面，指成本与收益之间的经济关系。经济学在研究利润最大化实现中更侧重成本与收益的经济关系分析。

8.2.1　生产函数

企业生产离不开投入。一定投入究竟能得到多少产出呢？如农场拥有一定数量的土地和劳动，能够得到多少产出呢？实际上，其答案取决于技术状况和管理水平。在任何时点上，给定可使用的技术知识和可使用的劳动、机器和肥料，从一定数量的土地上仅仅能够得到一定数量的产品。

我们把生产所需要的投入量和能够得到的产出量之间的关系称为**"生产函数"**，生产函数是指能够生产出来的最大产出量与生产这一产出所需要的投入之间的关系。经济学将这种直接相关关系用数学方式表达，即所谓生产函数。生产函数是对一定的技术知识状况和管理水平的界定。生产技术水平和管理水平越高，一定投入所得到的产出越高；生产技术水平和管理水平越低，一定投入所得到的产出越低。生产函数可描述企业在一定的生产技术水平和管理水平下生产不同数量的产品同有关生产要素的各种组合。生产函数可用表格、图形和方程来表示。

如果用 Q 代表总产量，用 L 代表劳动，K 代表资本，N 代表土地，E 代表企业家才能，则生产函数的公式为：

Q=f（L、K、N、E）

在其他投入不变的情况下，如果产量的变化决定于一个可变投入，比如劳动，我们得到的是一元生产函数；如果产量的变化决定于两个可变投入，比如劳动和资本，我们得到的是二元生产函数；如果产量的变化决定于多个可变投入，我们得到的就是多元生产函数。

从企业的生产函数出发，我们需要计算总产量、平均产量和边际产量等指标。总产量是指生产出来的，用实物单位衡量的产出总量；平均产量是指总产量除以全部投入所得到的结果；边际产量是指在其他投入不变的情况下增加一个单位的投入所增加的额外产量或产出。

例如，某农场在其他生产条件不变的条件下，投入的劳动量与其产品总产量如表 8-1 所示。

表 8-1   劳动量与总产量关系

投入劳动量（工时）（1）	总产量（千克）（2）	边际产量（千克）（3）	平均产量（千克）（4）
0	0		
1	2 000	2 000	2 000
2	3 000	1 000	1 500
3	3 500	500	1 167
4	3 800	300	950
5	3 900	100	780

依据表 8-1 中数据可分别绘制劳动量与总产量关系曲线即总产量曲线（见图 8-1）及劳动量与边际产量关系曲线即边际产量曲线（见图 8-2）。

8.2.2 收益递减规律

上例可比较每增加一个单位的劳动投入所得到的边际产品数量的多少，不难看出，劳动投入的每单位增加所带来的产量（边际产品）越来越少；又如边际产量曲线（见图 8-2)所示，在其他条件不变的情况下，随着某一投入量的增加，每一单位该种投入的边际产品会下降，通常我们把这一现象称作收益递减规律或边际产品递减规律。

之所以将这一现象称为规律是因为该现象带有一定的普遍性，不仅农产品生产的投入与边际产品之间的关系如此，其他产品的生产投入与边际产品也大都如此，不仅劳动量投

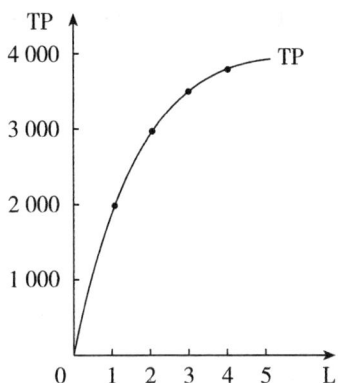

图8-1　劳动量与总产量关系曲线　　　图8-2　劳动量与边际产量关系曲线

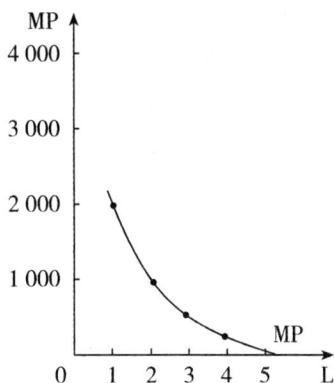

入与边际产品的关系如此，其他投入也显示收益递减规律，我们可以计算出每一种投入（劳动、土地、机器、水和肥料等）的边际产品，而且，边际产品适合任何一种产品（小麦、玉米、大豆等），我们还会发现，其他投入也趋向于显示边际产品递减规律。

在把边际产品递减规律运用到生产上时，我们必须强调，该规律只是一条广泛观察到的经验性规律，而不是像地球引力规律那样的普遍真理。在许多经验研究中都发现了这一规律。但是，也发现了不符合这一规律的例外。另外，边际产品递减规律可能并不适合所有的产量水平。最初的劳动投入可能实际上表现出边际产品的递增，这是因为，需要几分钟时间使机器运转起来，也需要把工人运送到工作场地上去。同时，最后一批劳动投入可能实际上表现为负的边际产品，如太多的水会使作物窒息。因此，我们应当记住，边际产品递减规律是存在例外情况的经验性规律，而不是一条普遍的自然规律。

与此相关联的还有一个规模报酬递减问题，这主要是规模过大造成管理效率下降，产品平均成本上升，也称规模不经济。

【补充阅读资料 8-1】　　为什么生产要素不是越多越好呢？

大家可能都很熟悉"三个和尚没水喝"的故事。这个故事的大意是：一个和尚的时候自己挑水喝，两个和尚抬水喝，而到了三个和尚时，就开始相互扯皮，谁也不挑水，结果没水喝。这个家喻户晓的古老故事在很多年以前就被拍成了动画片，如今更以歌曲等多种形式令人耳熟能详。人们感受三个和尚的故事不只是其情节的趣味横生，更在于其蕴涵哲理的深远。从经济学的角度看三个和尚的故事印证了一个规律：资源配置过量，边际收益递减。

在农业中，如果在固定的土地面积上递增化肥施用量，开始时，每增加 1 千克化肥所能增加的农作物数量是递增的，但当所施的化肥超过一定量时，每增加 1 千克化肥所能增加的农作物的数量就会递减，此时，如继续增加化肥，就有可能不仅不增加农作物的产量，反而会导致农作物产量的减少。

1958 年"大跃进"时，失去理智的人们相信"人有多大胆，地有多大产""人定胜天"的豪情被拔高到了荒谬绝伦的地步，全国各地的粮食亩产"卫星"竞相上天，为了获得高产，各地超限度地推行"密植"，结果是田里只长青苗不结种子，颗粒无收，造成了中国历史上大规模的"人造灾难"。为什么密植没有带来产量的增加反而导致减产呢？

参与生产过程的各种生产要素之间，存在着一个最优组合比例。如果符合这个比例，所有的生产要素就都能发挥出它们之间的最大效率。而且越是接近这个比例，生产要素的效率就越高。越是偏离这个比例，生产要素的效率就越低。

8.2.3　技术创新

我们通过阐述生产函数及边际产品递减规律，分析了在一定技术水平条件下的生产情况。生产函数代表了在一定的管理技术水平条件下投入与产出之间的关系。但是，技术在不断变化，即使最漫不经心的历史观察也会发现，今天的物品和劳务种类远远不同于一个世纪以前的情况。今天，我们使用数字式手表、合成纤维、电子计算机、宇宙火箭、激光等产品，而这些产品在一个世纪前是不可能得到的。与此同时，物品的种类、质量以及生产方式也都发生了极大的变化，这些都是生产技术创新的结果。

技术创新是指产品革新和生产过程的革新，包括新产品的发明、旧产品的革新，或称生产物品的过程与劳务方式的改变。当某企业采用新的工艺和技术知识，在相同投入的情况下能够生产出更多的产出，或者能够用更少的投入生产出相同数量的产出时，我们就说该企业实现了技术创新。

近年来的技术创新大的方面有：微电子技术的发展，使得便携式立体声的电视成为可能；光学纤维降低了成本，改进了远距离通信的可信度；计算机技术的改进，在30年里，把计算速度每年提高了15%等。技术创新的实现使生产函数发生变化，图8-3显示了在给定的1985年的技术条件下，每一投入水平可生产的最大产量或生产函数，以及1995年在广泛使用计算机、新的生产方式、更好的质量控制等先进技术条件下，每一投入水平可生产的最大产量或生产函数。不难发现，先进的技术知识使得每一投入水平生产出来的产量增加了50%，技术创新能大大提高企业的利润，技术创新是企业生存发展的重要源泉。

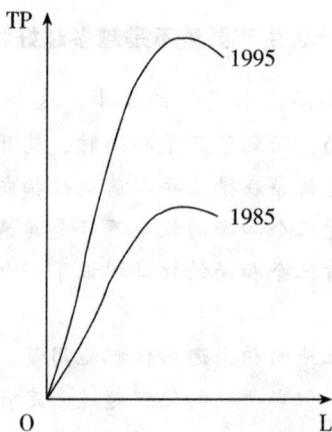

图8-3　技术进步使得生产函数向上移动

【小思考8-2】

规模大就一定经济吗？

答案：过度的规模扩大不但不会增收，反而会减少收益或带来负收益，这正是边际收益递减规律揭示的问题。另外，某些产品的生产并不一定适合大规模生产。

8.3　生产成本分析

成本是企业决策的核心。企业之所以密切注意成本，不仅是因为每 1 元的成本都会减少企业的利润，更主要的是企业要基于物品的成本和价格来制定该物品的生产和销售决策。成本分析要从不同的侧面分析其构成，以便于企业做出科学正确的决策。

8.3.1　企业成本的描述

成本是为了获取收益所付出的一种代价、一种放弃或一种牺牲。经济学中，计算经济利润时的成本包括显性成本和隐性成本。显性成本是指生产者在生产中购买各种所需要素的实际支出，也就是通常所说的会计成本。隐性成本是指生产者在生产中使用的自己所拥有的要素的价值，生产者不需要对这些要素做出实际支付。隐性成本之所以包含在经济学的成本概念中，是因为隐性成本也是生产者生产产品的一种代价，它意味着生产者由于在生产中使用了自己所拥有的要素，从而放弃了这些要素用于其他用途时而带来的收益，例如，生产者出售或出租这些要素而得到的报酬。

在经济学中，生产要素主要包括劳动、资本、土地和企业家的管理才能，因此，成本主要是指对这些要素购买或使用的支付，如工资、利息、地租和正常利润（正常利润不同于经济利润，它是指对企业家管理才能使用的支付，包括在成本中）。

从成本分析的需要出发，应了解固定成本、可变成本、总成本、边际成本、平均成本等概念。

1）固定成本

固定成本也称为"经济开支"或"沉没成本"。它由许多项目构成，如契约规定的建筑物和设备的税金、债务的利息支出、长期工作人员的工资等。即使企业的生产量为零，它也必须支付这些开支。而且，如果产量发生变化，这些开支也不会改变。

2）可变成本

可变成本是指随着产出水平的变化而变化的那些成本。它包括：生产产出所需要的原材料（如生产机器所需要的钢材）；为生产线配置的生产工人工资；工厂进行生产所需要的电力等。

3）总成本

总成本是指生产一定量产品的总开支。它由总固定成本和总可变成本构成。若总成本用 TC 表示，固定成本用于 FC 表示，可变成本用 VC 表示，则：

$$TC = FC + VC \tag{8.1}$$

4）边际成本

边际成本是指生产增添一单位产出的额外的或增加的成本。譬如说，一个企业生产 1 000 张硬盘的总成本为 10 000 美元，如果生产 1 001 张硬盘的总成本为 10 015 美元，那么，生产第 1 001 张硬盘的边际成本为 15 美元。

在所有经济学的领域中，边际成本是最重要的概念之一。边际成本与总成本的关系类似于边际产量与总产量之间的关系或者类似于边际效用与总效用之间的关系。下边举例说明：

假设某企业某时期产品产量与总成本资料见表 8-2。

表 8-2   **产量与边际成本关系**

产量 q（1）	总成本 TC（元）（2）	边际成本 MC（元）（3）
0	55	
1	85	30
2	110	25
3	130	20
4	160	30
5	210	50

在各种产量 q 情况下，边际成本 MC 如表 8-2 第（3）栏所示。

将产量与总成本、产量与边际成本的关系分别绘制成曲线图，如图 8-4、图 8-5 所示。

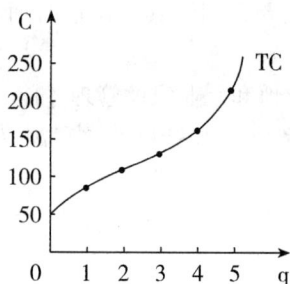

图8-4　产量与总成本之间的关系　　图8-5　产量与边际成本之间的关系

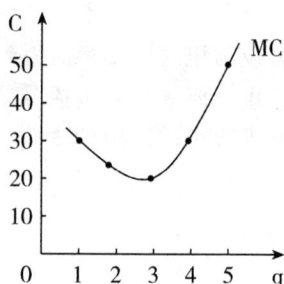

当各种生产要素的组合达到最佳比例之后，如果再继续增加这种生产要素，就会打破最佳比例，造成生产要素组合的不合理，边际产量会递减，也就是说，这时生产要素投入量增加幅度会大于产量提高幅度。因此，总成本增加幅度也会大于产量增加幅度。这就造成边际成本随产量增加而上升，从而平均成本和平均可变成本也随产量增加而上升。

5）平均成本

平均成本是指每生产一单位产品所需要支付的成本总额，即总成本与产品数量的比值，用公式表示为：

$$平均成本（AC）= \frac{总成本（TC）}{产量（q）} = \frac{TC}{q} = AC$$

我们把固定成本和可变成本分别除以产量可得到平均固定成本和平均可变成本，用公式表示为：

$$平均固定成本（AFC）= \frac{固定成本（FC）}{产量（q）} = \frac{FC}{q} \tag{8.2}$$

$$平均可变成本（AVC）= \frac{可变成本（VC）}{产量（q）} = \frac{VC}{q} \tag{8.3}$$

平均成本与边际成本之间的关系是：当平均成本高于边际成本时，平均成本随产量的增加而上升。就如同在一个足球队里，如果新队员的身高低于原来的平均身高，新队员的加入就会降低全队平均身高，反之，就会提高全队平均身高。

6）企业利润最大或亏损最小的基本条件或基本原理

经济学上所说的利润是指经济利润，即总收益与经济成本差额。企业从事经济活动的目的在于求得经济利润最大。因此，企业决定产量时，一方面要考虑增加产量能增加多少收益，即边际收益（MR）；另一方面要考虑增加产量会增加多少成本，即边际成本（MC）。如果增加 1 单位产品生产和销售能给企业带来 10 元收益，同时产生 8 元成本，则二者相抵还有 2 元利润；如果产生 12 元成本，则有 2 元的亏损。一般说来，只要边际收益大于边际成本，企业就会增加生产，相反则会减少生产，直到边际收益和边际成本相等为止。此时，企业处于利润最大或者亏损最小基本状态，于是企业产量会确定在"MR = MC"的产量水平上，达到企业均衡状态。因此，"MR = MC"是企业利润最大化的（也是亏损最小化的）基本条件（注意，这里是讲利润最大化的基本条件），适用于任何类型企业的行为。在任何市场结构中求企业获得利润最大化时的均衡产量和均衡价格，就是求"MR = MC"时的产量与价格。围绕利润最大化的目标，企业试图谋求收益，从而使产量最大或者成本最低。如果企业能以最有效的方式进行生产，那么企业的利润最大化又可以归结为既定成本下的产量最大化或产量既定下的成本最小化。

【补充阅读资料 8-2】　　　　沉没成本的无关性对个人决策的影响

设想你对看一场新放映的电影的评价是 10 元钱。你用 7 元钱买了一张票，但在进电影院之前，你丢了票。你应该再买一张吗？或者你拒绝花 14 元看电影？回答是你应该再买一张票。你为丢的那张票付的 7 元钱是沉没成本，覆水难收，不要为此而懊恼。

8.3.2　企业的投入选择

每一个企业都必须决定如何生产它的产品，例如应该用油还是用煤来发电？应该多投入劳力还是提高机械化、自动化程度？等等。究竟企业该如何选择呢？任何企业生产经营的主要目标都是追求利润最大化，利润最大化必然要求生产成本最低，因此企业投入选择的目标是追求生产成本的最低。这一目标，不仅对于完全竞争的企业有意义，而且对于垄断者，甚至像大学或医院这些非营利性组织也同样有意义。这一目标表明，企业应该力求在最低可能的成本上进行生产，从而使利润或其他性质的剩余收益量达到最大化。

当存在着劳动力、设备、燃料、材料等许多可能的投入组合时，如何得到最低成本的投入组合呢？为了以最小成本生产出最大数量的产品，企业应该购买各种投入，直到花费在每一种投入上的每 1 元钱的边际产品相等时为止。当每 1 元投入的边际产品对于每一种生产要素都相等时，企业的生产总成本达到了最低。这一结论称为最低成本规则。

怎样理解最低成本规则？企业投入的最低成本规则完全相似于追求效用最大化的消费者所遵循的原则，在我们分析消费者选择中，我们看到，为了效用最大化，消费者购买物品时要使花费在每一消费品上的每 1 元钱的边际效用都相等。

【补充阅读资料 8-3】 王永庆与台塑的成功

厂商平均成本最低时的产量就是产商的适度规模。台湾厂商王永庆经营台塑的成功的经验证明了这一点。

台塑是王永庆成功经营的第一个大厂商，这个厂商生产聚氯乙烯（PVC）塑胶粉。开始时，规模仅为月产量 100 吨，尽管产量低，仍供大于求，台湾的需求仅为每月 20 吨。产量低，平均成本无法实现最低，价格降不下来。台湾仅有的 20 吨市场需求也被日本产品挤占。扩大产量，产品销路又成问题，王永庆处于两难境地。这时台塑的股东纷纷要求退股，王永庆毅然卖掉自己的大部分产业，买断了台塑的产权，独自经营。

王永庆知道，台塑的困难关键在于产量上不去，平均成本降不下来。如果只考虑需求，减少产量，平均成本更高，更缺乏市场竞争力。因此，扩大产量使平均成本降到最低是转败为胜的关键。于是，他决定把产量扩大到平均成本最低的月产 1 200 吨，这时平均成本达到最低，而且，由于台湾是当时世界烧碱的主要生产基地之一，生产烧碱过程中被弃之不用的氯气可用于生产 PVC。这样，在实现最低生产成本时，其货币成本还低于世界其他国家。有了这种优势就可以打入国际市场，结果王永庆成功了。

王永庆的成功说明，在确定厂商规模时一定要达到平均成本最低的产量，即实现规模经济。其实我国汽车等行业的产品之所以价格高就在于产商规模小，没有实现平均成本最低的产量。世界汽车公司的最低规模在 400 万辆以上，说明在这个规模时，平均成本才能最低。但我国最大的上海大众汽车厂（桑塔纳厂）产量也不过 20 多万辆，这就难以实现规模经济，别说走向世界，能保住国内市场也就不易了。

8.3.3 生产可能性曲线

以上我们研究的是企业使用多种资源生产一种产品的情况。资源一般有多种用途，在既定的资源下，企业如何选择两种或两种以上产品的生产比例，使各产品产量的组合达到最大，从而使企业获得的收益最大，这就要用生产可能性曲线、机会成本等概念来说明了。

生产可能性是指在一定的资源条件下利用现有资源可能生产的最大产量。如果利用现有资源生产两种或两种以上的产品，那么可能有各种不同的这些产品产量的组合。生产可能性曲线就是表示在一定的技术条件下所能达到的各种产品最大数量的组合。生产可能性曲线又称为生产可能性边界或转换线。

假定，现在用既定的资源生产 X 和 Y 两种产品，这时的生产可能性曲线表示在既定的资源下所能达到的 X 和 Y 两种产品最大产量的组合，如图 8-6 所示。在图 8-6 中，横轴代表 X 产品的产量，纵轴代表 Y 产品的产量。如果资源全用来生产 X 产品，可以生产 X_0 单位；如果资源全用来生产 Y 产品，可以生产 Y_0 单位；如果资源用来生产 X 和 Y 两种产品，可以生产曲线 X_0Y_0 上各点所表示的两种产品最大产量的各种组合。曲线 X_0Y_0 就是生产可能性曲线。

生产可能性曲线实际上说明了潜力与过度的问题，因为生产可能性曲线内的任何一

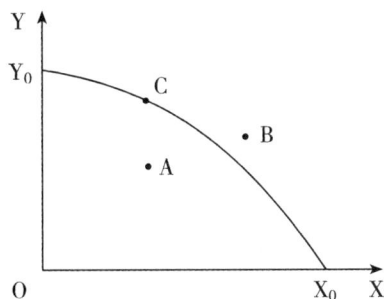

图 8-6　生产可能性曲线

点，如 A 点，说明还有资源未得到充分使用，因此生产还有潜力；而生产可能性曲线外的任何一点，如 B 点，则是在现有技术水平和资源条件下达不到的；只有生产可能性曲线上的任何一点，如 C 点，才是能在现有技术水平和资源条件下实现的两种产品最大产量的组合。

如果资源或技术水平变动，生产可能性曲线也将移动，如图 8-7 所示。在图 8-7 中，X_0Y_0 是在原有的资源条件和技术水平下的生产可能性曲线。如果资源增加或技术水平提高，生产可能性曲线就会向右移动，移至 X_1Y_1，新的生产可能性曲线 X_1Y_1 代表一个更高的产量水平的组合。相反，如果资源减少或技术水平下降，生产可能性曲线就会向左移动，移至 X_2Y_2，新的生产可能性曲线 X_2Y_2 表示一个较低的产量水平的组合。

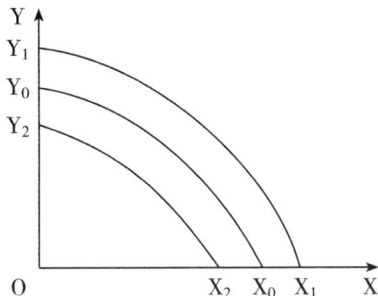

图 8-7　资源或技术水平变动时的生产可能性曲线

8.3.4　机会成本

从生产可能性曲线中可以引出一个重要的概念，即机会成本。从生产可能性曲线中可以看出，当用一定的资源既可以生产某一种产品又可以生产另一种产品时，如果增加生产一种产品的数量就必须放弃一定的另一种产品的数量。当把一定资源用于生产某种产品时所放弃的另一种产品数量就是生产这种产品的**机会成本**。机会成本也可以指用一定的资源获得某种收入时所放弃的另一种收入。前面谈到的隐性成本就是一种机会成本。

机会成本的变动趋势也可以根据不同的边际转换率来说明：如果边际转换率是递增的，则增加生产这种产品的机会成本也是递增的；如果边际转换率递减，则机会成本也递减；如果边际转换率不变，则机会成本也不变。因为边际转换率通常是递增的，所以增加生产一种产品的机会成本也是递增的。

运用机会成本概念，可以对一定资源的不同使用效果进行比较，以便在利用这一资源时达到最大的收益。可行性研究正是根据机会成本这一概念进行的。当然，在运用机会成本这一概念时，要具备三个条件：第一，资源本身要有多种用途；第二，资源可以自由流动而不受限制；第三，资源要能够得到充分利用。

【补充阅读资料 8-4】   一个人是否应该上大学

考虑是否上大学的决策，收益是使知识丰富和一生拥有更好的工作机会。但成本是什么呢？要回答这个问题，你会想到把你用于学费、书籍、住房和伙食的钱加总起来。但这种总和并不真正地代表你上大学所放弃的东西。

这个答案的第一个问题是，它包括的某些东西并不是上大学的真正成本。即使你离开学校，你也需要有睡觉的地方，要吃东西。只有在大学的住宿和伙食比其他地方贵时，贵的这一部分才是上大学的成本。实际上，大学的住宿与伙食费可能还低于你自己生活时所支付的房租与食物费用。在这种情况下，住宿与伙食费的节省是上大学的收益。

这种成本计算的第二个问题是，它忽略了上大学最大的成本——时间。当你把时间用于听课、读书和写文章时，你就不能把这段时间用于工作。对大多数学生而言，为上学而放弃的工资是他们受教育的最大单项成本。

一种活动的机会成本是为了这种活动所放弃的东西。当做出是否上大学的决策时，决策者应该认识到伴随每一种可能的行动而来的机会成本。实际上，决策者通常是知道这一点的。他们之所以决定上学，就是因为他们认为上大学的收益大于机会成本。那些运动员放弃上学而从事职业运动，因为他们深深地认识到，他们上大学的机会成本太高。他们往往如此决定：不值得花费这种成本来获得上大学的收益。

【小思考 8-3】

边际成本对规模效益的意义是什么？
答案：规模效益的来源是由边际成本降低的原因产生的。

8.4　企业家与市场过程

讲企业生产行为不能不讲企业家这个关键市场要素，有一个公式：**市场经济＝价格＋企业家**。如果说价格是市场经济的非人格化机制，企业家则是市场经济的人格化主体。企业家在市场运行过程中的作用至关重要，但主流经济学一直忽略企业家，这是因为主流经济学通常以"完全理性""完全信息"作为推理的前提假设，故市场呈均衡状态。这样，企业家是没有必要存在的。而要理解真实的企业生产行为，必须在分析中引入企业家。

8.4.1　企业家的两种核心职能

市场供求均衡的不断变换以及供求不断向新的均衡趋近，构成了市场的全过程，而企业家的逐利行为正是推动市场过程的根本动力。

当企业家发现供给和需求不一致导致的盈利机会时，就会利用这种不均衡来进行套利。而无数企业家的套利行为则会逐步修整市场的偏差，让市场中的资源配置变得更加有效，所谓企业家会创造不均衡逐利，是指通过创新活动改变需求和供给曲线，打破原来的市场供求均衡，并创造出新的潜在均衡，在这个过程中，企业家将通过创造新的产品或新的技术使得资源的生产率得到提高，从而获得超额利润。

企业家的职能可能有很多，但核心的职能是发现供求的不均衡套利和创造供求的不均衡套利。

8.4.2　利润的信号功能

企业家无论是利用不均衡套利还是通过创新创造不均衡套利都需要以利润作为风向标。例如，直到 19 世纪末期，西方国家照明用的都是鲸鱼油，但当鲸鱼数量大量减少后，鲸鱼油的价格就暴涨了。这让企业家认识到，如果找到鲸鱼油的替代品，即创新用品就可以获得超额利润，石油就是企业家寻找鲸鱼油替代品的最终结果。从鲸鱼油到石油的转变，就是价格利润功能的一个好例子。

利润是衡量企业家活动成功与否的关键。企业家不同于发明家，一个发明家可以胡思乱想，但企业家不同，如果没有利润，也就没有商业意义上的创新。

8.4.3　企业家成功的内在素质

企业家需要的素质至少包括以下几个方面：

首先是对成功的渴望。一个优秀的企业家可能会为自己每一次成功感到自豪，但决不会陶醉在自己的成功里，他们总是渴望下一次的成功。在事业伊始，他们或许是只想要办一个工厂或成为一个有钱人，但一旦旗开得胜，他们就会开办新的事业。对于他们来讲，对于利润的追求是永无止境的。

其次是对盈利机会的敏锐触觉。发现市场的不均衡，并用它来进行套利，是企业家的一项核心职能，只有那些擅长发现并满足他人渴望和需求的企业家才能在瞬息万变的市场环境中准确找到机会，成功套利。

再次是要有愿景和判断未来的能力。优秀的企业家，必须是能够洞察未来的人，他们需要判断未来的产业会怎么样，未来的消费者会有怎样的需求。只有成功地预料到了这些，企业家才能成功投机套利，成功实现满足消费者需求的创新。

最后是要有承担风险的勇气。风险和失败对于企业家来说是很常见的，包括福特、马云在内，诸多优秀的企业家在其创业初期都曾经历过很多挫折，甚至惨痛的失败。如果这个时候他们选择了放弃，那么他们就只能是一个平庸者。正是坚定的信心和百折不挠的勇气，造就了他们最终的成功。

上述企业家成功的内在素质也可视为**企业家精神**。

如同产品市场和要素市场一样，企业家市场也总是处于不均衡状态和调整过程中。当企业家供给小于均衡水平时，企业家就赚得更高的利润，会吸引更多的人加入企业家行列；反之，当企业家的数量大于均衡水平时，一些企业家的预期收益就小于机会成本，从而就会选择退出。

8.4.4 企业家精神的制度环境

经济战略大师迈克尔·波特曾把经济发展分为三个阶段：要素驱动、效率驱动和创新驱动。波特认为：在这三个阶段中，企业家精神的重要性是依次递增的。特别在后面的阶段，企业家成为经济增长的核心。熊彼特则在其经济增长模型中明示，一个国家是富有还是贫穷，其经济是增长还是停滞，主要取决于这个国家的企业家精神是否得到有效发挥。而企业家精神能否得到有效发挥，关键取决于这个国家的制度环境。

西方国家之所以富有，是因为它们较早建立了有利于企业家创业和创新的制度环境，在所有制度中，最根本的制度是产权制度和商业自由。只有对私人产权予以充分的保护，人们有从事商业活动的自由，企业家才被激励去投资、去创业、去创新，经济才可能发展起来。如创新率决定经济的增长率，创新是工商企业家的基本功能，技术进步率取决于最能干的企业家的能力。而要维护产权制度和商业自由，就必须有良好的法治。一些发展中国家之所以至今仍停滞不前，是因为它们缺少这样的制度环境，中国经济过去近四十年之所以能高速发展，是因为邓小平发起的市场化改革释放了中国的企业家精神。可见，企业家的成功除了内在本质，还依赖于外部的制度环境。制度之所以重要，归根结底，这是一个激励问题。从经济学意义上讲，制度其实是一种游戏规则，在人的偏好给定时，游戏规则的变化就会促使追求效用最大化的个人调整自己的行为。例如，在一个政治开明、产权保护良好的制度下，具有企业家精神的人就会争当企业家，而在一个政治腐败、产权保护缺失的环境下，人们更热衷于到权力部门工作。从这个意义上讲，各国在制度上的差别会带来包括企业家资源在内的各种资源的配置差别，进而造成经济增长状况的根本不同。

从古典时期开始，经济学家就十分重视制度在经济增长中所起的作用。例如，斯密曾有过这样的论述："使国家从最低野蛮状态到最高程度的富足，除了和平、易税和可接受的司法管理外，没有其他什么因素是必要的，其他的所有一切都是经自然的过程产生而来的。"有人总结第三世界发展状况时曾指出："社会没有能力形成一套有效的、低成本的契约执行体系，是第三世界国家过去经济停滞和现在经济发达的最主要根源。"在这些国家，普遍存在政府对经济的过度管制，一些行业国有企业的垄断，权力腐败虚增了交易成本，私有产权得不到有效的法律保证等现象。

【补充阅读资料 8-5】 　　亨利·福特的创新与汽车产业的发展

1886 年德国人卡尔·本茨发明了第一辆汽车，揭开了汽车时代的序幕。但是，汽车在刚诞生时并没有受到大众的青睐。在当时的人们眼中，这个铁家伙不仅外形怪异、价格昂贵，而且在速度、舒适度上都不如流行的马车。因此，在很多年里，汽车并没有成为普及的交通工具，而是上层社会用于炫耀的工具。汽车从贵族的礼物，到逐步走入寻常百姓家，是无数企业家不断努力的结果。而在这些企业家中，最著名的是亨利·福特。

福特于 1863 年出生于美国密歇根州的韦恩郡，他从小就对机械感兴趣。12 岁时他就建立了一个自己的机械坊，15 岁时就亲手造了一台内燃机。1896 年，福特制造了他的第一辆汽车，他将它命名为"四轮车"。

随后，福特开始了自己的创业之旅。但开始时，他的创业并不顺利。在遭受了第一家公司倒闭、第二家公司被人夺走控制权的挫折后，福特于 1908 年创立了福特汽车公司。针对当时汽车价格昂贵、普通居民消费不起的状况，福特创新推出了一款 T 形车。这款价廉物美的车迅速进入了普通人家庭，让市场上对汽车的需求大涨。为满足暴涨的汽车需求，福特引入了生产流水线，让汽车的生产率获得了大幅提升。据统计，到 1927 年，福特公司仅 T 形车就生产了超过 1 500 万辆。如此惊人的生产量，让美国迅速成为车轮上的国家。

作为企业家，福特不仅重视技术对生产率的改进，而且十分重视人的因素。1914 年，福特率先在公司创新推出了"效率工资"制，用远高于市场的工资对员工进行激励。"效率工资"虽然使人工成本大幅提升了，但其带来的效率提升却使公司的利润不降反升。福特的这一制度创新，在使工人获利的同时，实现了自身盈利的提高，成功做到了"劳资双赢"。

◆ 本章小结 ◆

●企业（生产者）行为的目的是追求利润最大化，即力争用尽可能少的投入，换取尽可能多的产出，以尽可能低的成本，换取尽可能高的收益。

●企业生产活动的直接有效成果称为产品，根据不同的需要可用产量、产值表明产品的数量多少。企业生产离不开投入，即用于经济活动中的物品和劳务。

●生产函数反映生产所需要的投入量和能够得到的产出量之间的关系，生产函数是对企业一定的技术知识状况和管理水平的鉴定，生产函数可用表格、图形和方程来表示。

●总成本（TC）可分解成固定成本（FC）和变动成本（VC）。固定成本不受任何产量决策的影响，而发生在如劳动或原料等项目上的可变成本随着产量水平的上升而增加。边际成本（MC）是增添一单位产量而导致的总成本的增加。平均总成本（AC）是持续下降的平均固定成本（AFC）与平均可变成本（AVC）之和。各成本之间的关系可表述为：

$$TC = FC + VC$$

$$AC = \frac{TC}{q}$$

●我们可以把生产和成本的概念运用于分析企业的最佳生产要素组合的选择上。追求利润最大化的企业要使生产一定产量水平的成本达到最低。在这种情况下，企业遵循最低成本原则：选择不同的生产要素，使得每 1 元投入的边际产品对于所有投入相等。

●经济成本不仅包括企业实际支付的会计成本，而且还包括比较隐蔽的机会成本。当把一定资源用于生产某种产品时所放弃的另一种产品数量就是生产这种产品的机会成本。运用机会成本的概念，可以对一定资源的不同使用效果进行比较，以便在利用这一资源时达到最大的收益。

●企业家的主要职能有两个：一是发现不均衡，二是创造不均衡。

●企业家的成功是内在素质和外部环境共同作用的结果。

◆ **主要概念和观念** ◆

□ 主要概念

利润最大化　投入　生产函数　成本　边际成本　机会成本　企业家精神

□ 主要观念

企业的目标是追求利润最大化。

边际收益呈现递减规律。

无限增加生产要素投入会导致边际成本递增，生产效率递减。

◆ **基本训练** ◆

一、选择题（单项或多项选择）

1. 企业实现利润最大化的必要条件是（　　）。

A. 保证投入最大化　　　　　　B. 保证产量最大化

C. 保证技术创新　　　　　　　D. 保证科学的管理

2. 企业投资选择的目标有（　　）。

A. 生产成本的最小化

B. 投入生产要素组合的合理化

C. 花费在消费上的每1元钱的边际效用都相等

D. 机会成本的最低化

3. 企业家的核心职能是（　　）。

A. 管理者　　　　　　B. 发明家　　　　　　C. 投资

D. 发现不均衡　　　　E. 创造不均衡

二、思考题

1. 生产函数对企业生产有何意义？

2. 企业实现利润最大化，应遵循什么原则？处理成本与收益之间的关系是什么？

3. 企业家的两个核心职能是什么？

4. 制度环境对企业家的成功有何作用？

三、练习题

1. 总产量、边际产量与平均产量之间的关系是什么？如何根据这种关系确定一种要素的合理投入？

2. 你的朋友正考虑开一家五金店。他计算租仓库和买库存货物每年要花费50万元。此外，他要辞去每年5万元的会计师工作。问：他经营一年五金店的机会成本是多少？如果你朋友认为他一年可以卖出51万元的营业额，他应该开这个店吗？解释之。

◆ **观念应用** ◆

□ 案例分析

航空公司亏损为何还要经营

20世纪80年代初，美国许多大航空公司有大量亏损。美洲航空公司1992年报告的亏损为4.75亿美元，三角航空公司亏损5.65亿美元，而美国航空公司亏损6.01亿美元。

但是，尽管有亏损，这些航空公司仍继续出售机票并运送乘客。乍一看，这种决策似乎让人惊讶：如果航空公司飞机飞行要亏损，为什么航空公司的老板不干脆停止他们的经营呢？

为了理解这种行为，我们必须认识到，航空公司的许多成本在短期中是沉没成本。飞行的可变成本只包括燃料的成本和机务人员的工资，只要飞行的总收益大于这些可变成本，航空公司就应该继续经营。而且，事实上它们也是这样做的。

问题：试用经济学原理解释这一现象。

第 9 章

不同市场结构中企业生产行为分析

学习目标

9.1 市场及其结构的类型

9.2 完全竞争市场中企业的产量决策

9.3 完全垄断市场中企业的价格和产量决策

9.4 垄断竞争者和寡头的决策

本章小结

主要概念和观念

基本训练

观念应用

学习目标

知识目标：了解企业在不同市场结构中进行产量
或价格决策的基本原则。

技能目标：掌握在垄断与竞争市场结构条件下企
业价格及产量的决策技巧。

能力目标：联系现实经济生活实际，分析把握企
业在四种市场结构形式下的生产行为
决策。

引例

在集市上，每天同一时间的菜价基本一致，假如有人提高菜价，他的菜立刻无人问津，假如有人降低菜价，他的菜立刻销售一空。但是降价者的菜数量有限，并不能使市场上的菜价都下降，市场仍然维持原价，降价的结果是只有降价者自己受损。为什么菜市上个别菜贩无力改变价格？这正是本章要探讨的主要问题。

企业经营要实现利润最大化，必须选择一个适当的产量使边际成本等于边际收益。然而，在市场经济中，企业的生存环境不同，即市场结构不同，有的企业产品差不多在一个完全竞争的市场中出售，而另外许多企业的产品则是在不完全竞争市场中出售，本章要讨论的是在不同的市场结构环境中的企业如何决策实现利润最大化的产量和价格。

9.1　市场及其结构的类型

9.1.1　市场和行业的概念

市场一般指一种产品或劳务买卖的场所，买卖双方在市场上决定成交价格。市场也泛指商品交换关系的总和。这里的产品既包括各种实物产品，也包括各种金融产品，如有价证券及外汇等。同样，劳务的种类很多，包括文化娱乐服务、医疗卫生服务、交通运输服务等等。通常一种商品只有一个市场，商品在同一市场上只有一个价格。一个市场不一定是甚至通常不是一个单一的地点，而是一个区域。它可能有固定场所，也可能通过电话、电传买卖成交。例如，黄金、宝石及金边证券具有世界范围的市场，而一些价值低、重量及体积大的商品如沙、石、砖，其市场往往缩小到地区或地方范围。买卖成交的商品可以立即交割，也可以以后交割，这把市场区分为现货市场与期货市场。

和市场有关的一个概念是行业。**行业**是制造或提供同一的或类似的产品或劳务的企业的集合，如纺织业、机器制造业、食品加工业、房地产业、金融业、交通运输业、出版业、医疗卫生业等等。每一个大行业又包括许多小行业，如纺织业可分为棉织业、针织业、丝织业等。行业是生产或供给方面的概念，市场则包括供求两个方面。可见，这两个概念是有区别的。

9.1.2　市场结构的类型

市场可以按不同标准分类。经济学家通常按照竞争程度这一标准，从企业数目、产品差别程度、企业对产量和价格的控制程度及企业进入行业的难易程度这些特点，把市场和市场中的企业分为四类：完全竞争、完全垄断、垄断竞争和寡头垄断。这四种类型的市场和企业特点可见表 9-1。

表 9-1　　　　　　　　　　　四种市场和企业的基本特征比较

市场结构类型	企业数目	产品差别程度	企业控制价格程度	企业进入难易	现实中接近的行业
完全竞争	很多	无差别	不能	完全自由	农业
垄断竞争	很多	有些差别	一定程度上能做到	比较自由	零售业
寡头垄断	几个	有或没有差别	相当能控制价格	有限	汽车制造业
完全垄断	一个	唯一产品，无替代品	很强，但受政府管制	不能	公用事业

根据市场主、客体的不同属性及交换活动的特点，还可以将市场区分为商品市场（即消费品市场和生产资料市场）和经济要素市场，即金融市场、劳动市场、技术市场、信息市场和房地产市场等。本书主要研究按竞争程度标准进行划分的市场结构。

9.2　完全竞争市场中企业的产量决策

完全竞争市场是指没有任何阻碍和干扰的市场结构。

9.2.1　完全竞争市场的假设或特点

完全竞争市场的假设或特点主要是：

（1）该产品在市场上有大量买主和卖主，每个买卖者都是既定价格的接受者。

（2）产品同质。所有企业都提供标准化产品，完全可以相互替代。

（3）投入要素，如资本、劳动等可以自由流动，企业进入或退出完全自由。

（4）信息充分。这主要指买卖方对市场价格及走势明确，不能够通过欺瞒、提高或压低价格获取利益。

在现实生活中，完全符合上述四个条件的市场是不存在的。只有农产品市场比较接近。这只是一种理论上的假设，但是分析这种市场，无论在理论上或实践上都是必要的、有用的。人们可以对要素的假定条件不断修正，使之更接近于现实。

9.2.2　完全竞争企业的收益

完全竞争市场上，对整个行业来说，产品的需求曲线是一条向右下方倾斜的曲线，供给曲线则是一条向右上方倾斜的曲线。整个行业产品的价格就由这种需求和供给决定。所有个别企业无论其增加或减少产量都不会影响市场价格，无论其提高或降低价格也都不可能站得住脚。这样，在全行业既定的同一价格下，市场对个别企业产品的需求曲线就成为一条由既定市场价格出发的平行线。这可用图 9-1 说明：

这样，在完全竞争市场上，个别企业无论有多少产品，都是由整个行业的供求及均衡价格决定的，它出售一个单位产品的平均收益就是出售价格。所以个别厂商的平均收益等于市场价格。同样，企业增加一单位产品的出售所增加的收益，即边际收益，也等于市场价格。因此，在完全竞争市场上 MR（边际收益）= MC（边际成本）= P_0（平均价格）。

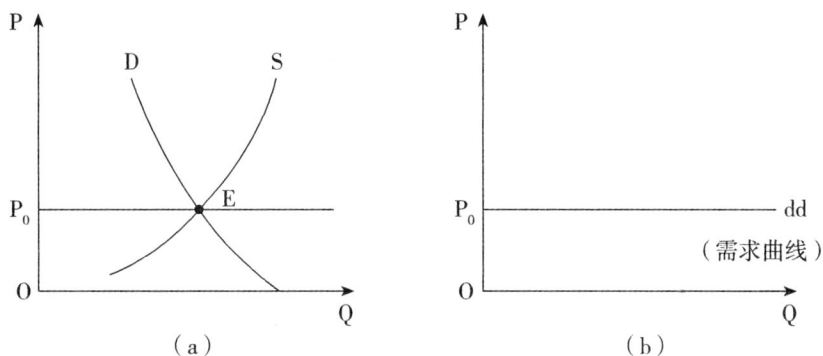

图 9-1　完全竞争企业的需求曲线

9.2.3　完全竞争企业的产量决策

在完全竞争行业中，单个企业虽然只能被动地接受市场均衡价格，但它完全可以在既定的价格条件下来决策使自己利润最大化的最优产量。决策的基本原则是使边际收益（MR）=边际成本（MC）。从长期看，这是因为：

（1）如果边际收益大于边际成本，则意味着每增加一单位产量的收益会大于所增加的投入，即成本。总利润增加，说明需求大于供给，这将激励企业增加生产以扩大总利润，使总供需趋向均衡。

（2）如果边际收益小于边际成本，则意味着每增加一个单位产量的收益会小于所增加的投入，即成本。说明需求小于供给，这将促使企业减少产量，减少损失，使总供需趋向均衡。

（3）只有当边际收益等于边际成本时，即增加的收益等于增加的成本时，或收支相抵时，企业生产才会相对稳定下来，市场总供需才会保持相对均衡状态。

在完全竞争市场条件下，企业利润最大化的原理"边际收益=边际成本"，会演变为"市场价格=平均收益=边际收益=边际成本"，这是因为：在完全竞争市场上，有很多很多的企业，它们出售的产品没有任何差别，单个企业只是其中微不足道的一分子，它多售出一点或少售出一点都不会对市场价格产生任何影响，它仅仅是个被动的价格接受者。从这个意义上说，整个市场对单个企业产品的需求量是无限大的。单个企业所面临的产品需求曲线是一条从市场价格水平出发的水平线。这意味着，单个企业能够按照市场价格售出它想售出的全部产品。

因此，企业利润最大化的基本条件在完全竞争市场上就会演变为"市场价格=平均价格=平均收益=边际收益=长期边际成本"。可见，在完全竞争市场上，从长期均衡看，企业按照市场价格出售自己的产品，能够收支相抵，就算达到了利润最大化目标。在短期的企业利润最大化决策中，"边际成本=边际收益"仍是企业要遵循的，但从整个行业的短期来看，有可能出现阶段性的总供给小于或大于总需求的波动：

（1）如果总供给小于总需求，则行业市场价格水平高，企业为了追求利润最大化，仍然遵循边际收益等于边际成本的原理决定自己的产量，但这时就会出现企业的总收益大于总成本的情况，因而存在超额利润的发生。

（2）如果总供给大于总需求，则价格水平降低。单个企业处于亏损状态，此时，企业面临三种选择：

①如果平均收益小于平均成本，但仍大于平均可变成本（如原材料、劳动力）企业虽亏损，但仍会生产。

②如果平均收益等于平均可变成本，企业亏损，则面临停业点，可以生产，也可以不生产，但如考虑工人就业问题，则可以继续生产。

③如果平均收益小于平均可变成本，企业只能停止生产。

9.3 完全垄断市场中企业的价格和产量决策

9.3.1 完全垄断市场的假设及特点

完全垄断市场是指单个生产者面对众多购买者（消费者）的市场。

（1）某种产品只由一家企业供应，一个企业等于一个行业，不存在其他企业竞争的威胁。

（2）垄断企业可自行决定自己的产量和价格，以实现利润最大化。

（3）垄断企业可根据不同的销售条件实行不同的价格，即实行差别价格获取利润。

在现实生活中这样的完全垄断很少存在。除了文物、古董等少数物品，大多数产品在某种程度上都可以找到替代品。

完全垄断形成的原因主要有：①政府特许权，如铁路、邮政等公用事业。②专利权。③生产者对原材料的控制。④自然垄断。某些行业只需一家规模经营即可满足需求，两家以上将产生较高的平均成本，如城市公用事业。

9.3.2 完全垄断企业的需求和收益曲线

在完全垄断市场上，一家企业就是整个行业，因此整个行业产品的需求曲线也就是一家企业产品的需求曲线。企业供给增加，价格下降，需求也会增加；供给减少，价格上升，需求也会减少。因而需求曲线是一条向右下方倾斜的曲线。

在完全竞争市场上，企业按既定的市场价格出售商品，所以每一单位商品的卖价就是它的平均收益，从而平均收益等于价格，平均收益曲线与需求曲线重合。

但在完全垄断市场上，销售量增加，商品的价格会下降，从而边际收益减少。这样，平均收益量是下降的，其边际收益也是下降的。当平均收益减少时，边际收益会小于平均收益，因而边际收益曲线 MR 一定在平均收益曲线 AR 的下方，如图 9-2 所示。

在图 9-2 中 dd（AR）是需求曲线与平均收益曲线，MR 是边际收益曲线，价格随销售量的增加而下降，价格与平均收益相等，但平均收益并不等于边际收益。平均收益是下降的，因此，边际收益小于平均收益。由图 9-2 中还可以看到，需求曲线与平均收益曲线仍然是重合的，是一条向右下方倾斜的曲线，而边际收益曲线则是平均收益曲线之下向右下方倾斜的曲线。

9.3.3 完全垄断企业的价格和产量决策

在完全垄断市场上，企业就是行业，提供商品全部的供应量。垄断企业拥有定价权，

P

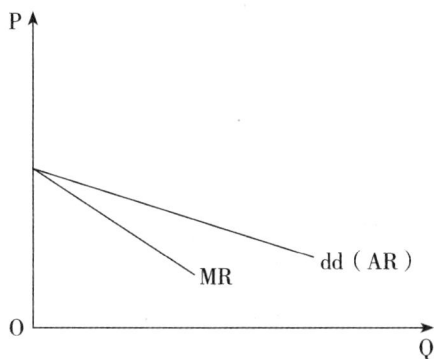

图 9-2　完全垄断市场上的平均收益和边际收益曲线

可以通过控制产量来影响价格、获取收益。但是和其他企业一样，垄断企业的生产成本也会随着产量的增加而上升，呈现边际收益递减。因此，垄断企业仍然需要按照边际收益等于边际成本的原则确定最佳生产量。

由于企业利润等于总收益减去总成本，当产量确定时，总成本就确定了，这时利润取决于总收益（价格与销售量的乘积）。垄断企业虽然有定价权，能够通过控制供给量控制价格，但是它所面对的需求是整个市场的需求，其产品需求曲线仍然是向右下方倾斜的，这就意味着随着垄断企业产销量的扩大，价格会下降。虽然垄断市场利润最大化原则与完全竞争市场一样，但是，完全竞争市场面临的需求曲线是水平线，价格不会随销量扩大而下降，而垄断企业只有降价才能扩大销量。而且由于降价的并不仅仅是最后一个单位产品，而是所有的产品，所以其边际收益会低于市场价格。这样完全竞争市场条件下的市场价格同边际收益、边际成本的等式，在这里就不成立了。

垄断企业如何获得超额利润呢？由于"利润＝总收益－总成本＝（平均收益－平均成本）×销量"，而平均收益等于价格，因此，垄断企业只要将价格定得高于平均成本就能获得超额利润。但是，居于垄断地位的企业也不能为所欲为，要受市场需求状况的限制，如果价格太高，消费者会减少需求，或购买其他替代品。一般说来，如果产品需求价格弹性较小，价格提高后需求量降低的幅度不大，这时企业可以制定较高的价格；相反，如果产品的需求价格弹性较大，企业制定的价格就要低一些。也就是说，完全垄断企业在进行价格决策时，也必须考虑到产品和市场需求状况。

9.3.4　价格歧视

由于垄断者具有制定价格的权力，因此垄断者可以在同一时间内对同一成本的产品向不同的购买者实行不同的价格，或对不同成本的产品向不同的购买者实行相同的价格，这被称为**价格歧视**，也称差别价格。实行价格歧视的基本条件是：

第一，必须有可能根据不同的需求价格弹性划分出两组或两组以上的不同购买者。

第二，市场必须是能够有效地隔开的，同一产品不能在不同市场之间流动，换句话说，就是不能使购买者在低价市场上买到该产品再卖到高价市场上。

企业实行价格歧视的基本原则是，不同市场上的边际收益相等并且等于边际成本。垄断企业可以对需求价格弹性较小的市场规定较高的价格，实行"厚利少销"，而对需求价格弹性较大的市场规定较低的价格，实行"薄利多销"。

【补充阅读资料 9-1】　　　　　　德比尔的钻石完全垄断及困难

　　产生于一种关键资源所有权垄断的典型例子是南非的钻石公司德比尔。德比尔控制了世界钻石生产量的80%左右。虽然这家企业的市场份额并不是100%，但它也大到足以对世界钻石价格产生重大影响的程度。德比尔拥有多大的市场势力呢？答案部分取决于有没有这种产品的相近替代品。如果人们认为翡翠、红宝石和蓝宝石都是钻石的良好替代品，那么，德比尔的市场势力就较小了。在这种情况下，德比尔任何一种想提高钻石价格的努力都会使人们转向其他宝石。但是，如果人们认为其他宝石都与钻石非常不同，那么，德比尔就可以在相当大的程度上影响自己产品的价格。德比尔支付了大量广告费。乍一看，这种决策似乎有点古怪。如果垄断者是一种产品的唯一卖者，为什么它还需要广告呢？德比尔广告的一个目的是在消费者心目中把钻石与其他宝石区分开来。当德比尔的口号告诉你"钻石永恒"时，你马上会想到翡翠、红宝石和蓝宝石并不是这样的。如果广告是成功的，消费者就将认为钻石是独特的，不是许多宝石中的一种，而且，这种感觉使德比尔有更大的市场势力。

9.4　垄断竞争者和寡头的决策

　　所谓**垄断竞争市场**，是指许多企业销售近似但不完全相同产品的市场。垄断竞争市场的特点是：市场上企业的数量较多，企业可以较为自由地进出该行业，各企业的产品既相似，又存在一定的差别。

9.4.1　垄断竞争者对价格只有有限的影响

　　垄断竞争市场既不同于完全竞争市场，又不同于完全垄断市场。由于垄断竞争企业各自的产品存在一定的差别，因此企业就处于一定的垄断地位，对产品价格具有一定的影响力，即获得一些定价的自主权。但是这种差别是同类产品之间的差别，同类产品虽有差别，但又有相似之处，这些产品相互之间存在替代性。因而企业之间存在相互竞争关系，企业只能对自己出售的产品价格发挥有限的影响。

9.4.2　垄断竞争者利润最大化的价格决策

　　1）当价格等于平均成本时垄断竞争者可获取正常利润

　　垄断竞争者要想实现利润最大化，依然要遵循边际收益等于边际成本的基本原则。在短期内，若产品价格高于企业的平均成本，则企业获得超额利润，多卖出一个产品就多一份利润；企业有降价增加销量、扩大利润的冲动；若价格等于平均成本，则获得正常利润；若价格小于平均成本，则发生亏损。

　　在长期内，企业进出行业相对自由，当行业有超额利润存在时，新的企业进入，其提供的新产品会增加购买者得到的好处，但同时也会抢去原来企业的市场份额，竞争的结果是价格下降，超额利润消失；反之，如果行业存在亏损，企业会选择退出该行业，留在行业里的企业市场份额扩大，价格上升，直到亏损消失。因此，在长期内产品价格等于平均成本，企业就实现了获取利润最大化的基本条件。

2）垄断竞争者的主要手段是非价格竞争

现实生活中绝大多数产品的市场处于垄断竞争市场，垄断竞争市场的特点决定了企业既有垄断性又有竞争性。垄断性使其有一部分定价权，但是企业对价格的影响力有限，通过打"价格战"来扩大销量的余地不大。企业竞争的手段则主要集中于非价格竞争上。

增强产品差异性是一种非价格竞争手段。企业通过提高产品质量，改变材料、外观设计、包装等手段突出自己产品与其他产品的差异，增加自己产品的影响力，扩大市场份额。例如，麦当劳、肯德基不断推出新产品，可口可乐和百事可乐经常更换外包装和不同容量的包装等。

广告是企业相互竞争的另一种非价格竞争手段。企业通过广告发布有关本企业及产品的信息，扩大企业的知名度和影响力，创造品牌效应，吸引购买者的注意力，培养、激励购买者对自己品牌的忠诚度，从而达到扩大销量、增加利润的目的。品牌与广告是密切相联的，品牌是产品培育长期忠诚客户的基础，创造品牌、巩固品牌的目的与广告是相同的，做广告是达到利润目标的手段之一。当然，垄断竞争企业只有在广告带来的收益大于成本时才会施行"广告攻势"。

【补充阅读资料9-2】　　　垄断竞争下的差异化战略

产品差异化是垄断竞争市场上常见的一种现象，不同企业产生的同类商品之间存在替代关系，但这种替代关系并非完全替代。垄断竞争企业的差异化战略包括制造产品本身的差异和人为的差异，后者包括市场定位的差异、服务的差异、营销策略的差异等。企业往往希望通过产品的差异化来刺激产品需求。

一、产品的原料差异

美国安利集团旗下的纽崔莱如今已成为全球性的营养保健食品品牌。纽崔莱目前拥有四个有机种植农场，是当今世界上仍自行种植植物原料的营养保健食品公司。在培护土壤、作物管理、灌溉等方面，纽崔莱采用有机种植方法，确保每一种营养保健食品不含除草剂、杀虫剂和其他有害的农药残余物质。纽崔莱将这些富含植物营养素的植物提取物添加到营养保健食品中，使产品更天然，当然也更受消费者喜爱，更容易与其他保健品区别开来。

二、产品的颜色差异

过去，人们所使用的牙膏都是白色的。当市场上出现一种透明啫喱或彩色牙膏时，消费者便觉得新奇，进而想体验一下。高露洁有一种三重功效牙膏，膏体由三种颜色构成，给消费者以直观感受：白色的可洁白的牙齿，绿色的可清新口气，蓝色的可清除细菌。

三、产品的造型设计差异

在移动电话刚刚普及的时候，市面上绝大部分的手机不是翻盖的，就是直板的。当诺基亚公司推出"倾慕系列"7370旋转式翻盖手机时，就立刻得到了消费者的"倾慕"，并一举获得《亚洲移动新闻》大奖（该奖项被誉为"移动行业奥斯卡"）颁发的年度最时尚手机奖。

四、产品构造差异

"好电池的底部有个环"，南孚电池通过"底部有个环"给消费者一个简单的辨别方法，让消费者看到"环"就联想到了高性能的电池。

五、产品暗示区别

瑞星杀毒软件用狮子来代表其品牌，以显示强大的"杀力"；白沙烟用鹤来表现飞翔、心旷神怡的品牌感受。

六、产品代言人区别

好的产品代言人能使消费者产生品牌联想，即把对偶像的喜爱转移到产品当中去。如周杰伦代言的"动感地带"就非常能凸显年轻人朝气蓬勃的行动性和追求新潮的求知性。相反，C罗代言的"金嗓子喉宝"，就显得十分牵强，毕竟消费者很难将一代球星和缓解嗓疾的药物联系在一起。

9.4.3 寡头企业的价格和产量决策

1）寡头垄断的含义

寡头垄断市场是指少数几家厂商控制了某种产品的绝大部分产销量、垄断了某种产品市场的市场结构。寡头垄断企业对市场价格和产量的决定起着举足轻重的作用，同时它们之间又存在着不同形式的竞争。

寡头垄断可分为纯粹寡头和差别寡头。纯粹寡头是指无差别的寡头垄断，如钢铁、石油等。这些企业彼此之间依存性较高，一家企业的产量和价格变动必然影响竞争对手的产销量，迫使竞争对手采取策略。差别寡头是指生产的产品性质相同但有差别的寡头垄断。如汽车、机电产品等，它们之间依存性较低，但由于同类产品可以相互替代，各企业之间必然存在竞争。

形成寡头的原因主要是规模经济的作用。在某些生产领域，比较适合于大规模生产，只有规模经济才能获得较好的效益，最后发展结果是只需要几家大企业的产量就可以满足市场的需求。此外，存在阻止新企业以平等地位与现有企业进入市场进行竞争的障碍。

2）寡头企业价格和产量决策的难题——囚徒困境

寡头市场中企业数量极少，规模庞大，新企业进入十分困难。正是由于企业数量少，规模和实力大，因此，企业间相互依存牵制特别明显，每个企业决策时都必须注意自己的决策对对手可能产生的影响，每一个企业的价格和产量决策都会明显地影响其他竞争对手的销量和利润水平。

这里出现了一个突出的难题，寡头企业不能像完全竞争、完全垄断和垄断竞争那样独立决策，而要顾及竞争对手的反应。这种反应是决策者难以预测的。这就产生了企业行为的不确定性。这种不确定性使企业决策面临难题，是独立行动还是相互勾结或合作，即囚徒困境。

近年来，经济学家使用被称为对策论的数学方法来研究寡头之间的勾结，这种对策的一个例子被称为囚徒困境。囚徒A和囚徒B被认为合谋参与了一桩犯罪活动，他们被分别关在不同的囚室。警察对两个犯人分别约定：如果一个嫌犯认罪，而另一个同谋拒绝交代，则法庭允许认罪者减刑只判6个月，而拒绝交代的同谋要判10年。两个人都知道，如果两人都认罪，则两人会判 8 年，如果两人都不认罪，则会因证据不充分而各判 2 年。两人选择的可能结果见表 9-2。

表 9-2　　　　　　　　　　　两个囚徒合作的可能结果

		囚徒 A 的选择	
		认罪	不认罪
囚徒 B 的选择	认罪	每人判 8 年	A 判 10 年，B 判 6 个月
	不认罪	A 判 6 个月，B 判 10 年	每人判 2 年

从两名囚徒共同的利益看，最好的选择是两个人都保持沉默，这样每人坐 2 年牢。但是从每个囚徒自身的利益看，无论其同伙坦白与否，坦白总是最好的选择。不过，一旦两名囚徒从他们自身利益出发都选择坦白，他们俩就都会面对更坏的结果——每个人都坐 8 年牢。囚徒困境是一个简单的对策，这一对策中，由于双方都独自地依照自身利益行事，结果都陷入更加不利的境地。如果双方能在一起编造一个说法，并且让同伙感到偏离这一说法的损害，则双方都可以得到更好的结果。

3）寡头合作

在现实经济生活中，寡头的市场战略的确定，不仅要满足自己的意愿，而且要考虑对手的反应。囚徒的两难处境和相似的博弈游戏说明利己之心是怎样导致不合作的。面对现实中反复出现的囚徒的两难处境，人们最好进行合作（而且往往也进行了合作）。

寡头企业在市场上也有公开的勾结或合作，当然也有不公开的勾结或合作。公开的勾结或合作通常被称为卡特尔，**卡特尔** 是一个行业内各独立企业之间就价格、产量和市场划分等事项达成明确协议而建立的垄断组织。其主要任务：一是为成员企业的产品规定统一价格；二是为各成员企业之间分配总产量，即规定成员企业的生产限额。

还有一种非公开勾结或合作，称为价格领导。**价格领导** 是指行业中一个或极少数几个大企业开始变动价格后其他企业跟着行动的合作方式。价格领导的寡头企业可能是行业中地位和实力最强大的，在行业中处于支配地位；也可能是能及时准确摸透市场行情的寡头企业，最能代表其他寡头企业的愿望。

当然合作也会有损社会，如寡头企业之间的合作会损害消费者的利益，政府也会制定反垄断法等，加以限制。

【补充阅读资料 9-3】　　　　　　**铁路民航能否从掰手腕走向共赢**

据 2010 年 4 月 2 日《中国青年报》载文：时速 200 千米到 350 千米的高铁正在改变现有的交通格局，甚至经济面貌。按照规划，在未来几年内，全国各"邻近省会城市将形成 1 至 2 小时交通圈、省会与周边城市形成半小时至 1 小时交通圈。北京到全国绝大部分省会城市将形成 8 小时以内交通圈"。

火热的高铁蓝图让一向以"高端"著称的民航感到了源源不断的寒意。

对旅客来说，铁路和民航掰手腕的未来是值得期待的。

比如铁路以前每次提速，几乎都会带来航空公司更好的服务和更大的折扣。修建京沪高铁的意向一定，航空公司就开始提高服务质量，首次实现各大航空公司之间自由签转。2009 年武广高铁的试运营价格一公布，南航相应航线就加大了机票的打折力度，随后南航又开通了"武广空中快线"，以"公交式"的便捷航空服务吸引旅客。

面对高铁改变的交通格局，一些航空公司意识到，徒劳"对抗"没有意义，不如将其作为一种合作共赢的机遇。

后来，天津滨海国际机场和天津火车站配合，每天开出 27 班从天津机场到天津火车站的机场巴士，使旅客顺利衔接 59 对京津城际高速铁路。上海虹桥国际机场和京沪高铁虹桥站也并肩站在了一起，以便将来旅客在高铁和民航两种交通方式中便捷切换。

"合作共赢，高铁和航空肯定能找到合适的方法。但市场竞争，以及在未来的交通格局中占据更有利的地位，这是高铁和航空在相当长时间内的主流动力。"

9.4.4 竞争与垄断的利弊分析

一般来说，竞争与垄断相比有更高的经济效率，能增加消费者福利。因为垄断厂商是在价格高于边际成本处生产，从而垄断产量比竞争产量低，而垄断价格比竞争价格高。于是垄断使消费者剩余减少，利益受到损失。例如，目前在我国的一些行业，包括电信、铁路、电力、民航、金融等行业中，个别经营者滥用市场支配地位的垄断权力，强制交易，个别地方行政机关滥用行政权力，排除、限制竞争，行业垄断势力抬头，产品或服务的垄断价格高于一般竞争价格，使消费者剩余少，造成社会福利的损失。

但垄断与竞争相比也有其优越性：

第一，在垄断条件下，厂商规模巨大，可以形成规模经济，增进经济效益。

第二，垄断条件下存在超额利润，能刺激厂商为追求超额利润而进行技术创新，进行发明创造。投资开发与研究要冒很大的风险，也只有大企业才能承担这种风险。因此，垄断促进了科学技术的发展。

◀ **本章小结** ▶

● 本章主要介绍了完全竞争、完全垄断、垄断竞争、寡头垄断四种市场结构，比较了四种市场的不同特点，并以经济生活中的现象为例，分析了四种市场结构中企业的收益状况和生产决策。

● 无论何种市场结构，企业利润最大化的基本原则都是边际收益等于边际成本，由于所处市场结构环境不同，企业对价格的影响力不同：完全垄断企业有绝对定价权，完全竞争企业只是价格接受者，垄断竞争企业和寡头垄断介于二者之间。

● 价格水平的差异导致企业利润状况不同，短期和长期的影响则取决于资源配置的流动性。

◀ **主要概念和观念** ▶

□ 主要概念

市场 行业 完全竞争市场 完全垄断市场 价格歧视 垄断竞争市场 寡头垄断市场 卡特尔 价格领导

□ 主要观念

无论何种市场结构，企业利润最大化的基本原则都是边际收益等于边际成本，也是企业决定价格或产量的基本原则。

◆ **基本训练** ▶

一、选择题（单项或多项选择）

1. 由少数几家企业控制的市场结构是（　　）。

A. 寡头垄断　　　　　　　　　B. 完全垄断

C. 完全竞争　　　　　　　　　D. 垄断竞争

2. 完全垄断市场和垄断竞争市场的主要区别是（　　）。

A. 进入障碍　　　　　　　　　B. 企业规模大小

C. 产品是否有差别　　　　　　D. 信息是否完全

3. 完全竞争市场个别企业的需求曲线（　　）。

A. 同整个行业的需求曲线是相同的

B. 是一条向右下方倾斜的曲线

C. 是一条平行于横轴的水平线

4. 寡头垄断市场中个别寡头企业之间的关系是（　　）。

A. 只考虑竞争，只满足自己的意愿，独立决策

B. 只考虑合作

C. 既有合作又有竞争

5. 市场类型划分的标准是（　　）。

A. 本行业内部的生产者数目或企业数目

B. 本行业内各企业生产者的产品的差别程度

C. 进入障碍的大小

D. 生产要素的效率

E. 市场规模的大小

6. 实施价格歧视的前提条件有（　　）。

A. 生产者必须具有一定的规模

B. 企业生产的产品存在差别

C. 能根据不同的需求价格弹性划分出两组或两组以上的不同购买者

D. 市场是能够有效地隔离开的

E. 不同市场上的边际收益相等

7. 有关完全垄断市场的正确表述是（　　）。

A. 完全垄断企业市场的需求曲线就是行业的需求曲线

B. 企业生产的产品不存在产品差别

C. 企业是价格的接受者

D. 需求曲线是一条水平线

E. 需求曲线向右下方倾斜

8. 垄断竞争者相互竞争的主要手段有（　　）。

A. 打"价格战"   B. 非价格竞争

C. 增加产量   D. 增强产品差异性

E. 加大广告攻势   F. 创品牌

二、思考题

1. 为什么利润最大化原则的边际收益等于边际成本，即 MR＝MC 在完全竞争条件下可表达为 MR＝P？

2. 为什么企业在短期内即使亏本也要继续经营？企业在什么情况下应停止生产？企业能否长期亏本经营？

3. 为什么垄断企业不能把产品价格任意提高？

4. 为什么垄断竞争企业更注重于非价格竞争？非价格竞争手段有哪些？

5. 如何认识寡头企业之间的合作与竞争？

6. 试对四种市场类型进行比较分析。

◆ **观念应用** ▶

□ 案例分析

日本三洋公司发家的秘密

著名的三洋电器公司初创时只是一家生产自行车用电灯的小厂。1947 年，日本制造自行车用电灯的企业一共 16 家，年产量只有 10 万只。产品少、产量小、利润小，很多企业无法维持生计，打算另谋出路。此时，也没有局外厂家愿意进入这个艰难的市场。但三洋公司负责人智雄井植却声称："我准备扩大厂房，扩展为每年可以生产 200 万只电灯的工厂。"

此时，人们都笑话智雄井植愚蠢，但智雄井植自有他的眼光。他认为，就当时日本的经济水平而言，一般大众的交通工具只能是自行车，而自行车没有车灯晚上就不能用。但装电灯的自行车很少，并非消费者不需要，而是因为价钱太贵。如果售价下降就能创造出一个很大的消费层。果然，当产品投放市场时，奇迹发生了：一向被人视为难销的自行车用灯竟惊人地畅销。

原因说来简单，16 家小企业每家都有一套生产设备，有一班员工，而每年共生产 10 万只，每家开工不足，成本自然昂贵。而智雄井植一次购买几百万只的原材料，一下子生产几十万只，成本就降低了一半以上。成本低，售价就便宜，销售量自然就扩大了。

智雄井植的自行车用电灯第一年卖掉 50 万只，4 年后实现了 200 万只的年销量目标，第五年一年卖了 300 万只，此时，三洋公司已经从小企业跻身于日本大中型企业之林了。

问题：你认为日本三洋公司发家的秘密是什么？

第 4 编　宏观经济分析

第 10 章

社会总供求的平衡与失衡

学习目标

知识目标：把握总需求、总供给、国民生产总值、
　　　　　国民收入、投资乘数、市场失灵、经
　　　　　济增长、经济波动等基本概念。

技能目标：把握消费、储蓄与投资的关系，掌握
　　　　　宏观经济均衡的条件，了解国民生产
　　　　　总值的计算方法，学会运用乘数原
　　　　　理，学会选择适合各自实际的经济增
　　　　　长模式，有效控制市场失灵及经济
　　　　　波动。

能力目标：能用所学理论分析我国的宏观经济政
　　　　　策。保持社会总供求的平衡。

> **引例**　　　　　　　　　　**大萧条与罗斯福新政**

在 20 世纪 30 年代的经济大萧条中，美国遭受危机的打击更为严重，工业生产持续下降达三年之久。1932 年美国工业生产比危机前的 1929 年下降了 46.3%，经济回到了 1913 年的水平。危机遍及各工业部门，重工业部门生产下降的幅度更为严重，钢铁工业下降了近 80%，汽车工业下降了 95%。危机期间，13 万家企业倒闭，失业人数在 1933 年达到 1 300 万，大约为劳动力人口的 1/4。

美国总统罗斯福入主白宫后，为了缓和空前严重的经济危机所造成的大萧条，立即开始全面调整和干预经济，制定了一系列法规，对经济活动进行约束；成立了证券交易委员会等机构，对金融证券业进行管理。同时，罗斯福采取政府主动增加赤字，增加对公共基础服务设施的投资，大力修建高速公路和电站，由此拉动市场需求，刺激和带动经济复苏。从 1935 年到 1942 年，为协调整个工程计划而设立的工程进展共花费了 130 亿美元，雇用了约 850 万工人，修建了 12.2 万幢公共建筑、106.8 万千米新道路、7.7 万座新桥梁、285 个新机场和 3.9 万千米地下水道。这些大规模的公共基础建设的投资，40% 转化为消费基金，带动了一大片产业，也带来了大量就业，同时为日后的经济腾飞创造了条件。

传统的经济理论主张自由放任的政策，相信通过市场竞争可以达到最优配置。但是，周期性的经济波动表明，仅仅依靠市场机制是无法解决一系列社会问题的，即会出现所谓的市场失灵。市场失灵构成政府必须干预经济的理论依据。宏观经济政策主要研究政府对整个国民经济的运行进行干预和调节。

宏观经济学的分析是从国民收入决定开始的，而总需求是国民收入决定的主要因素之一，因此阐述国民经济的总量及平衡应从分析总需求的形成开始。

经济学宏观部分以整个国民经济流动作为考察对象，研究社会整体经济问题及相应的经济变量的总量如何决定以及这些总量间的相互关系，研究政府行为主体在平衡国民经济的总量、治理市场失灵中应发挥的作用。

通过本章的学习，使你能够了解，社会总需求的形成、国民经济的总量及其平衡、社会经济增长模式的选择、对经济周期波动幅度和频率的理性控制，都离不开政府宏观调控。

10.1　社会总需求的形成

总需求是国民收入决定的主要因素之一。经济学所讲的**总需求**是指最终产品的需求，是在货币价值量上全社会一年内花在最终商品和劳务上的货币支出总量。它由个人消费需求、国内投资需求、政府消费需求和进口需求构成。为此，我们对宏观经济的分析，首先从消费开始。

10.1.1　消费与储蓄

消费是由消费者有购买能力的需求所决定的。不论从个人还是从社会看，人们的消费主要取决于消费者可支配的收入水平，总收入水平越高，消费水平也越高；收入水平降低，消费水平也降低，但并不按同一比例变动。所谓消费函数，是用一条曲线将不同时点上居民的消费支出与其可支配的收入联系起来，用以表示消费总开支与消费者可支配收入之间相互依存的动态关系。如果用 C 代表消费、Y 代表收入，消费函数的公式则为：

$$C = f(Y) \tag{10.1}$$

消费与收入之间的关系，可以用平均消费倾向和边际消费倾向来说明。所谓**平均消费倾向**（APC）是指消费在收入中所占的比重。如果用 Y 表示收入，C 表示消费，那么平均消费倾向的公式则为：

$$APC = \frac{C}{Y} \tag{10.2}$$

一般来说，用于消费的份额大小，主要取决于收入的多少，收入多则用于消费的份额大，收入少则用于消费的份额小。因此，消费与收入正相关。然而，对于不同收入水平的家庭来说，其消费倾向是不同的。消费支出在收入中所占的比重是随着收入增长而下降的，这种消费与收入之间的关系，可用图 10-1 来加以说明。

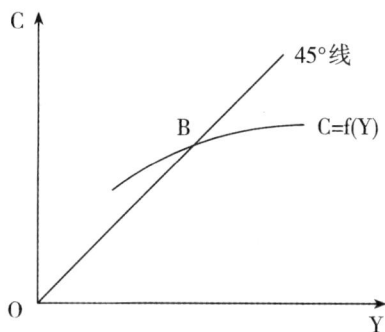

图 10-1　居民消费函数曲线

在图 10-1 中，横坐标为居民可支配的收入，纵坐标为消费与支出；在 45°线上的任何一点，消费正好等于收入。平均消费曲线与 45°线相交的 B 点，为"收支相抵"点，在这里消费开支正好等于可支配收入；家庭不借债，也不储蓄。在 B 点的左边，消费支出大于收入总额，即平均消费曲线高于 45°线，此时平均储蓄倾向为负数；在 B 点的右边，随着收入的增长，消费支出反而相对降低，即平均消费倾向逐渐低于 45°线并向右延伸，此时平均储蓄倾向相对提高。总之，消费在收入中所占的比重是随着收入的增长而下降的，然而储蓄的份额则随着收入的增长而上升。

边际消费倾向（MPC），是指增加的消费在增加的收入中所占的比重，即每增加一单位收入所引起的消费增量。如果用 ΔC、ΔY 分别代表增加的消费和收入，那么其公式则为：

$$MPC = \frac{\Delta C}{\Delta Y} \qquad\qquad (10.3)$$

在一般情况下，边际消费倾向是递减的，即在不断增加的每一单位中，用于消费的比重越来越小，这种变化倾向称为边际消费倾向递减规律。按照此规律，收入增量越多，其中消费增量所占的比例就越小。一般来说，收入增加，消费也增加，故 $\frac{\Delta C}{\Delta Y}$ 总是大于零；又因为所增加的消费总是少于收入的增加量，故 $\frac{\Delta C}{\Delta Y}$ 的数值又必然小于 1。边际消费倾向递减规律可简单地表示为：

$$0 < \frac{\Delta C}{\Delta Y} < 1 \qquad\qquad (10.4)$$

储蓄是收入中没有被消费的部分，即储蓄等于个人或社会的一定收入减去消费的剩余。储蓄与收入之间的依存关系称为储蓄函数或储蓄倾向。在其他条件不变的情况下，收入增加，储蓄增加；收入减少，储蓄减少。但储蓄函数是由消费函数来决定的。这是因为，储蓄是一定收入减去消费的余额，消费多了，储蓄自然就少了；反之则相反。所以，储蓄函数可由消费函数求得。

储蓄与收入之间的关系，可以用平均储蓄倾向和边际储蓄倾向来说明。所谓**平均储蓄倾向**（APS），是指储蓄在收入中所占的比重。如果用 Y 与 S 分别表示收入和储蓄，那么其公式为：

$$APS = \frac{S}{Y} \qquad\qquad (10.5)$$

用于储蓄份额的大小主要取决于收入的多少。收入多则用于储蓄的份额大，收入少则用于储蓄的份额小。然而，对于不同收入层次的家庭来说，其储蓄的倾向是不同的，一般是富人比穷人的储蓄不论在绝对量上，还是在相对量上都多。很贫穷的人根本没有能力储蓄。

边际储蓄倾向，是指增加的储蓄在增加收入中所占的比例，即每增加一单位收入而引起的储蓄增量。如果用 ΔS 和 ΔY 分别表示增加的储蓄和增加的收入，用 MPS 表示边际储蓄倾向，那么其公式为：

$$MPS = \frac{\Delta S}{\Delta Y} \qquad\qquad (10.6)$$

在一般情况下，边际储蓄倾向呈上升趋势，即在不断增加的每一单位收入中，用于储蓄的比重越来越大，根据收入均衡公式，一定时期的消费增量和储蓄增量之和，必然等于相应时期的收入增量。由此得出，边际消费倾向与边际储蓄倾向之和等于 1，即 MPC + MPS = 1。

10.1.2 投资与储蓄

投资是开支的一个巨大的组成部分，在宏观经济中起着重大作用，它的变动对总需求会产生重大影响。投资会导致资本积累，它发挥着影响产出和收入的双重作用。投资一般可分为三部分，即设备购买、存货增加以及工厂和房屋建设。

投资的资金来源于储蓄，但储蓄和投资水平并不会自动相等。因为在现代社会中，进行储蓄和投资的主体不尽相同，其动机也不尽相同。在私人经济中，储蓄主要来自个人和家庭，而投资则主要是企业活动。当然，企业进行投资也用其储蓄，但一般所占的份额较小。

在现代社会，投资主要是由公司或企业进行的。一个公司或企业在投资之前，应考虑到投资回报率、投资成本和对未来经济状况的预期。只有在预计建一座新工厂或买一台新机器会给其带来大于投资成本的收益，而且预期看好时，才会抓住投资机会，充分利用其分配的保留利润和银行贷款等来进行投资。因此，公司或企业进行储蓄的动机是为了准备进行有效投资，而公司或企业进行投资的目的却是为了增加收益。

但是，个人家庭进行储蓄的动机却是多种多样的，如为了老年生活或为购买耐用消费品做准备，或为了预防不测事件等。这些动机往往与公司或企业投资不发生自动的联系。因为公司或企业即使找不到有利的投资机会，个人也会愿意进行储蓄。我们平常所说的储蓄是指银行存款、邮政储金等。但作为经济学概念上的储蓄，则专指收入中扣除消费支出之后的剩余，即宏观上不用于消费支出而加以储蓄的部分。相应地，平常所说的投资，是指创办企业、购买股票或债券等。而作为经济学概念上的投资，则专指资本存量的增加，如在一年中新生产的机器设备、新建造的建筑物和新增加的存货等。总投资的概念可以具体划分为更新投资和净投资。更新投资是补偿现有资本存量损耗的投资，它不会导致资本存量的增加。更新投资意味着生产能力的恢复。净投资是改变现有资本存量的投资，它导致资本存量的增加或减少，净投资意味着生产能力的提高。

可见，宏观上的储蓄和投资是一对变量，就资金运动而言，储蓄表示其供给，投资表示其需求。然而，一定时期的投资额，则是由资本边际效率和利率共同决定的。

资本边际效率（RM），是指资本的预期收益率，即投资增加一个单位预期可以得到的收益。如果用 Q、P 分别代表预期收益和投资的资本品的供给价格，那么其公式为：

$$RM = \frac{Q}{P} - 1 \qquad\qquad (10.7)$$

预期收益愈是大于供给价格，则资本边际效率愈高；反之，则相反。影响资本边际效率的因素很多，如生产经营者对未来产品销售量的预期、技术革新、成本费用的预期、投资决策者素质，以及对资本存货数量及其构成的预期等。

一般来说，随着投资的增加，必然会引起设备的供给价格的提高，从而导致投资的预期收益率下降。与此同时，由于投资的增加，又会促使产品的预期供给量增多，相应地降低产品销售价格，从而导致投资的预期收益率下降。因此，资本边际效率呈现递减的趋势，如图 10-2 所示。

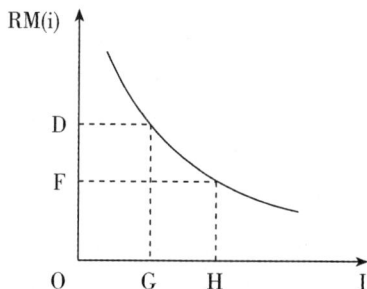

图 10-2　投资与资本边际效率的关系

假定资本边际效率曲线如图 10-2 所示，投资的大小取决于利率水平，因为生产部门从事投资而获得收益起码能抵偿其成本。当利率为 OD 时，投资为 OG；当利率为 OF 时，投资则增加为 OH。因此，资本的边际效率曲线同时又是投资需求曲线。

由于公司和企业投资的动机是追求利润最大化，那么投资预期得到的收益必须同投资的成本进行比较，只有在投资预期的收益不低于投资成本时，投资才可能进行。从投资者角度分析，利息就是一种成本。利息，即在单位时间内借用货币所支付的价格。因此，投资需求取决于资本的边际效率与利息率的相互对比关系。若资本的边际效率大于现行利息率，则有预期盈利，投资将继续下去；若资本边际效率下降到与利息率相等，投资即停止，一定时期投资总量也随之确定下来。

10.1.3　宏观经济的均衡与非均衡

所谓**总供给**，是一国经济在一定时期内所能提供的按市场价格计算的全部物品和服务。除了国内生产提供的物品和服务外，总供给还包括进口。所谓总需求，则是一国经济在一定时期内对物品和服务的全部需求，它也要以市场评价和货币表现为基础。一般来说，总需求由四个基本部分组成：

（1）居民消费者购买；

（2）企业购买；

（3）政府购买；

（4）出口。

研究总供给与总需求之间的关系，是宏观经济分析的基本内容之一。

如果假设国民经济是一个宏观均衡的经济，即总需求一定等于总供给。换句话说，要想实现经济的宏观均衡，就必须满足以下的基本均衡条件：

$$总需求 = 总供给 \qquad (10.8)$$

这里，我们把总需求定义为消费需求与投资需求之和，即 C+I，把总供给或总产出理解为分配给消费者的消费和储蓄，即 C+S，那么，总需求与总供给的均衡式为：

$$C+I = C+S \qquad (10.9)$$

简化后，便有：

$$I = S 或 S = I \qquad (10.10)$$

这个基本公式的含义既是实际的储蓄必须等于实际的投资，又可以理解为计划或意向的储蓄必须等于投资。

事实上，实际的储蓄不一定恰好和投资相等，成千上万居民的储蓄决策加起来刚好等于成千上万企业的投资决策是相当困难的。实际的情形往往是，要么 S>I，要么 S<I。所以，宏观非均衡表现为常态，而宏观均衡似乎只能是偶然的。但是，人们对实现从非均衡到均衡也并非是完全无能为力的，如果把政府对宏观经济的协调和干预考虑进来，储蓄等于投资的可能性就会更大些。这时收入水平上升，国民生产总值上升。

前面提到，投资的边际效率、利率与投资间的关系，表明了如欲增加投资，一要提高投资的边际效率；二要降低利息率。利息率是一个非常活跃的变量，且利息率的降低是有限度的，而投资的边际效率一般又呈下降的趋势，有时甚至大幅度下降，这样势必引起总需求的严重不足。总需求不足将会给国民经济带来不利影响，它不仅会打破社会再生产的运行环节，而且带来生产滑坡、经济衰退和失业率上升，以及市场疲弱和产品滞销等恶果，使生产因缺乏需求拉动力而发展缓慢以至停滞，从而造成社会资源的闲置乃至浪费。当新增投资需求超越社会经济承受能力时，即会出现投资需求膨胀。如果投资主体为单一结构时，投资需求膨胀就表现为政府投资需求膨胀。如果投资主体为多元结构时，各投资者从自身利益出发，不顾社会承受能力，竭力扩大投资需求，此时，如果中央政府不及时实施有效的宏观经济调控，在投资资金"软预算约束"下，预算外投资需求的膨胀就会转化为现实的投资需求膨胀。

总需求膨胀，即总需求大于总供给。如果在资源短缺和效率低下的情况下，就会极大地约束总供给的增加。然而消费基金和投资基金盲目增长，必然扩大了总需求，当社会总供给严重不足，造成总需求极度膨胀，势必导致物价水平普遍而持续地上升。它客观上要求政府进行宏观调控。

【小思考 10-1】

银行降低存款利息产生的主要影响效应是什么？

答案：一是刺激消费；二是刺激投资，因为利息即是投资的机会成本。若投资的边际效率大于现行利息率，则有预期盈利，投资将进行下去。

10.2　均衡国民收入

均衡国民收入，即总供给与总需求恰好达到平衡时的国民收入。国民收入决定理论是宏观经济学的核心，它为分析各种宏观经济问题提供重要工具，我们应从总供给与总需求的相互关系来考察国民收入的决定。本节主要阐述国民收入的基本概念、国民收入流程及均衡。

10.2.1　国民生产总值

国民生产总值（GNP）是指一国（或地区）在一年内所生产的最终产品和劳务的市场价值总和。国民生产总值是衡量一个国家（或地区）经济活动最主要的数据，它表示一国（或地区）产出的总价值，通常以该国的货币单位为计算单位。国民生产总值减国外要素收入，加外国居民在本国的要素收入，即为**国内生产总值**（GDP）。

在理解国民生产总值构成时，应注意以下几个问题：

（1）国民生产总值中的最终产品不仅包括总产出量，即该国物质生产部门在一年时间之内所生产出来的一切有形产品，而且包括总服务量，即服务部门、金融部门、文教保健等部门的服务所产生的一切无形产品——劳务报酬。因此，各种劳务所获取的报酬都应计入国民生产总值。

（2）国民生产总值是指一年内生产出来的产品总值，因此在计算时不得包含以前所生产的产品价值。

（3）国民生产总值只包括最终产品总值，因此要避免中间产品的"重复计算"。最终产品是指最后被人们使用的产品，中间产品是指处在生产过程中未完成的半制成品。最终产品的价值等于生产过程中每一个阶段所增加的价值总和，其中已包括了中间产品的价值，所以应当避免中间产品的重复计算。

（4）国民生产总值指的是最终产品市场价值总和，这些产品要以现期市场价格来计算。因为，国民生产总值不仅受到最终产品数量变动的影响，而且还会受现期市场价格水平的影响，所以凡是不经过市场销售的最终产品均无法计入国民生产总值中。

在国民经济核算中，对国民生产总值有不同的计算方法，主要有支出法和收入法。支出法，又称最终产品法，这种方法从产品流向出发，把一年内购买的各类最终产品的支出相加，计算出该年内生产的最终产品的市场价值。

假设用 Q_1，Q_2，Q_3，…，Q_n 代表各类最终产品数量，用 P_1，P_2，P_3，…，P_n 代表各类最终产品的现行市场价格，支出法的核算公式则为：

$$Q_1P_1 + Q_2P_2 + Q_3P_3 + \cdots + Q_nP_n = GNP \tag{10.11}$$

按支出法统计国民生产总值时，各国具体项目分类不尽相同。但大体包括以下四个项目：

（1）个人消费支出（C）：它主要包括所有家庭对最终产品和劳务的总消费。

（2）私人国内总投资（I）：它是指用于固定投资和用于变动存货的支出。

（3）政府在物品与劳务上的支出（G）：它包括中央和地方各级政府购买现期产品和劳务的支出。

（4）净出口（X–M）：它指出口减进口的净值。

总之，用产品支出法衡量国民生产总值，是把一国一年内生产的最终产品和劳务，按其不同流向概括为四大项目，并用货币额表示的四个部分数字相加，其总额即 GNP。

收入法，又称要素收入法，此种方法是从投入的生产要素所取得收入角度出发，计算一年内产出最终产品和劳务的总产值，即把劳动所得的工资、企业家管理所得的利润、资本所得的利息、土地所得的地租相加，计算国民生产总值。

各国在按收入法计算国民生产总值时，具体项目的分类也不尽相同，但大体包括以下三大项目：

（1）生产要素收入：主要包括工资、利息、地租、利润。

（2）固定资产消耗：主要是固定资产折旧。

（3）间接税：是指税收负担不由纳税者本人承担的税。

按支出法和收入法计算国民生产总值所得出的结果，从理论上说应当是一致的，但实际结果却常常是不一致的。国民经济核算体系通常以支出法所计算出来的国民生产总值为标准，若按收入法计算出的结果有偏差时，必须通过误差调整项进行调整，使之达到一致。

10.2.2　国民收入流程

国民收入（NI），即一国在一年内用于生产的各种生产要素所得收入的总和。国民收入用公式表示则为：

国民收入 = 工资 + 利润 + 利息 + 地租

国民收入的生产、分配、流通和消费形成了国民收入的总流程。国民收入总流程是一国经济总流程的核心内容，它反映了各种经济单位之间复杂的联系和利益关系，将一国的经济单位联系起来，分析一国经济的循环流动，从而为研究宏观经济运行规律奠定基础。

国民经济是一个相互联系、相互提供需要的有机体。企业为社会提供产品，同时自己得到收入和利润；劳动者为企业提供劳动服务，自己同时得到薪水；居民从企业那里买到所需要的消费品，企业因此而出售了自己的产品，实现了货币收入；政府部门从企业和居民那里收税，同时它又作为买者向企业采购，作为雇主向职工支付薪金。可见，各经济部门之间存在相互联系的商品、服务和货币的交换，存在一个不断循环的收入流。如果我们加上外贸，就可以勾画出如下四部门收入流程（见图 10-3）。

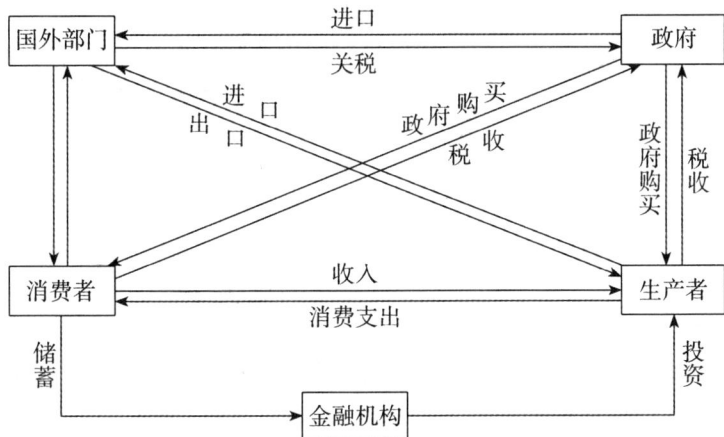

图 10-3　国民经济活动的收入流程

图 10-3 中有四个经济部门，这四个部门之间互相提供需要，对于其中的单个部门而言，一方面让渡服务，一方面获取收入。对整个国民经济而言，这个收入流程反映出总供给与总需求的平衡。

在国民收入体系核算中，除了国民生产总值和国民收入外，还有三个重要的总量，即国民生产净值、个人收入、个人可支配收入，以上五个总量之间存在着一定的关系。

国民生产净值（NNP），是指一国一年最终产品与劳务扣除了在生产过程中的折旧后的产值。

个人收入（PI），是指一国在一年内个人所得的总收入。

个人可支配收入（DPI），是指一国在一年内个人可支配的总收入。

在国民收入核算中，以上五种总量是相互联系并可彼此推导的，其关系式是：

国民生产净值＝国民生产总值-折旧　　　　　　　　　　　　　　　　　　　　（10.12）

国民收入＝国民生产净值-间接税　　　　　　　　　　　　　　　　　　　　　（10.13）

$$\text{个人收入}=\text{国民收入}-\text{公司未分配利润}-\text{企业所得税}+\text{政府给居民户的转移支付}+\text{政府向居民户支付的利息}$$ （10.14）

个人可支配收入＝个人收入-个人所得税＝消费+储蓄　　　　　　　　　　　　　（10.15）

10.2.3　均衡国民收入决定

总供给与总需求恰好达到平衡时的国民收入，即为均衡国民收入。当总需求等于总供给时，国民收入就实现了均衡，这里，我们用国民收入循环流程来分析国民收入均衡的决定条件。

图 10-3 是四部门经济活动的循环流程图，四部门经济是比较接近现实的经济模型，

因此，是研究国民收入循环和决定的比较规范的模型框架。

在四部门经济中，总需求不仅包括四部门的需求，而且还包括国外需求。国外需求对国内来说是出口，所以，可用出口代表国外需求。于是：

总需求＝消费＋投资＋政府支出＋出口　　　　　　　　　　　　　　　　　　　　　（10.16）

如果用 AD 表示总需求、用 C 表示消费、用 I 表示投资、用 G 表示政府支出、用 X 代表出口，则上式可写为：

$$AD = C + I + G + X \qquad (10.17)$$

在四部门经济下的总供给中，除了居民供给的生产要素和政府的供给外，还有国外供给，国外供给对国内来说是进口，所以用进口代表国外供给。于是：

总供给＝消费＋储蓄＋政府税收＋进口　　　　　　　　　　　　　　　　　　　　　（10.18）

如果用 AS 代表总供给、用 T 代表政府税收、用 M 代表进口，则上式可写为：

$$AS = C + S + T + M \qquad (10.19)$$

这样四部门经济中，国民收入的均衡条件是总需求等于总供给，可以写为：

$$AD = AS \qquad (10.20)$$

或　$I + G + X = S + T + M$ 　　　　　　　　　　　　　　　　　　　　　　　　　（10.21）

如果上式得到实现，意味着经济达到均衡状态，经济资源得到充分利用，社会实现充分就业，无经济危机或通货膨胀。

假定一国是封闭型的"两部门"经济，即政府在经济活动与对外贸易中不占主要地位，从而暂略不计。从需求方面分析，一国的国民收入是一定时期国内用于消费支出和用于投资支出的总和。因此，总需求可以分解为居民户的消费需求与企业投资需求。如上以 AD 代表总需求，以 C 与 I 分别代表消费和投资，总需求可用公式表示为：

$$AD = C + I \qquad (10.22)$$

从供给方面分析，一国的国民收入是一定时期内各个生产要素供给的总和，即等于各生产要素相应得到的收入的总和。而各生产要素的收入，一部分用于消费，另一部分转为储蓄。如上，用 AS 代表总供给，以 C 与 S 分别代表消费与储蓄，那么总供给可用公式表示为：

$$AS = C + S \qquad (10.23)$$

这样，均衡国民收入的基本模型由总需求与总供给两个方程式构成，其均衡条件为：

总需求＝总供给　　　　　　　　　　　　　　　　　　　　　　　　　　　　　　　（10.24）

即　$AD = AS$ 　　　　　　　　　　　　　　　　　　　　　　　　　　　　　　　（10.25）

$$C + I = C + S \qquad (10.26)$$

如果等式两边消去同类项，等式可简写为：

$$I = S \qquad (10.27)$$

可见，一国一定时期储蓄与投资的平衡是均衡国民收入的最基本的要素条件。

由于总供给主要决定于科学技术和要素价格，且科学技术和要素价格在短期内不易变动，所以均衡国民收入水平即总供给与总需求达到平衡的水平是由总需求决定的。总需求水平的高低决定了均衡国民收入的大小，总需求增加，均衡国民收入增加；总需求减少，均衡国民收入也减少，可用图 10-4 来说明。

图 10-4 的纵坐标表示总需求，横坐标表示总供给。AD_1、AD_2、AD_3 分别表示总需求曲线。三条总需求曲线与 45°线分别相交于 E_1、E_2、E_3 点，凡 45°线上任何一点都是均衡

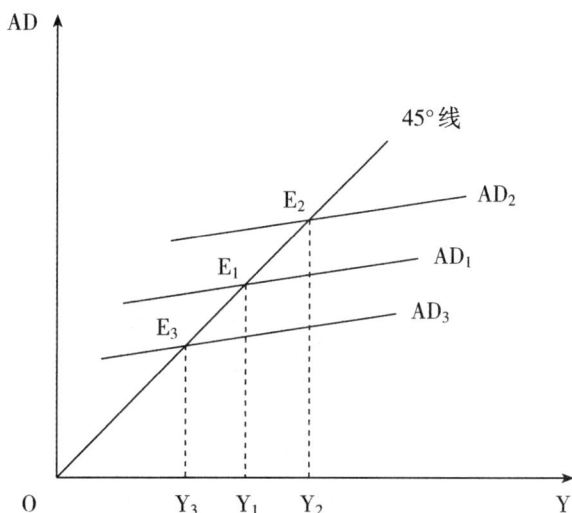

图 10-4　总需求与均衡国民收入的关系

点，都表示总需求等于总供给。如果以 AD 总需求曲线为基础，总需求曲线向上移动，表示总需求增加；总需求曲线向下移动，表示总需求减少。当总需求为 AD_1 时，决定总供给 Y_1；当总需求为 AD_2 时，决定总供给 Y_2。因为 $Y_2>Y_1$，所以总需求水平从 AD_1 增加到 AD_2，从而使均衡国民收入水平从 E_1 增加到 E_2。此时，由于总需求上升，企业会增加生产，增雇工人，促使产量、收入和就业趋向均衡水平。当总需求水平由 AD_1 减少到 AD_3 时，均衡国民收入水平相应由 E_1 降到 E_3。因为 $E_3<E_1$，表示总需求下降。此时，企业的销售预期减少，存货大量增加，于是生产减少，工人被解雇，从而产量、收入与就业的均衡水平缩减，最后又复归均衡状态。

通过以上分析得知，收入与就业要达到均衡，就必须使总供给与总需求相等或储蓄与投资相等，此时生产、收入和就业不再有扩大或缩小趋势。

10.2.4　乘数原理

在国民经济活动中，投资是由消费引起的，消费是投资的出发点，投资的结果形成产出和收入。当消费和投资需求增长时，国民生产总值也随着增长。总需求的增加，实际上是对国民收入注入一定扩张力，引起国民收入同方向变动。现在的问题是，前者对后者的影响程度如何？为了回答这个问题，需要引入投资乘数概念。

所谓**投资乘数**，是指总收入增量与投资增量之比，是指在消费倾向一定的情况下，总投资量增加将引起若干倍于投资增量的总收入的增加。这是因为，增加投资就要增加投资品或生产资料的生产，生产的增加导致就业增加，就业增加导致收入增加；而收入增加时，消费也将随之增加（比收入增加的幅度小一些），这又会导致消费品生产扩大，从而增加更多的就业和收入。所以增加一笔投资最终引起总收入增加的量，不仅包括因增加这笔投资而直接增加的量，还包括因间接引起了消费需求增加而增加的收入，而后者往往相当于前者的若干倍。

我们用 K 表示投资乘数，ΔI 表示投资增量，ΔY 表示总收入增量。投资乘数等于总收入增量与投资增量之比，即：

$$投资乘数 = \frac{总收入增量}{投资增量} \qquad\qquad (10.28)$$

$$亦即 \ K = \frac{\Delta Y}{\Delta I} \qquad\qquad (10.29)$$

这样：

$$总收入增量 = 投资乘数 \times 投资增量 \qquad\qquad (10.30)$$

$$即 \ \Delta Y = K \cdot \Delta I \qquad\qquad (10.31)$$

在现实的经济中，乘数 K 大于 1，这是因为国民经济各部门之间是相互联系的，自发总需求的增加首先会使国民收入等量增加，这种国民收入的增加中必然有一部分用于支出，从而使总需求再一次增加，这种总需求的增加会使国民收入再增加。这种总需求和国民收入的增加会不断地进行下去，形成一种连锁反应或链条效应，最终使国民收入的增加数倍于最初自发总需求的增加。当然如果自发总需求减少，也同样会有乘数作用，从而最终使国民收入数倍于最初自发总需求的减少。因此，经济学家将乘数视为一把"双刃剑"，是国民收入决定理论的核心组成部分。

投资乘数为国民收入总的增加量与初始投资增加量之比，但投资乘数的大小依赖于投资后边际消费倾向的大小，边际消费倾向愈大，则投资乘数也愈大；反之，则愈小。

我们以某部门初始增加 100 万元投资，其边际消费倾向为 4/5，储蓄倾向为 1/5，说明投资乘数的作用过程，见表 10-1。

在表 10-1 中，在初始投资增加 100 万元的情况下，第一轮国民收入增加 100 万元，消费增量为 80 万元，储蓄增量为 20 万元。第二轮消费增量为 64 万元，储蓄增量为 16 万元。如此循环下去，最终国民收入增加为 500 万元。

表 10-1 说明，当边际消费倾向为 4/5，储蓄倾向为 1/5 时，每增加 100 万元的投资，就能导致增加 500 万元的收入，增加的收入，刚好为原始增加的投资量的 5 倍，这个数字等于边际储蓄倾向 1/5 的倒数，即 K = 5。因此，收入中增加消费支出越多，或边际消费倾向越大，则所得到的乘数和收入增量也越大；若收入中作为储蓄的部分增加越少或储蓄倾向越小，那么得到的乘数和收入增量也越小。

表 10-1　　　　　　　　　　　　　　乘数的作用过程　　　　　　　　　　　　　单位：万元

初始投资增加量 $\Delta I = 100$	本期收入增量 ΔY	收入增量引起的消费增量 ΔC	收入增量引起的储蓄增量 ΔS
第一轮	100	80	20
第二轮	80	64	16
第三轮	64	51.2	12.8
第四轮	51.2	40.96	10.24
⋮	⋮	⋮	⋮
合计	500	400	100

投资的增加，不仅使收入按乘数成倍增加，也使就业量成倍增加。投资的增加不仅本身可以直接增加就业量，而且还间接地引起一系列部门和企业连锁反应，从而间接地引起更多的部门和企业扩大生产和就业量。如果减少投资，收入也会按乘数比例减少，生产和

就业量也会按乘数比例减少。

另外，其他因素，如税收、政府支出和对外贸易也会引起国民收入变化，产生乘数效应。

【补充阅读资料 10-1】　　　**各国为何争相申办奥运会**

现在许多国家都在争相申办奥运会，举办奥运会究竟有什么好处呢？尤其是对于发展中国家，举办奥运会要建造许多场馆以及附属设施，这是否有点儿劳民伤财呢？

对这个问题要从两个方面来看：单单从承办者的角度来看，可能是赔钱或者没有多大的利润的；但是对一个国家来说是大有好处的，且不谈政治、文化方面的意义，单对国家的经济发展就会带来很大的促进作用。比方说，奥运会 2008 年在我国举办，那么奥运会期间，来华的外国游客的数量肯定会增加。他们在国内的花费就形成了我们的旅游收入，这笔收入中的一部分又会以工资、奖金、利润等形式分配给家庭。比如说，由于旅游收入的增加，有 100 万元作为收入分配给居民家庭，这便导致了国民生产总值的增加。假如社会的平均边际消费倾向为 70%，那么就会有 70 万元被家庭用来购买消费品，使社会总需求增加 70 万元。这样，这 70 万元又会以工资、奖金、利润等形式分配给居民，这将会再次增加国民生产总值，而且这 70 万元中又会有 49 万元被用来购买消费品，从而再次增加国民生产总值。如此循环往复下去，把所有国民生产总值的增加额累计起来，结果会使得国民生产总值增加额是最初旅游收入增加额的若干倍。正是看到了这种乘数效应，所以各国才争相申办奥运会。

【小思考 10-2】

投资一定会产生高的乘数效应吗？

答案：乘数效应主要取决于边际消费倾向，边际消费倾向愈大则投资乘数也愈大，反之愈小。因此，不能简单地认为，只要投资就一定会产生高的乘数效应。

10.3　市场失灵与政府干预

市场配置资源的某些不经济性促使市场经济国家开始重视"市场失灵"，并由政府干预以消除或减轻各种"市场失灵"的问题。

市场失灵是指由于垄断、外部性、公共物品和信息不对称等原因，导致资源配置不能达到最优，即资源配置低效率或无效率的状态。市场失灵主要表现在：第一，垄断阻碍了市场机制的作用。第二，市场机制往往无法解决伴随经济活动而产生的外部性负效应的影响。第三，市场无法有效地提供公共物品。第四，消费者和生产者的信息不对称或不完全。

10.3.1　垄断与市场失灵

1）垄断引发市场失灵

垄断是对市场的控制。如果是生产者垄断，就是一般所说的垄断。如果是购买者垄断，就称为买方垄断。这两种垄断都会引起市场失灵。

在垄断市场条件下，垄断厂商为实现自己的利益最大化，也会像竞争厂商一样努力使生产定在边际收益等于边际成本的点上，但与竞争企业不同的是，垄断市场的价格不是等于而是大于边际收益，因此，它最终会选择在价格大于边际成本的点上组织生产。垄断厂商不需被动地接受市场价格、降低成本，而可以在既定的成本水平之上加入垄断利润形成垄断价格。所以垄断市场的价格比竞争市场高，产量比竞争市场低。

2）政府对垄断的干预

在市场机制无法有效地解决垄断对资源配置的低效率时，政府有必要对其进行干预，实行反垄断政策。政府对垄断的消除一般主要用以下三种方法：

①管制，即对垄断厂商可能索取的价格进行管制。在自然垄断的情况下，例如在自来水和电力公司中，这种方法是常见的。如果一个厂商索取价为 20 元，那么，政府可以实施一个 17 元的最高限制价。

②实施《反托拉斯法》。各国都可以有名称不同的反对垄断保护竞争的立法。在美国，这种立法称为反托拉斯法。例如，美国早在 1890 年就制定了《谢尔曼法》，接着制定和实施一系列法案反对垄断。我国也已于 2008 年 8 月实施了《反垄断法》。

③国有化。国有化即对垄断的企业实行国有，由政府经营。如政府经营电话、供水和电力等行业。

【补充阅读资料 10-2】　　　　　　美国电报电话公司的分割

1984 年 1 月，美国政府决定放开电话市场，即分割美国电话公司为四家竞争经营的公司。当时公众并不乐意，甚至抱怨不断。

然而，在这一政策实行五年后，租用电话的费用下降了 50%，许多增设的电话服务种类，如拨号等待、电话信箱、自动重拨、语音转达等都已经广为人知，为人们带来极大的便利。电话卡同信用卡一样广泛进入人们的日常生活，传真设备也成为办公室必备的设备之一。可以说，是政府的反垄断措施给企业注入了活力，即竞争力。

10.3.2　外部性与市场失灵

1）外部性导致的市场失灵

除了垄断导致的市场失灵，还有一种是由于外部性的存在可能给第三方，即交易中买卖双方之外的其他人带来影响，而这种影响没有得到相应的回报或惩罚。其中一类被称为负外部性，即双方的交易使第三方受损，但并没有对该损失进行补偿。另一类被称为正外部性，即双方的交易使第三方受益，但并没有对该收益项进行收费。无论哪一类外部性存在，个人的最优选择和社会的最优就可能不一致，这就出现了典型的市场失灵现象。

负外部性的例子很多。比如，生产企业造成污染，对居民而言就是负的外部性；噪音、被动吸烟，也有负外部性，因为你吸烟给周围的人造成伤害，但你没有支付相应的代价；交通事故的肇事双方因为一直争论过错的归属和赔偿细节，造成了不必要的交通拥堵，这也是一种负外部性。

正外部性的例子也很多，比如，苹果园的所有者会因为养蜂人的存在而受益。养蜂人饲养蜜蜂，帮助苹果树传授花粉，这有助于提高苹果产量，苹果园的所有者无须为此向养蜂人支付报酬，养蜂人也没有因此得到补偿，果园主得到的收益就是正外部性收益。

当出现负外部性时，从私人角度看，市场调节是有利的，但从社会角度看，不是资源配置的最优，这就是外部性引起的市场失灵。

当出现正外部性时，从社会角度看，资源配置最优，但从私人来看并不是资源配置最优，同样是市场失灵。

2）政府干预解决外部性的市场失灵

（1）在产权明晰的情况下，有些外部性可以通过市场机制来解决。如，为什么象牙的商业价值威胁到大象的生存，而牛肉的商业价值都成了黄牛的护身符呢？这就涉及产权的界定问题。因为野生大象没有确定的产权，任何人都可以随意捕杀大象获取高额利益。而黄牛生活在私人的牧场上，每个农场主会尽全力保护他的牛群。政府试图用两种办法解决大象的问题。如肯尼亚、坦桑尼亚、乌干达等非洲国家把捕杀大象并出售象牙作为一种违法行为，但收效甚微。而同在非洲，纳米比亚、津巴布韦等国则允许捕杀大象，但只能捕杀自己土地上作为自己财产的大象，结果大象开始增加了。由于私人产权和利润动机的双重作用，非洲大象或许会像黄牛一样有了护身符。因此某些外部性问题，可以考虑通过界定产权途径解决（有些则不能，如空气）。这样，政府的首要目标不是简单地补贴或者收税，而是确认能否通过界定产权解决某些问题。

（2）用征税和补贴解决某些市场无法解决的外部问题。比如对污染企业征税，用于纠正污染企业的负外部性。另外，与税收相反的做法是补贴，对产生有利的外部性的机构则可以进行补贴。例如，对教育事业和科研事业进行补贴。

【补充阅读资料 10-3】　　火车噪声的负外部性与产权安排

我们知道火车经过时发出的噪声会使周边的居民受到干扰，这就是负外部性。此时，如果限制火车通行，比如禁止晚上通行，只允许白天通行，那么就相当于让铁路公司承担了原来的外部性成本，问题是，为什么非得铁路公司承担外部性的所有成本而不是让居民承担呢？居民不是也可以搬走吗？所以要真正解决外部性，我们必须弄清楚，外部性究竟是谁造成的？铁路公司会认为居民居住在铁路沿线，导致火车被迫晚上停使，这是居民给它造成了负外部性；居民会认为火车发出的噪声，对他们造成了负外部性。所以无论是征税、补贴还是管制，实际上涉及的都是一种隐含的产权安排。如果政府要求铁路公司补偿居民，就意味着政府假定居民有不听噪声的权利，把该产权配置给了居民，反过来，如果铁路公司不必补偿居民，就意味着政府把产权配置给了铁路公司。

10.3.3　公共物品与市场失灵

1）公共物品及其特征

私人物品的消费具有排他性和竞争性，每个人只有通过购买，才能消费某种物品。

公共物品是集体消费的物品。例如国防、道路、广播、电视、交通、秩序和公正（法律）。它的特征是消费的排他性和非竞争性。例如，你无法排除其他人利用路灯，也不会因为你利用路灯而减少了别人享受路灯的质量与数量。

2）公共物品导致的市场失灵

公共物品非排他性导致市场失灵。公共物品不用购买就可以消费的行为称为"搭便车"。搭便车即免费乘车，不花钱而进行享受。这样，公共物品就没有交易，没有市场价格，生产者不愿意生产。如果仅依靠市场调节，生产供给会远远不足。而公共物品是不可或缺的，公共物品的供给小于需求是资源配置失误所致，是市场失灵的表现。

【补充阅读资料 10-4】   "搭便车"的由来

当年在美国道奇这个城市，盗马贼一度十分猖獗，为避免自己的马匹被盗，牧场主就组织了一批护马队……每个牧场主都必须派人参加护马队伍并支付一定的费用，但是不久就有一部分牧场主退出了护马队，因为他们发现，即使自己不参加，只要护马队存在，他就可以免费享受别的牧场主给他带来的好处，这种个别退出的人就成为了自由骑手。后来几乎所有人都想通过自己退出护马队伍来占集体的便宜。于是护马队解散了，盗马贼再度猖獗起来。后来，人们把这种为得到一种受益，但避开为此支付成本的行为称为"搭便车"，把这样的人称为"搭便车者"。

3）公共物品市场失灵的解决

（1）由政府提供公共物品，而政府通过控制性税收获得提供公共物品的资金。这是传统的解决途径。

（2）由私人提供公共物品，历史上大量的公共物品都是私人提供的。例如，英国早期的马车道路是私人投资建造的。美国第一条高速公路是由十几家汽车制造商私人修建的，那是因为高速公路的修建有利于扩大汽车的销售，只有在高速公路上汽车才能展现出它的速度优势。随着技术的进步和人们认识的转变，某些必须由政府提供的公共物品可能会越来越少。

【补充阅读资料 10-5】   私人承包的美国监狱

在美国，并非所有的监狱都是政府经营的，有些是由私人经营的。1998 年全美国只有 5 家私人监狱，关押着 2 000 名囚犯，现在，美国的私人监狱已经增加到 100 家，关押囚犯数量达到 10 多万人，占了联邦监狱和州监狱囚犯数量的近 10%。根据世界私人监狱联盟的数据，除了美国这个主要的市场外，全世界还有 17 个运营私人监狱的企业，分布于英国、日本、南非和澳大利亚。私人公司的介入，有助于提高监狱的行政体系的效率。比如，私人监狱运营企业 CCA 新建一所监狱平均花费 5 000 万美元，公营监狱则平均花费 6 700 万美元。CCA 的平均运营成本也要比州政府的监狱低 20%。1994 年，CCA 在纽约股票市场上市。2011 年，CCA 实现收入 17.3 亿美元，纯利润 1.6 亿美元。在过去的 10 年里，CCA 的年收入平均每年增长将近 8 000 万美元。《福布斯》杂志在 2007 年将它评为

400 家"美国最优秀大公司"之一。

10.3.4　非对称性信息与市场失灵

1）非对称性信息及危害

对称性信息是指每个人都知道的信息，并且是每个人都知道一样的信息。"非对称性信息"是指交易一方拥有但不被另一方所知道的信息。比如，一个产品的质量，卖的人知道买的人就不知道，这就是非对称性。在信息不对称或不完全的情况下，市场机制往往不能很好地发挥作用。例如，由于缺乏足够的信息，生产者可能会带有很大的盲目性。如有些产品生产过多，而另一些产品生产过少；消费者的消费选择也可能出现失误，例如购买了一些质量较差的商品，而错过了一些高质量的商品。更进一步说，在信息不对称的情况下，市场很可能出现道德风险和逆向选择问题。

2）道德风险和逆向选择

道德风险就是拥有信息多的一方以自己的信息优势来侵犯拥有信息少的一方的利益，实现自己利益的可能性。如，卖方有可能把自己的伪劣商品当作优质商品卖给买方。

逆向选择是指拥有信息少的一方作出不利于另一方的选择。如，在市场上买方并不拥有商品内在品质的私人信息，但他们知道，对方有欺骗自己的道德风险，因此就会把所有卖方都作为骗子，把所有商品都视为伪劣商品。这时，市场上正直的卖方无法存在，优质商品也无法存在，这就是逆向选择。

在经济生活中，这类信息不对称及相应产生的道德风险及逆向选择普遍存在，影响了资源的配置效率，这在我国当前社会中尤其突出。

3）市场信息不对称及解决

市场机制能在一定程度上解决信息不对称问题，如企业花钱做广告，向客户发出其产品的相关信息。同时企业也会注重提高质量，改进功能，完善服务，创造良好信誉和品牌知名度等。

当然在许多时候，市场机制并不能解决所有信息不完全问题。在这种情况下，政府就有必要在信息方面进行调整以增加信息的透明度。例如，保护消费者权益的规定，广告上不得有不符合实际的夸大之词等。

【补充阅读资料 10-6】　　　　　　**德国房价缘何十年平稳**

目前，世界各国都注意到了房价平稳的重要性。欧洲国家中，英国、西班牙等国的房价在次贷危机爆发前有较大幅度的上涨，危机后这些国家的房地产市场随着美国急剧下滑。相比之下，被赞为"房价十年不涨"的德国，则继续保持着平稳的态势。分析其缘故，独具特色的德国房地产制度起着关键性作用。

确保房屋充足供应，供求平衡仍然是稳定房价的硬道理。无论在联邦还是在州、市及村镇层面，德国都有着详尽的建房规划，住房建设依人口需求而定，基本满足每个家庭一套住房（不全自有）。与住房抵押贷款模式或公积金模式不同，德国实行"先存后贷"的合同储蓄模式。这种房贷实质是"合作"而非盈利，合同储蓄大约占到德国房贷总额一半左右，另外20%为家庭储蓄，仅有三成住房贷款来自于商业贷款。德国所有的房贷（包括合同储蓄和商业贷款）都实行固定利率制，储蓄房贷利率低于市场利率且固定不变，商业贷款固定利率期限平均为11年半。如此长的房贷利率周期，几乎可以抗衡任何金融市场的波动，对房贷市场起着稳定器作用。与德国形成鲜明对比的是，在采取浮动房贷利率的国家，无论是欧盟内的英国、西班牙、爱尔兰等，还是美国，房价都随着利率波动出现大涨大跌的现象。

德国发达的房屋租赁市场，也成了房价稳定的"定海神针"。德国自有住房率为42%，租赁住房率达到了58%，特别是年轻人中77%都是"租房族"。这主要得益于政府鼓励修建租住房屋、保护房客权益等一系列政策。除了针对特殊群体的"廉租房"外，市场上同样供应大量的商业出租房，政府同样对房租水平进行一定的规范。德国鼓励自建房、合作建房，打破开发商对房屋供应的垄断，同样也是影响市场房价的重要因素。德国建立了地产价格独立评估机制，对地价、房价、房租等实行"指导价"制度。各类地产价格并不是由房地产商说了算，也不是由政府说了算，而是由独立的地产评估师来评估认定。评估师对自己的评估结果负责30年，对评估中的错误负有法律责任。

德国法律规定，对于房价、房租超高乃至暴利者，地产商和房东甚至要承担刑事责任。如果地产商制定的房价超过"合理房价"的20%，则为"超高房价"，根据德国《经济犯罪法》就已经构成了违法行为。购房者可以向法院起诉，如果房价不立刻降到合理范围内，出售者将面临最高5万欧元的罚款。如果地产商制定的房价超过50%，则为"房价暴利"，就已经触犯《刑法》构成犯罪，出售者将受到更高罚款，甚至最高被判处3年徒刑。

【小思考10-3】

过剩经济下政府关注促进经济发展的重点是什么？

答案：过剩经济下，政府关注的重点应是对需求的分析，包括需求构成和影响因素。我国目前即处于推动需求拉动经济发展的现状。

10.4 经济增长与经济波动

政府宏观调控的最主要目标是保持社会经济的增长和可持续发展，在市场经济情况下，社会总需求与总供给的不一致往往呈现为经济活动的上下波动，且表现出周期性的特征。

10.4.1 经济增长

1）经济增长理论

人类要生存，要发展，其前提就是物质产品的增加。在世界范围内，各国经济都在不同程度地增长、发展，而且不可避免地存在着竞争和赶超。

（1）经济增长的含义与特征

经济增长是指一个国家和地区在一定时期内生产的产品与服务总量的增加，即国民经济的更多产出。衡量经济增长的指标主要有国民生产总值、国内生产总值等指标在一定时期的增长率。

美国经济学家库兹涅茨（S. Kuznets）对经济增长下了一个经典的定义："一个国家的经济增长是指给居民提供日益繁多的经济产品能力的长期上升，这种增长的能力是建立在先进技术以及所需要的制度和思想意识适应调整的基础上的。"根据这个定义的分析，现在经济增长具有以下特征：①国内生产总值（GDP）和人均国内生产总值的增长；②劳动生产率和其他生产要素生产率的增长；③科学技术的进步；④经济结构的变革，以农业为主变为以工业为主以及服务性行业的扩大等。

（2）经济增长率

经济增长用经济增长率表示。我们设 ΔGDP 为本年度的国内生产总值的增量，则：

$\Delta GDP =$ 本年 GDP－上年 GDP

而本年经济增长率（G）可以用下式表示：

$G = \Delta GDP /$ 上年 GDP

2）决定经济增长的因素：资源、技术与制度

17 世纪英国经济学家威廉·配第对经济增长因素有较早表述：土地是财富之母，劳动是财富之父。不同的国情条件决定了世界各国的发展途径各不相同，但其中都包含了一些共同点，这些共同点就是决定经济增长的因素。

（1）资源

经济增长的源泉在于资源的增加。资源包括自然资源、资本和人力资源等内容。

①自然资源。这里包括土地、森林、水资源、矿产资源、环境资源等。

②资本。这里资本指有形的物质资本，如机器设备、厂房、存货，还包括社会基础资本，如公路、电力设施等。

③人力资源。这是一种无形的资本，它包括劳动力的数量和质量。一般来讲，在经济增长的开始阶段，劳动的增加主要依靠劳动力数量增加。而经济增长到一定阶段，人口增长率下降，劳动工时缩短，这就要通过提高劳动力的质量来弥补劳动力数量的不足，这是一个普遍规律。

（2）技术

这是经济发展所依赖的最为重要的因素，也是实现经济增长的必要条件。科学技术是第一生产力，技术的进步带来了生产率的提高。现代经济增长理论认为，只有储蓄积累而没有技术进步的经济，其增长存在上限，实现经济持续增长的条件就是要加入技术升级因素。

（3）制度

适应经济发展的制度是实现经济增长的前提条件。制度决定人们的经济与其他行为，也决定一国的经济增长。制度因素是经济体制和政策安排的总和，政府和市场互动是经济和制度的基本内容。20 世纪社会经济制度的变迁充分证明，积极发挥市场机制的作用是谋求经济长期增长的前提制度条件。明智合理地界定政府和市场之间的适当边界，是经济稳定运行和长期增长的一个重要前提。

3）经济增长模型

经济增长理论通常都是通过一定的经济增长模型来表达的。在经济增长模型中主要有

哈罗德-多马模型、新古典增长模型和新剑桥增长模型，这些模型都在各自当时的情况下或侧重强调资本，或侧重强调技术，或侧重强调制度要素的决定作用。

（1）哈罗德-多马模型。这个模型是假设在技术不变的前提下研究资本增加与经济增长之间的关系，强调的是资本增加对经济增长的决定作用。

（2）新古典增长模型。这个模型提出了"技术进步对经济增长具有最重要的贡献"的观点。

（3）新剑桥增长模型。这个模型把经济增长和收入分配结合起来，说明了经济增长中收入分配的变化趋势，以及收入分配制度对经济增长的影响。

10.4.2　经济的可持续发展

经济发展与经济增长是两个既紧密联系又有区别的概念，经济增长指的是"量"的增加，而经济发展则是反映一个经济社会总体发展水平的综合性的"质"的概念。

1）不同的经济发展观

自20世纪以来，在经济应当如何保持可持续发展问题上，曾经出现过几种有代表性的思想观点：

（1）经济增长决定论的发展观

这种发展观的代表人物是英国经济学家凯恩斯。"有了经济就有了一切"是这种观点的代名词。他们把国民生产总值的增长视为发展的唯一指标，认为经济增长是社会发展的决定性指标，认为只有国家富裕之后，才能考虑环境问题。这种观点适应了第二次世界大战后世界各国发展经济的强烈愿望，成为世界普遍接受的正统发展理论。在这种理论的影响下，20世纪50—60年代世界经济发展出现了前所未有的高峰期，但这种高速发展是以牺牲环境为代价的。

（2）反增长或主张零增长的发展观

这种观点是20世纪60年代后被提出来的，认为：现代社会最大祸害就是追求增长。为了弥补人与自然之间日益扩大的鸿沟，主张应在世界范围内或一些国家内有目的地停止物质资料和人口的增长，回到零增长的道路上去。这种观点似乎是从一个极端走向另一个极端，即从单纯把大自然作为索取对象走向单纯地把大自然作为保护对象。按照这种观点，意味着富国将保持它们的既得利益，穷国将永远处于贫困落后状态。

（3）主张经济与社会、人口、资源和环境协调发展的可持续发展观

可持续发展观萌芽于20世纪70年代，成形于80年代，成熟于90年代。它是人们对单纯追求经济发展的传统发展观的深刻反思和检讨的结果，是对经济发展历程认识的一次质的飞跃。1987年，联合国环境和发展委员会的报告《我们的共同未来》明确提出了**可持续发展**的概念，并明确界定了内涵，即"既满足当代人的需求，又不对后代人满足其需要的能力构成危害的发展"。1992年6月，联合国在里约热内卢召开了有146个国家元首和政府首脑参加的第一次环境与发展会议，发表了《里约环境与发展宣言》和《21世纪议程》，并签署了几个单项环境保护公约。第一次把可持续发展由理由和概念推向行动。这次大会的精神和通过的文件，揭示了建立经济、社会、资源和环境相互协调的、可持续发展的新模式。可持续发展观的主要内容涉及可持续经济、可持续生态和可持续社会三个方面的统一，强调人与自然的和谐发展，强调人类的发展不能以牺牲环境为代价，牺牲环

境的发展是不可持续的。

　　2）中国经济的可持续发展

　　中国是一个发展中国家，当前正处在经济快速发展的过程中，同时也承受着人口基数大、人均资源不足、环境污染严重等方面的巨大压力。中国的国情决定必须走经济、人口、资源、环境相协调的可持续发展之路。1992 年 7 月，我国也开始组织编制《中国 21 世纪议程》，1994 年经国务院批准颁布，并把实施可持续发展战略纳入我国的政府经济发展规划中来。而且明确提出，可持续发展战略是以控制人口、节约能源、保护环境为重要条件的，其目的就是使经济发展同人口增长、资源利用和环境保护相适应，实现资源、环境的承载能力与经济、社会发展相协调，从人口、资源、环境、经济、社会相互协调中推动经济发展，并从经济发展的进程中解决人口、资源和环境所面临的问题。1996 年后，中国出于自身发展的需要，正式将可持续发展战略纳入国民经济和社会发展"九五""十五"发展纲要，并设计了"三大零增长台阶"时间表：2030 年实现人口数量和规模的"零增长"；2040 年实现能源和资源消耗速率的"零增长"；2050 年实现生态环境退化速率的"零增长"。此后，又提出了坚持以人为本、实现全面发展、协调发展、可持续发展的科学发展观。明确中国在保持一定经济增长速度的前提下实现资源的综合利用和持续利用，生态和环境的质量不断改善提高。这样，不仅保证这一代人的发展需要，而且为子孙后代的发展留下了所需要的资源环境。而要实现可持续发展，离开政府对市场经济的宏观调控是根本不能实现的。

【补充阅读资料 10-7】　　太平洋"垃圾岛"对人类发展提出警告

　　人类的愚昧和冷漠正在逐渐将地球变成一个巨大的垃圾场，其中最触目惊心的当属距离夏威夷 1 000 多千米的太平洋洋面上那个数百万吨的塑料垃圾堆。这个被称为"大垃圾岛""第七大陆"等的海洋垃圾堆有着令人难以置信的庞大面积，占据了 170 万 ~ 340 万平方公里，相当于西班牙国土面积的 3 ~ 7 倍，垃圾总重量达 350 万吨。更为糟糕的是，这个生态灾难还在不断增大。目前一个由探险家帕特里克·戴克索纳带领的法国科学勘探队计划于 5 月前往这个垃圾岛，研究其成分，并以此警告世界。

　　这个垃圾岛上堆积着所有你能想象到的废品，如浮标、渔网、牙刷、灯泡、瓶盖、下水道里的污物等，尤其是成百上千的小塑料废片，有些可能只有米粒大小，看上去与海浪拍在沙滩上的效果很像，但不同的是它们让人心生恐惧。

　　这些垃圾污染了海水，鱼类在吞噬了细小的塑料颗粒后被毒害。这些毒素随后被传递进入更为庞大的掠食者体内，这其中当然也包括人类自己。这片垃圾场不仅将带来严重的环境问题，还将影响到该区域未来的旅游业和海洋贸易活动，尤其是在其不断扩大的情况下。

　　法国科学勘探队的船只将于 5 月 2 日从美国圣地亚哥出发，由加利福尼亚至夏威夷航行 4 630 千米，在美国航天局两个卫星的导航下抵达垃圾最为密集的位置。科学家们将在那里测量垃圾的密度并采集海水和浮游物质的样本。戴克索纳称，希望此举能够唤起人们对这一现象的关注，"信息是改变的关键"。

　　太平洋的这个垃圾堆并不是全球存在的唯一大垃圾岛。研究人员认为还有 4 个类似的面积骇人的垃圾岛。其中一个位于北大西洋西部海域，古巴与美国北部纬度之间，距离内海 1 000 多千米。那里的垃圾更为集中，已经存在了好几十年。

10.4.3　经济波动

1）经济周期的含义与特征

一个国家或地区每一年的经济增长率一般都不相同，有的年份经济增长率较高，有的年份经济增长率相对较低。经济有的时候高涨，有的时候低迷、波动，这是一个普遍存在的现象。

经济周期，是指经济活动或波动沿着经济发展的总体趋势所经历的有规律的扩张和收缩。在一般情况下，一个完整的经济周期总是包括四个阶段：复苏、繁荣、衰退和萧条，如图 10-5 所示。

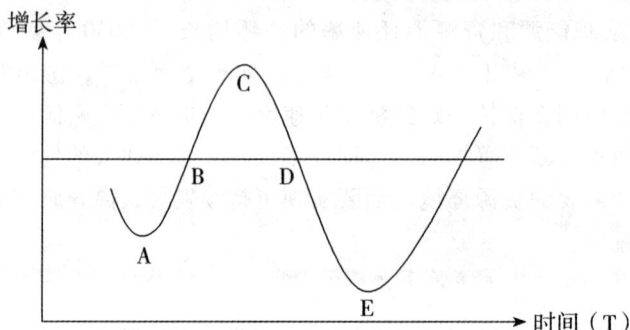

图 10-5　经济周期各阶段示意图

曲线上的 A 点和 E 点表示一国的经济正处于周期的低谷，C 点表示一国的经济正处于周期的波峰，B 点和 D 点表示经济运行正处在趋势线上。在坐标中，从 A 点到 B 点为复苏阶段，从 B 点到 C 点为繁荣阶段，从 C 点到 D 点为衰退阶段，从 D 点到 E 点为萧条阶段。我们可以把从 A 点到 C 点看成一国经济增长的景气上升阶段，把从 C 点到 E 点视为景气的下降阶段。计算经济周期的长波可以用从波谷到波谷，即 A 点到 E 点的时间跨度来度量。

一国经济处于经济周期的不同阶段会有不同的特征。在景气上升或扩张阶段的一般特征是：社会有效需求不断增加，产品畅销，一般的批发商和零售商的存货减少，纷纷向生产厂商订货，生产者利润大大提高，从而刺激其投资活动。随着投资的增长，就业率不断提高，失业现象减少，劳动和其他资源得到充分利用。在经济扩张过程中，一般商品的价格水平也由于有效需求的提高而不断上涨。同时，由于对劳动和其他生产要素的要求增加，工资和利率也逐渐上涨。相反，在不景气或收缩阶段，社会有效需求与社会过大的生产能力发生矛盾，一般的批发商与零售商的存货增加，企业利润下降，亏损和破产企业增加，投资减少，失业人数增加，在进入萧条阶段后，还常出现通货紧缩。

2）经济周期性波动的成因分析

经济出现周期性波动的原因是极其复杂的，西方经济学家提出了数十种理论，其中最具代表性的应是汉森和萨缪尔森的理论。汉森和萨缪尔森用乘数-加速原理来说明经济周期性波动的原因。这种理论认为，总需求变动会引起产量成倍变化，产量变化又会引起投资的加倍变动，从而形成经济周期性波动。例如，在总需求增加情况下，由于乘数原理的作用，会形成产量的成倍增长，在加速原理的作用下，产量的增加又会引起投资成倍的增加，进而引起产量的进一步增加，直至产量扩张达到潜在生产能力的上限，经济达到繁荣。这时，经济增长放缓，乘数-加速原理开始从反方向发生作用，经济从繁荣走向衰退，直到经济衰退达到其下限，即总投资不会为零，经济周期又开始一个新的循环。

其他西方经济学者们提出的"创新理论""商业循环理论""货币原因说""投资储蓄论"等都从不同角度提出了各自的独到见解。

马克思和恩格斯则认为，市场经济出现经济周期性波动的根源是资本主义社会的基本矛盾，即生产的社会化与资本主义私有制的矛盾运动。

实践证明，国家可以通过宏观调控即干预经济的政策来减轻经济周期性波动。譬如，中国政府于 2008 年底投入 4 万亿元人民币的一揽子经济刺激计划，减弱了世界金融危机对中国造成的经济干扰，收到了很好的效果，成为第一个走出世界金融危机波动的国家。但经济波动是市场经济固有的特征，因而企望根本消除是不可能的。这是一个普遍存在的现象，是由总供给与总需求的不一致引起的。政府宏观调控的目标即是通过理性控制，努力减小经济周期波动幅度和频率，避免经济增长的大起大落。

【补充阅读资料 10-8】　　金融失去国家监管会发生怎样的乱象？

——美国"次贷"使斯拉夫村沦为"鬼镇"

18、19 世纪的两次移民潮把一批批波兰、捷克的劳工带入了克利夫兰的羊毛厂和钢铁厂，他们的聚居地也得名为"斯拉夫村"。贝尔斯登、印地麦克、"两房"、雷曼兄弟等投资机构的陨落，即是从这里不足 120 平方米的单层小楼开始。

2003 年，红火的房产市场给次贷业带来了黄金期。也就是在那段时间，成群的贷款经纪商突然出现在斯拉夫村，像街头小贩那样挨家挨户地敲门，向这里的黑人和西班牙裔居民兜售"零条件贷款"。

很多低收入居民毫不犹豫地跳进了圈套。银行主动借钱，而且还不用首付，这简直是天上掉下的馅饼，要知道在 10 年前，他们递交的借款单总是被银行拒之门外。一些人顾不得看长达几页的条款就签了字，事实上，在贷款合同的最后两页上用小字印着：还款利率为 9%，两年后增加为 13%～14%。

蕾克莎·威廉姆斯就是在如此浑浑噩噩的状况下背上巨债。这个 28 岁的养老院护工一度将她的贷款经纪商马克·凯洛当成生命的福音。当凯洛拿着一堆经济增长表、房价攀升图，告诉她买下几栋高价房，再出租，用不了几年她就能收回买房的钱时，从来没有买房经历的蕾克莎心动了。

那是在 2005 年，蕾克莎带着两个女儿和当时的男友艾文住在一处简陋的出租房里。蕾克莎本人是名副其实的信用卡奴，年薪从来没超过 2 万美元，而艾文没有固定工作，更谈不上贷款必需的信用评分。不过，前去兜售贷款的凯洛告诉他们，无须担心，他会解决一切问题。他不仅替蕾克莎和艾文在贷款申请表上伪造了虚假信息（譬如称艾文的职业为园林师，年薪 7 万美元），还给他们买房回扣——蕾克莎承认，每次做成一笔购房贷款，她还能拿到 300 美元现金。

就这样，护工蕾克莎和无业人士艾文突然成了拥有 11 栋小楼的"房东大人"，非但一分钱的首付款都没交，还发了一笔小财。在凯洛的操作下，他们共同向银行贷款 100 万美元，放贷机构包括美国最大的次级债发行商新世纪等（大多已申请破产）。"申请有时会被拒绝，但凯洛总能找到愿意借款的人。"蕾克莎回忆道。一夜之间，"美国梦"就在被吹大的房产泡沫中实现了。但蕾克莎不知道她签下的浮动利率会在一年后突然升高，更不知道凯洛提供给她的售价 85 000 美元的房子原价仅 16 000 美元，与贷款经纪商沆瀣一气的房地产评估商至少将市值高估了 5 倍。东 70 街 3450 号就是被转入蕾克莎名下的 8 栋"优质房"之一，很快这栋房子也要被收回产权了。

蕾克莎并没有及时意识到这一点。直到她有一天突然收到房产税、保险费和紧急维修的如山账单，发财梦终于破灭了。雪上加霜的是，她的房客也是次贷债务人，把房屋弄得一片狼藉并拖欠了几个月房租后，彻底离开了斯拉夫村，只留她一人收拾残局。和男友分手的蕾克莎也已经申请破产，她不得不带着女儿投奔母亲，每晚只能睡在客厅的沙发上。

后来，斯拉夫村的 1.2 万栋住宅中，至少有 10%（1 200 户）遭银行止赎。据估算，蔓延趋势持续到 2010 年。在一些区域，整条街都是被木板封死的楼房，门前的栏杆摇摇欲坠，看起来就像是被彻底遗忘的世界。没有止赎问题的居民也开始搬离斯拉夫村，因为日益萧条的社区和空房引来了小偷、劫匪和毒贩。

10.4.4 通货膨胀与失业

在经济周期波动的不同阶段，通货膨胀和失业是两种常见的经济现象。譬如，在经济景气和上升阶段，由于有效需求的提高而引发价格不断上涨；在经济不景气和收缩阶段，又由于需求的萎缩，投资减少，失业人数增加。政府各种宏观经济政策也主要被用来应对这两种经济现象。

1）通货膨胀

通货膨胀是一种纸币现象。凡是存在纸币流通的国家或地区，都有可能发生通货膨胀。**通货膨胀**一般是指物价水平在一定时期内持续的、普遍的上升过程，或者说货币价值在一定时期内持续的下降过程。这里的物价水平不是简单地指一种商品或劳务的价格，而是所有商品和劳务总的价格水平。物价水平上涨在 3% ~ 10% 之间称为温和的通货膨胀，物价以每月 50% 以上的速度不断上涨称为恶性的通货膨胀。

（1）通货膨胀的成因

①需求拉动的通货膨胀。社会总需求的增加超过社会总供给时，价格水平就会上升。尤其是当需求总量超过充分就业时的产出水平时，由于是过量的需求，也就是扩大的总支出，买卖数量有限的商品，价格的急剧上升就是必然的了。

②成本推动的通货膨胀。成本推动的通货膨胀，是一种从供给方面的原因解释通货膨胀的"新通货膨胀理论"。它认为，在没有超额需求的情况下，一般物价水平也会因供给方面成本的增加而持续、显著地上升。

③结构式通货膨胀。在既没有需求拉动，也没有成本推动的情况下，经济结构因素的

变动也会引起通货膨胀，即由于国民经济各部分的发展不平衡而引起的。例如，效率高的扩展部门必然存在不断上升的工资，而其他部门的人员为得到"公平的待遇"同样会要求增加工资，这就使得工资的提升遍及整个经济，从而引起结构性通货膨胀。

（2）通货膨胀的经济效应

通货膨胀是一个到处扩散其影响的经济过程，每个人和经济中的其他经济单位都在某种程度上受到它的影响。

①通货膨胀的再分配效应。首先，通货膨胀使靠固定的货币收入维持生活的人实际收入变少，生活水平相应降低。其次，通货膨胀使存款的实际价格或购买力降低。再次，通货膨胀使债权人的利益受损而使债务人获利。

②通货膨胀的产出效应。第一，需求拉动的通货膨胀会使产出增加。第二，成本推进的通货膨胀会引致失业。当成本推进的压力抬高物价水平时，实际产出下降，失业会增加。第三，极度通货膨胀会导致经济崩溃。因为这种情况人们会对货币丧失信心，货币失去正常的交换手段和储藏手段的职能，从而导致大规模的经济混乱。

2）失业

（1）失业的定义及失业率

失业与就业是一对对称的概念。所谓失业，是指在一定年龄范围内，具有劳动能力而没有工作，但愿意并且正在寻找工作的人。失业率是失业人口占劳动总人口的百分比。自然失业率是指自愿失业和摩擦失业人数同全体劳动力总数的比率。所谓充分就业，在西方经济学中并不是指所有劳动力都能找到工作的就业水平，而是指除了自愿失业者和摩擦失业者之外，其他人都能找到工作。

（2）失业的类型

①自愿失业。这是指在现行市场工资水平下不愿意工作而失业。

②摩擦性失业。在职业市场，一方面存在职位空缺，另一方面存在相应数量的寻找工作的失业者，但由于信息不畅等原因，需要花费一定时间契合的失业。

③结构性失业。这是指由于经济结构的变动而劳动力供求不一致所产生的失业。

④周期性失业。这是指由于总需求下降而引发的失业，一般出现在经济衰退时，整个劳动力市场出现过剩。

⑤隐蔽性失业。这是指当经济中减少一定数量的就业人员后，产量并未因此而下降的现象，即就业人数超过实际工作所需要人数的现象。

（3）失业的代价及治理

失业会给社会和个人都带来损失，这就是失业的代价。给社会带来的损失包括：失业率升高会使社会损失很多本来应当而且能够生产的产量。有经济学家认为，失业率每提高1%，实际产量会损失3%。给失业者本人及家庭带来的损失主要有，他们失去了本来用劳动可以换得的收入。他们个人的地位和声誉也会因失业而下降，因而身心健康也会因失业而受到摧残。为此，降低失业率、实现充分就业，就成为政府进行宏观调控的重要目标之一。政府要用多种对策来解决失业问题。一般来说，治理摩擦性失业，要用完善劳动市场、公开市场信息、促进人员流动的办法来解决；治理结构性失业，要用增加人力资本投资、加强职工培训的办法来解决；治理周期性失业，需要政府用财政政策和货币政策即总需求管理的办法来治理。

　　当然，失业对社会经济的发展也有有利的影响，例如：失业可使劳动力配置优化；可促使劳动力提高素质和劳动技能；失业的存在作为劳动力的储备，可随时满足社会的需要。一定的失业率也是社会正常发展的条件之一。

　　3）通货膨胀和失业的关系

　　（1）菲利普斯曲线

　　1957年，一位在伦敦经济学院工作的新西兰工程师A. 菲利普斯在当时的《经济学报》上发表了一篇名为《英国1861—1957年失业率和货币工资率的变化率之间的关系》的论文，该文测算了从1861年到1957年英国失业率和工资的变化，从数据中提出了一个值得注意的规律，那就是：货币工资增长率和失业率之间存在一种负相关的关系。这是因为，对劳动的需求越是超过供给，失业率越低，由于存在劳动的超额需求，雇主之间的竞争会驱使货币工资率上升；反之，失业率越高。劳动市场上越是供过于求，货币工资率上涨就越少。这种关系完全可以延伸为失业率与通货膨胀的替代关系：失业率高时，通货膨胀率就低；反之亦然。这种替代关系即所谓的菲利普斯曲线。

　　（2）政府"相机抉择"的管理政策

　　菲利普斯曲线提供的失业率与通货膨胀之间的关系为政府实施干预、进行总需求管理提供了一份可以选择的菜单：如果政府认为失业率或通货膨胀率超过4%，社会就无法接受了，那么这4%的失业率或通货膨胀率就成了一定时期社会所能承受的最大极限，被称为"临界点"。在失业率被认为太高时，政府可用扩大总需求政策、提高一些通胀率来降低一些失业率；当通胀率被认为太高时，政府可用压缩总需求政策、增加一些失业以降低通胀率。总之，把失业和通胀都控制在社会可容忍的限度内。这种需求管理政策就是所谓相机抉择。20世纪70年代以来，又出现高失业率与高通胀率并存的所谓"滞胀"现象（它超出了菲利普斯曲线描述），对此，政府也要相机抉择予以治理。

【补充阅读资料10-9】　　　　历史上最严重的恶性通货膨胀

　　第一次世界大战之后，德国经历了一次历史上最引人注目的超速通货膨胀。在战争结束时，同盟国要求德国支付巨额赔款。这种支付引起德国巨大的财政赤字，德国最终通过大量发行货币来为赔款筹资。

　　从1922年1月到1924年12月德国的货币和物价都以惊人的速度上升。例如，每份报纸的价格从1921年1月的0.3马克上升到1922年5月的1马克、1922年10月的8马克、1923年2月的100马克直到1923年9月的1 000马克。在1923年秋季，价格实际上飞起来了：一份报纸价格10月1日2 000马克、10月15日12万马克、10月29日100万马克、11月9日500万马克直到11月17日7 000万马克。1923年12月，货币供给和物价突然稳定下来。

　　正如财政引起德国的超速通货膨胀一样，财政改革也结束了超速通货膨胀。在1923年底，政府雇员的人数裁减了1/3，而且赔款支付暂时中止并最终减少了。同时，新的中央银行——德意志银行取代了旧的中央银行——德国国家银行。政府要求德意志银行不要通过发行货币为其筹款。

　　根据我们对货币需求的理论分析，随着持有货币成本的下降，超速通货膨胀的结束会引起实际货币余额增加。随着通货膨胀上升，德国的实际货币余额减少；然后，随着通货膨胀下降，实际货币余额又增加，但实际货币余额的增加并不是即刻的。也许实际货币余额对持有货币成本的调整是一个渐进的过程。也许使德国人民相信通货膨胀已真正结束需要一段时间，从而预期的通货膨胀比实际通货膨胀下降得要慢一点。

◆ 本章小结 ◆

●宏观经济学的研究是从国民收入决定开始的，而总需求是国民收入决定的主要因素之一，因此阐述国民经济的总量及其平衡应从分析总需求的形成开始。

●总需求由个人消费需求、国内投资需求、政府消费需求和出口需求构成，因此分析总需求的形成应首先从消费开始。

●人们的消费主要取决于消费者可支配的收入水平，一般说来，总收入越高，消费水平也越高；总收入水平降低，消费水平也降低。消费与收入成正比。

●边际储蓄倾向，是指增加的储蓄在增加的收入中所占的比例，在一般情况下，边际储蓄倾向呈上升趋势。

●资本边际效率是指资本的预期收益率，一般说来，随着投资的增加，必然会引起设备的供给价格的提高，从而导致投资的预期收益率下降，因此，资本边际效率呈现递减的趋势。

●随着过剩经济的出现，在经济总量分析中，国家关注的重点应转移到需求的分析，包括需求构成和影响因素，采取相应措施发挥需求对经济发展的拉动作用。市场经济的发展，也为国家对需求的调节提供了调节空间和手段。

●国民收入是一个重要的总量指标，国民收入的均衡和正常增长是国民经济正常运行的重要目标。

●决定或影响国民收入增长的因素也是多方面的，而这些因素对国民收入变化通常发挥乘数作用，其最重要的因素是投资。在供求总量平衡的条件下，投资的增加会引起国民收入成倍的增长。

●对经济运行的调节，市场机制起决定性作用，但市场机制有时会失灵，因此，政府干预成为现代市场经济的客观要求。

●政府的作用并不是代替市场机制，而是补充市场的不足，用以提高资源配置效率。

●资源、技术、制度是经济增长的决定性要素。不同的国家、地区应从各自的实际出发选择适合各自实际的经济增长模式。

●在市场经济条件下，没有哪个国家的经济运行表现为直线式的增长，而总是表现为周期性的扩张和收缩，这是一个普遍存在的现象，是由总供给和总需求的不一致引起的。政府宏观调控的目标就是通过理性控制，努力减少经济周期波动幅度和频率，避免经济增长大起大落。

●在经济周期波动的不同阶段，通货膨胀和失业是两种常见的经济现象。政府各种宏观经济政策也主要用来应对两种经济现象。

◀ **主要概念和观念** ▶

□ 主要概念

总需求　平均消费倾向　边际消费倾向　平均储蓄倾向　边际储蓄倾向　资本边际效率　总供给　国民生产总值　国内生产总值　国民收入　投资乘数　市场失灵　经济增长　可持续发展　经济周期　通货膨胀

□ 主要观念

乘数是一把双刃剑，是国民收入决定理论的核心组成部分。

政府干预不是取代市场机制本身，而是弥补市场不足，提高资源配置效率。

人类社会必须选择建立经济、社会、资源和环境相互协调、可持续发展的新模式。

◀ **基本训练** ▶

一、选择题（单项或多项选择）

1. 公司或企业进行储蓄的动机是（　　）。

A. 为了生活消费　　　　　　　　　B. 为了增加货币财富

C. 准备有效投资　　　　　　　　　D. 准备扩大再生产

2. 国民生产总值（GNP）表示（　　）。

A. 一国工业产品的总价值　　　　　B. 一国最终产品的价值总和

C. 一国最终产品和劳务的价值总和　D. 一国劳务的价值总和

3. 下面存在"搭便车"问题的物品是（　　）。

A. 收费的高速公路　　　　　　　　B. 私人经营的电影院

C. 路灯　　　　　　　　　　　　　D. 私立学校

4. 下面活动可能引起负外部性的是（　　）。

A. 汽车排出的废气　　　　　　　　B. 在街心花园种花

C. 购买一台个人计算机　　　　　　D. 修复历史建筑

5. 经济增长与环境治理中，（　　）。

A. 应先发展经济　　　　　　　　　B. 应取消经济增长

C. 应先发展经济后治理环境　　　　D. 应二者协调推进

二、思考题

1. 一定时期的投资额由哪些因素决定？

2. 国民收入均衡的系数及基本条件是什么？

3. 国民生产总值的两种基本计算方法是什么？

4. 消费倾向与储蓄倾向之间的关系怎样？

5. 消费与储蓄的关系怎样？

6. 乘数的大小取决于什么因素？

7. 导致市场失灵的因素主要有哪些？

8. 当出现外部性导致市场失灵时，政府干预的手段有哪些？

9. 公共产品的特点是什么？

10. 我们应确立怎样的发展观？

11. 怎样理解经济周期？

12. 通货膨胀有怎样的社会效应？

三、练习题

1. 下列每一种交易会影响 GDP 的哪一部分（如果有影响的话）？并解释之。

A. 家庭购买了一台新冰箱

B. 姑妈买了一套新房子

C. 上海汽车公司的存货中出售了一部汽车

D. 你买了一个古德面包

E. 某省重新铺设了国道

F. 你的父母购买了一瓶法国红酒

G. 海尔公司扩大了其在美国的工厂

2. 假如政府支出增加 100 亿元，物品和劳务的总需求增加了 300 亿元，计算边际消费倾向是多少？

◆ 观念应用 ◆

□ 案例分析

（一）中国改革开放初至 21 世纪末一段时间的国内生产总值及经济发展速度

单位：亿元

年份	支出法国内生产总值
1985	8 792.10
1986	10 132.80
1987	11 784.00
1988	14 704.00
1989	16 466.00
1990	18 319.50
1991	21 280.40
1992	25 863.60
1993	34 500.60
1994	47 110.90
1995	59 404.90
1996	69 366.00
1997	76 077.20

上表是根据支出法统计的 1985—1997 年的国内生产总值。

注：①支出法国内生产总值不等于国内生产总值是因为计算误差的影响。

②本表按当年价格计算。

问题：从以上数据可以看出我国历年国内生产总值有哪些特点？为什么会这样？

（二）21 世纪初世界各主要国家国内生产总值及其增长率　　　　金额单位：亿元

国家	2003 年 国内生产总值	国内生产总值增长率（比上年增长%）			
		2000 年	2001 年	2002 年	2003 年
世界		4.7	2.4	3	3.9
中国	117 252	8	7.5	8.3	9.3
印度	267 826	5.4	4	4.7	7.4
日本	4 987 253	2.8	0.4	−0.3	2.7
韩国	7 213 459	8.5	3.8	7	3.1
美国	109 855	3.7	0.5	2.2	3.1
德国	21 302	2.9	0.8	0.2	−0.1

问题：从以上数据可以看出 21 世纪看我国国内生产总值呈现什么特点？说明了哪些问题？

第 11 章

国际贸易与总供求平衡

学习目标

知识目标：把握国际贸易、国际金融市场、外汇、汇率等基本概念。

技能目标：把握国际贸易的基本政策；了解影响汇率变动的因素以及汇率变动产生的影响；了解世界贸易组织的基本原则和主要规则，及我国入世后享有的权利与需要履行的义务。

能力目标：能用所学理论分析我国的国际贸易现状。

> **引例**　　　　　　　　　　　"苹果"究竟哪国产

据说，有"三个苹果"改变了人类历史的进程。第一个是伊甸园的苹果，它让亚当和夏娃明白了善恶；第二个是牛顿后院的苹果，它启发牛顿悟出了万有引力；而第三个就是苹果公司，它为人类开启了移动互联网时代。

目前，苹果已经成为世界上最有价值的电子品牌，它的 iPhone、iPad、Macbook 等产品备受消费者的青睐。但是，当人们愉快地使用着手中的苹果产品时，恐怕会很少关注以下问题：这些"苹果"到底是怎样被生产出来的？而它们带来的利润又是如何被分配的？

事实上，苹果虽然是一个美国品牌，但是我们却很难说任何一件苹果产品是由美国生产的。以 iPhone6 为例，它的处理器可能是由中国台湾地区的供应商提供的，屏幕可能是来自中国大陆，而摄像头则由日本供应商提供，产品的组装是在中国进行的，而设计和销售则在美国。

Comparecamp 曾在 2014 年对苹果的供应商进行过一次统计，结果显示，苹果的供应商在全球多达近 800 家，其中中国大陆 349 家，日本 139 家，美国 60 家，中国台湾地区 42 家，韩国 32 家，另有 200 多家供应商散布在世界各地。可以毫不夸张地说，任何一样苹果产品都是世界产品，是全球范围内社会化专业分工的产物。

这样企业化分工大大节约了生产成本。以组装环节为例，如果将 iPhone 的组装放回到美国进行，那么每部手机的成本就会增加 4 美元。另外，如果苹果选择在美国制造所有部件，并对产品进行组装，就需要支付 35% 的所得税，而选择海外供应商，利用海外代工进行组装，就能规避掉一大块税收。

市场经济形成了发达的国际分工和广泛的国际贸易，进而带动了国际资本流动，国际贸易和国际资本流动对各国经济产生越来越大的影响，从而成为宏观经济分析的重要内容。

国际分工是国际经济关系的基础，在此基础上产生的和迅速发展的国际贸易成为国际经济关系的核心和基本内容。国际贸易的发展又引起了资本在国际间的广泛流动，形成了种类繁多、功能齐全的国际金融市场，而世界贸易组织则是致力于监督国际贸易和使国际贸易自由化的国际组织。

11.1　国际贸易

国际贸易通常是指国家之间的商品、劳务和其他生产要素的交换活动，是世界各国在国际分工的基础上通过国际市场的交易活动，实现商品以及劳动、科技等生产要素的合理配置，达到互通有无，取得绝对和相对利益的行为方式和过程。一方面，国际贸易的规模和结构是由各国经济发展水平和特点决定的；另一方面，一国对外贸易的状况又对本国经济发展速度和供求总量平衡的实现产生重要作用。

11.1.1　国际贸易的产生、发展和政策

1）国际贸易的产生

国际贸易是人类社会发展到一定阶段的产物。国际贸易的产生必须具备两个基本条件：一是要有社会分工和可供交换的剩余产品；二是国家或政治实体的出现。国际贸易是一个历史范畴，是在一定的历史条件下产生的。从根本上说，生产力的发展和社会分工的扩大是国际贸易产生和发展的物质基础。奴隶社会取代原始社会，商品交易开始越出国界，国际贸易由此而生。

2）国际贸易的发展

国际贸易的历史虽然悠久，但真正大发展并形成国际市场，则是在资本主义随着工业革命的完成在世界范围内占统治地位以后。工业革命不仅使国际贸易的大发展更为必要，而且更加可能。第二次世界大战后，国际贸易的发展速度更为惊人。1948 年国际贸易额为 570 亿美元，到 2011 年已超过了 3.7 万亿美元，63 年中规模扩大了 65 倍，增长速度大大快于同期工业增长的速度。同时，世界贸易额在世界国民生产总值中的比重，也从 1980 年的 28%，增加到 2011 年的 38%。

第二次世界大战后世界贸易的发展还表现为贸易构成的变化。首先，工业制成品和高技术产品、高附加值产品在贸易总量中占了绝大的比重（80%）；其次，技术贸易和服务贸易成为国际贸易中最活跃、发展最快的领域。因此，任何一个国家都不可避免地参与到国际贸易活动中去。

近几年，国际贸易规模加速扩大。1990—2011 年，国际贸易以年均 6% 的速度增长，超过 20 世纪 80 年代贸易总量年均增长 5.6% 的速度，贸易增长与生产发展的相关度达到空前的水平，并呈现不断提高的趋势。随着全球贸易活动越来越频繁，贸易自由化不可逆转，各国贸易依存程度加深，世界市场向深度和广度拓展，国际贸易作为世界经济增长重要推动力的作用将明显增强。

3）国际贸易政策

国际贸易政策是一个国家的总政策，特别是经济政策的重要组成部分。它的目的在于发挥本国优势：一方面，优化产业结构和产品结构，提高产品在国际市场上的竞争能力，并利用国家力量扩大出口；另一方面，利用经济和其他手段限制进口，保护本国国内市场，达到平衡国际收支、扩大社会需求、刺激经济增长的要求。具体政策有：

（1）贸易保护政策

它的含义是，国家广泛利用各种限制进口的措施保护本国市场免受外国商品的竞争，同时对本国商品的出口给予奖励和优待，其实质是"奖出限进"。

保护贸易政策产生于 20 世纪初，随着资本主义国内生产过剩加剧，国际市场的竞争也日益激烈，扩大出口、限制进口成为各国调节国内供需矛盾、拉动经济增长、实现充分就业的重要手段。保护贸易政策的主要措施包括：

第一，在关税方面，主要是通过立法规定较高的进口关税税率；实行歧视性的复式税制，并征收惩罚性的临时附加税等措施来提高进口成本，用经济手段限制进口。进口税、出口税和过境税属于正税，反倾销税和反补贴税是两种采用较多的进口附加税。

第二，非关税壁垒方面。非关税壁垒是指除关税以外的其他限制进口的措施，一般分为两类：一是直接非关税壁垒，指进口国直接对进口商品的数量和金额加以限制或迫使出口国直接限制商品出口；二是间接非关税壁垒，指对进口商品制定严格的条例限制进口，如进口押金、进口最低限价以及烦琐苛刻的技术标准等。

第三，在鼓励出口方面，许多国家在限制进口的同时采取各种措施来鼓励出口，主要措施有：①出口信贷，出口银行向本国出口商或外国进口商提供优惠贷款；②出口信贷国家担保制；③出口补贴，国家对出口商品给予出口商直接现金补贴或减免国内税收的财政优惠待遇；④商品倾销，通常是在政府支持下，以低于国内市场价格甚至低于成本的价格在国外抛售商品，以打败竞争对手，占领市场。

（2）自由贸易政策

自由贸易政策是资本主义早期奉行的政策，进入 20 世纪后，贸易保护主义政策抬头，严重制约着国际贸易和国际资本流动的发展。第二次世界大战后，为了建立国际贸易新秩序，相继成立了世界性经济贸易组织，如"关税与贸易总协定"，以及集团性、地区性经济贸易组织。这些贸易协调组织的机构、原则和措施不断完善，成员国不断增加，对国际贸易自由政策形成的作用越来越大。例如，在关贸总协定组织的主持下，经过 7 轮多边贸易谈判，各缔约国平均进口最惠国税率已降到 5%，1993 年 12 月结束的第 8 轮多边谈判又使进口关税总水平降低 40%。从 1995 年起，关贸总协定改名为世界贸易组织（WTO），由于其机构和措施的影响增大，成员国增多，在促进全球自由贸易方面将发挥更大的作用，对国际贸易和其他国际经济关系的发展，对各国的对外经济政策的选择也发挥直接或间接的作用。

11.1.2　国际贸易的绝对利益和相对利益

在国际贸易中，贸易利益及其如何在贸易参与国之间进行分配涉及两个方面的问题：一是确定应当出口什么，进口什么，它与一个国家参与国际分工的产业结构和产品结构相关；二是如何确定进出口商品要达到的目标，它是指在国际贸易条件下进行什么样的商品交换更有利。那些基本上是自给自足的经济国家，经济结构以国内分工为基础，开放程度较低，对外贸易通常以互通有无、调剂余缺、满足需要为主要目标。而经济开放型国家则以国际分工为背景组织国内生产，国际交换突破了转换使用价值的局限，而注重贸易中的比较利益。依据比较利益原则确定其以何种方式参与国际分工，确定进出口商品的结构和流向，通过对外贸易求得利益的增长。

1）国际贸易的绝对利益

从对分工极大地有利于劳动生产率的提高这一规律的认识出发，出现了以绝对优势为基础的国际分工和贸易，以致贸易双方都能从国际贸易中得益。不同国家在具体产品的生产上具有绝对成本的差异。所谓绝对成本差异是指在某种产品的生产上一个国家所耗费的劳动成本绝对低于其他国家。例如，如果某个国家在某种产品生产上由于具有地理位置、矿产资源等自然优势，或在技术和工艺上具有优势，而劳动生产率较高，我们就说该国在这种商品的生产上具有绝对优势；而在另一些产品的生产上，由于相反的原因，该国可能处于绝对劣势。如果每个国家在生产上实行专业化分工，专门生产在劳动生产率上占绝对优势或绝对成本低的产品，继而通过国际贸易，去交换在国内生产占绝对劣势的产品，就可以得到比没有进行国际分工前或没有进行国际贸易前更多的产品，从而得到国际贸易的绝对利益。下面的例子可用来说明国际贸易上的绝对成本和绝对利益理论。

假定英国和法国分别在布和葡萄酒的生产上占绝对优势。英国生产 1 匹布需费 100 小时劳动，生产 1 吨葡萄酒需费 200 小时劳动；法国生产 1 匹布需费 200 小时劳动，生产 1 吨葡萄酒需费 100 小时劳动，如表 11-1 所示。

表 11-1　　　　　　在两种产品生产上各具优势的两个国家分工专业化前的情况

	布		葡萄酒	
	劳动时数	产量（匹）	劳动时数	产量（吨）
英国	100	1	200	1
法国	200	1	100	1
合计	300	2	300	2

在没有实行分工和国际贸易以前，它们分别各自进行两种产品的生产，其结果是各自只得到 1 个单位的布和 1 个单位的葡萄酒。在两国发生贸易的情况下，英国人会发现自己在布的生产上具有比法国更高的效率，具有绝对优势，但在葡萄酒的生产上，劳动效率低于法国。而法国的情况则正好相反。于是两国的劳动都将转移到本国的优势部门，生产自己的优势产品，实行国际分工，那么两国的生产如表 11-2 所示。

表 11-2　　　　　　分工后两国在两种产品生产上的情况

	布		葡萄酒	
	劳动时数	产量（匹）	劳动时数	产量（吨）
英国	300	3	0	0
法国	0	0	300	3
合计	300	3	300	3

分工和生产专业化之后，两国生产两种产品的产量都得到增加。如果它们以 1 : 1 的比例拿布与葡萄酒交换，其结果是，英法两国不但保持了原有消费品种和水平，而且英国比原来多了 1 个单位的布，法国比原来多了 1 个单位的葡萄酒。

不同国家在生产商品上的绝对成本差异是导致互利国际贸易的主要根据。在实行自由贸易的条件下，各国都用本国擅长生产的商品同别国擅长生产的商品相交换，使各国资源从生产效率低的行业转向生产效率高的行业，实现资源配置的优化。

2）国际贸易的相对利益

通过对两个国家生产成本的比较，如果某一个国家并不拥有任何绝对优势，而是居于绝对劣势，那么，进行国际贸易的结果，仍然可以使贸易双方取得贸易利益。只要各国商品之间的价格比率有所不同，在进行贸易时，每个国家都会有一种比较或相对优势。也就是说，即便一个国家生产任何商品的成本均比其他国家都高，然而只要这个国家生产某种商品的成本相对于生产其他商品的成本相对较低，那么，这个国家在生产这种商品上便具有比较优势，就应该生产并出口它，通过国际贸易来交换本国生产处于相对劣势的产品，从而取得相对利益。

假定法国和西班牙都从事机器和布两种产品的生产。在两种产品的生产上，法国生产任何一种产品的效率都高于西班牙，处于绝对优势地位。而西班牙则相反，在任何产品的生产上都处于劣势。两个国家在两种产品生产上的情况如表 11-3 所示。

表 11-3　　　　　　　　　　　法西两国生产机器和布的情况

	生产 1 台机器 花费的劳动	生产 1 匹布 花费的劳动	相对价格（比率） 机器价格/布价格
法　国	100（小时）	10（小时）	10
西班牙	180（小时）	12（小时）	15
劳动比率 西班牙/法国	1.8	1.2	
劳动比率 法国/西班牙	0.56	0.83	

从表 11-3 可以看出，法国在两种产品的生产上对西班牙都占有绝对优势，但占优势的程度是不同的。一台机器的成本相当于西班牙的 56%，而布的单位成本相当于西班牙的 83%。西班牙在两种产品的生产上对法国所处的劣势程度也有差异，其机器的单位成本相当于法国的 1.8 倍，而布的单位成本相当于法国的 1.2 倍。因此，法国在机器生产上具有相对优势，在布的生产上处于相对劣势，而西班牙则正好相反。

从同一国家的两种产品的相对价格或价格比率来看，法国生产这两种产品的相对价格是 10（100/10），即一台机器在法国可换 10 匹布；而西班牙的相对价格是 15（180/12），即在西班牙同样的一台机器可以交换 15 匹布。在这种情况下，对两国来说，实行某种程度的生产专业化是划算的，因为在法国一台机器可换 10 匹布，如果在西班牙出售这台机器可换回 15 匹布，那么对法国来说，将生产布的劳动转而生产机器，通过贸易，不但可以保有原来机器的数量不变，还可以获得更多的布。同样，对西班牙来说，在没有外贸的情况下，需用 15 匹布才能换回一台机器，如果把生产一台机器的 180 小时生产布，可生产 15 匹布，用 10 匹布就可以从法国换回一台机器，剩余的 5 匹布可以增加国内消费。随着国际贸易的发展，逐渐形成了国际市场价格，一国商品的绝对优势或相对利益就通过国内价格与国际价格的比较反映出来。专门生产本国占绝对优势或相对优势的产品，就可以提高资源的利用效率，从国际贸易中获得利益。

11.1.3　国际贸易的供求关系

国际贸易与国内贸易一样，是在一定的供求关系条件下进行的。国际贸易的供求关系对国际贸易的价格有着重大影响，也决定着一国对外贸易的战略、策略和进出口格局及结构。

1）影响国际贸易供求关系的因素

（1）经济发展周期的影响

经济发展周期是指市场经济国家存在的经济时而扩张时而收缩的周期性波动现象。当多数国家处于经济扩张时期，国内需求旺盛，出口压力减小，并且由于国内需求增长使进口增加，这样就会使国际贸易出现供不应求的局面；反之，当多数国家经济衰退，国内需求不足，会造成出口压力加大，竞争加剧，出口下降，国际市场会出现供大于求的局面。

（2）贸易保护的影响

当贸易保护主义抬头，各国政府采取限制进口、鼓励出口的政策时，会造成国际市场供大于求，出口困难。当世界性贸易组织和地区性贸易组织作用增强以及双边或多边谈判取得进展，贸易保护主义政策的作用被削弱时，就为国际贸易的正常发展提供了条件。

（3）国际垄断的影响

国际垄断是指少数国家或大企业集团在国际范围内对一个或若干个经济部门的生产和贸易进行的控制。垄断可分为买方垄断和卖方垄断。买方垄断是国际市场上的少数买主对商品的购买和需求进行控制，以便人为地决定需求和价格。卖方垄断是指少数卖主对国际市场上的商品生产和供给进行控制，能够人为地决定商品的供给和价格。由于国际垄断的存在，使国际贸易的供求关系出现扭曲，国际市场价格长期背离国际价值，从而使发达国家取得超额利润，而发展中国家往往蒙受巨大的经济损失，致使富国与穷国的差距进一步扩大。

（4）国际或地区性经济事件或政治、军事局势的变化的影响

例如，某国或某一地区因国际支付发生困难，再加上国际投机资本的兴风作浪，造成金融危机，往往会在更大范围甚至全世界范围内对国际贸易和经济发展产生深远影响。

2）增强对国际贸易供求关系变化的适应能力

国际贸易供求关系的变化，对于一个国家进出口业务、国际收支及国内经济发展产生的影响越来越大。为了适应这种变化，提高国际竞争能力，通常根据本国国情和国际贸易发展的趋势，适时调整对外贸易的战略和策略，调整国内的产业结构，充分发挥本国在生产产品上的绝对优势和相对优势，在国际贸易中获得绝对和相对利益。

发达国家一般会发展资本和技术密集型产业，增加高技术含量和高附加值产品的出口，把劳动密集型或初级产品的生产转移到发展中国家。发展中国家则以发展劳动密集型产品出口为主，发挥相对优势，通过国际贸易交换在本国生产上处于绝对劣势和相对劣势的产品，但发展中国家要从根本上改变在国际贸易中的不利地位，最终途径还是要加快本国技术进步，提高整体经济实力，逐步增加高技术产品、高附加值产品的出口比重，才能立于不败之地。

【补充阅读资料 11-1】　　　　　　　　亚当·斯密的遗产

下面是伟大的经济学家亚当·斯密所提出的观点：

如果一件东西在购买时所费的代价比在家内生产时所费的小，就永远不会想要在家内生产，这是每一个精明的家长都知道的格言。裁缝不想制作他自己的鞋子，而向鞋匠购买。鞋匠不想制作他自己的衣服，而雇裁缝制作。农民不想缝衣，也不想制鞋，而宁愿雇用那些不同的工匠去做。他们都感到，为了他们自身的利益，应当把他们的全部精力集中使用到比邻人处于某种有利地位的方面，而以劳动生产物的一部分或同样的东西，即其一部分的价格，购买他们所需要的其他任何物品。

这段引文出自斯密1776年的著作《国民财富的性质和原因的研究》，这本书是贸易与经济上相互依存分析的里程碑。许多经济学家认为斯密是现代经济学的奠基人。

【小思考11-1】

商品经济本身就是一种资源优化配置的方式吗？

答案：各个商品生产者（含各个国家）都用各自擅长生产的商品同他人（他国）擅长生产的商品相交换，这就使各国资源从生产效率低的行业转向生产效率高的行业，实现了资源配置的优化。

11.2 国际资本流动

伴随着国际贸易额的不断增长，资本跨国界的运动规模则以更快的速度扩大。据不完全统计，国际金融市场上的国际间信贷总额已高达3万亿美元，每年国际资本的交易量相当于国际贸易总额的25倍，还有增长更为迅速的国际直接投资。如此巨大的国际资本流动量，对于加强世界各国间的经济联系，加速生产和资本的国际化，实现资源在全球范围的合理配置和全球经济的发展发挥越来越大的作用，对于一国国际收支状况和国内经济发展也产生了重大影响。

11.2.1 国际资本流动与贸易收支的关系

1）国际资本流动的形式

国际资本流动是资本跨国界的运动，是资本为了牟取高额利润、利息、规避风险或取得其他利益而在国际间转移的过程。依据不同的标准，对国际资本流动的形式可以进行不同的分类。例如，若按投资方式，可划分为直接投资、间接投资和银行信贷等；按资本所有性质，可分为官方资本流动与私人资本流动两大类；若按投资期限长短，又可分为长期资本投资和短期资本流动两类。下面根据不同的投资期限介绍国际资本的流动形式。

（1）长期资本流动

长期资本流动是指期限在一年以上的资本流动，主要包括直接投资、证券投资和国际信贷三种形式。

①直接投资。直接投资是投资者直接把生产资本投入另一个国家的经济部门从事生产或经营活动。

②证券投资。证券投资是指投资者在国际证券市场上购买外国政府或公司的中长期债券和外国公司股票的投资活动。

③国际信贷。国际信贷是指通过信用方式实现的价值形态的资本在国际间的流动。这类资本的流入构成流入国的债务，而流出国则拥有相应债权。

（2）短期资本流动

短期资本流动一般指使用期限在一年以内的资本流动，它是通过国际货币市场借助于各种金融资产、信用工具的流通来进行的。这些信用工具有短期政府债券、各种商业票据、银行承兑汇票、可转让银行存款单和银行活期存款凭证等。短期资本国际流动的特点是流动规模大、速度快，能够在较短时间内广泛而深刻地影响一国或世界经济活动，从而受到国际金融界和各国政府的普遍关注。

2）国际资本流动与国际贸易收支的关系

国际资本流动与国际贸易收支的关系十分密切，主要表现为：

（1）国际贸易的收支状况是决定一国资本流动方向和规模的主要因素

如果一国对外贸易的出口大于进口，即有较大顺差，那么该国外汇储备则大量增加，为了取得较高利润或利息，必然有资本流向国外，如增加对外直接投资，购买国外金融资产，提供出口信贷，提高本国出口商品的竞争力；反之，如果一国对外贸易有较大逆差，为了平衡国际收支，必然通过国际金融市场转入资金，同时对外债务也相应增加。

（2）国际资本流动引起一国贸易收支的变化

一国引进直接投资，可以同时带动先进的科学技术和其他生产要素的进口，壮大宏观经济实力，特别是促进对外贸易产业的优先发展，提高出口产品的国际竞争能力，扩大出口产品的地域和规模。发展中国家通过引进外资加快经济和外贸增长，取得了明显的效果。但也应该注意对引进技术消化能力的提高，保持适度的外债规模和外债结构；提高转入资本的利用效率，防范和化解金融风险。对于资本转出国来说，同样能促进对外贸易的增加，如对外直接投资，一方面带动了本国生产要素的出口，另一方面在国外就地生产销售，同样增加了出口量和贸易收入。同时，对外信贷的转出，如出口信贷，对增加出口同样也发挥着日益重要的作用。

11.2.2　国际金融市场

无论是短期资本流动，还是长期资本运动，都是在国际金融市场上进行交易，并通过各种融资渠道完成在国际间转移的。国际金融市场是国际资本流动的产物和进一步发展的条件。

1）国际金融市场的概念

国际金融市场是国内金融市场的延伸，是一个结构复杂而又具有内在联系的系统，可以从不同角度进行了解。

国际金融市场通常指在国际规模上从事各种专业性金融交易活动的场所、领域或交易关系的总和。交易内容有外汇、黄金的买卖、短期资金的借贷、长期资本的转移，以及各种信用证券的发行和交易等。

2）国际金融市场的结构

国际金融市场种类繁多，体系复杂，这里主要介绍以下几类：

（1）国际货币市场

国际货币市场也称为短期资金融通市场，指期限不超过一年的金融工具的交易场所或领域，具体分为短期拆借市场、票据贴现市场、票据承兑市场、短期证券市场和短期信贷市场等，通常以商业银行或金融机构为中介进行交易。

国际货币市场具有重要作用。对公司和一般用户而言是融通国际资金，调剂余缺，使暂时闲置的资金流向资金短缺的需求者，为实现国际资金流动，提高资金利用率提供了渠道。对于政府来说，参与国际货币市场活动，是为了平衡收支差额，调控宏观经济。政府通过国际货币市场发行短期债券可增加财政收入，弥补财力不足。另外，政府利用买卖债券，调整再贴现率还可以调控资金的流出和流入，并影响对外贸易和宏观经济的发展。

（2）国际资本市场

国际资本市场是指融通长期资本的市场，在国际资本市场上融通的资本使用期限在一年以上。根据金融工具的类型，国际资本市场可分为国际债券市场、国际股票市场和长期信贷市场。

（3）国际风险市场

国际风险市场主要包括国际金融期货市场和国际金融期权市场，是国际金融市场的特殊组成部分。

①国际金融期货市场。国际金融期货市场是进行金融期货交易的市场。金融期货交易是一种书面的合约转让。签订期货合约或买卖期货合约的双方，约定在某一时刻，按既定的价格买进或卖出若干标准单位的金融资产。由于参加金融期货交易的双方一般并不是为了要买卖现实金融资产，而仅是为了分散投资风险或投机牟利，因此，期货合约可多次转让，到期后真正交割的是极少数，绝大部分采取对冲交易或买卖双方相互划拨资金头寸的方式结算。在国际金融期货市场上，期货交易主要有货币期货、利率期货和股票价格期货等。从事金融期货交易风险较大。

②国际金融期权市场。国际金融期权交易是承诺在某一时刻按既定价格买卖一种金融工具的权利而非义务的交易活动。期权交易的对象是买入或卖出金融工具的权利，买方付出了期权价格之后，便获得了在约定的时期按合同价格购入金融工具的权利；而卖方则要承担出售金融工具的义务。作为买方期权，并不承担必须买进的义务，如果放弃购买，所损失的只是购买期权的价格。

11.2.3　对外债务的调节

1）外债的概念和种类

外债是指一国境内的机关团体、金融机构、企业或其机构对境外的国际金融组织、外国政府、金融机构、企业或其他机构，用外国货币承担的具有契约性偿还义务的全部债务。从债务期限上来看，有短期债务和中长期债务。从债务形成的形式来看，大体包括以下类型：

①外国政府贷款；

②国际金融机构贷款；

③国外银行和其他金融机构贷款；

④买方信贷；

⑤对外发行债券；

⑥贸易延期付款；

⑦境外企业和私人在国内存款；

⑧其他。

2）国家对外债的调节

通过借入外债来弥补建设资金不足，加快经济发展，无论是对发达国家还是对发展中国家都具有十分重要的意义。从我国情况来看，自改革开放以来，利用外资的规模不断扩大，利用外债也取得了良好的效果。目前我国属于中等偿债率国家，外债规模基本适宜。

但我国在外债的举借、使用等方面也存在一些不可忽视的问题，需要加强对外债的管理和调节。

（1）建立国家外债管理体制

外债的政策性很强，并且受有关国家或国际借贷法律严格的约束，所以按照国际通例，债务国政府都指定中央银行或财政部门或专门机构严格核查，统一审批，集中管理，以便对内贯彻方针政策，对外确保国家信誉。这些机构的职责如下：主要是加强国家外债管理的法制建设，国家外债管理的体制建设，外债项目管理的制度建设，国家外债政策的制定和调整；吸收外债及其使用的规划的编制；外债项目各个管理环节的规范等。从项目可行性论证、审批、监督执行、效益考核直至保障落实偿付外债本息都按规范的程序、规章进行，以防范金融风险。

（2）调节和控制外债总体规模

外债总体规模要控制在国家承受能力的范围之内。从我国实际情况来看，外债余额以不超过当年出口收汇总额或年偿债率控制在 20% 以下为宜。

（3）合理安排外债方式、利率和期限结构

根据发展中国家利用外资的经验，在年度举借外债总额中，优惠利率和中等利率贷款的比重不能低于 80%，市场利率的贷款或其他举债收入必须控制在 20% 以下。在外债的期限结构上，必须有计划地把长、中、短期债务有机结合，合理安排，实现还款期均匀分布，避免造成由人为的还债高峰期而带来的不应有的困难。

（4）调节外债的币种结构

这是外债管理的一个突出问题。在币种的选择上要考虑汇率的变动因素，形成一个合理的币种结构，避免因外汇升值或双重汇率风险带来的外汇损失。

【小思考 11-2】

股票的国际交易对国际范围的资源优化配置有何作用？

答案：股票的国际交易具有促进资本国际间流动，调剂资本余缺，从而促进资源在世界范围内优化配置的作用。

11.3　汇率

自从有了国际间的经贸往来和跨国界的资本运动，就有必要进行本币与外币的换算，从而进行国际结算，最终解决不同国家在贸易和资本流动中所形成的债权债务关系，从而产生了国际间货币汇兑和汇兑比率的问题。随着国际经济贸易关系的迅速发展和复杂化，货币汇兑活动会变得更为频繁，汇兑活动和汇率的变化对一个国家的经济发展起着越来越重要的作用。本节着重分析外汇、汇率及其与国际贸易和资本国际运动的关系。

11.3.1　汇率的一般原理

1）外汇

（1）外汇的概念

根据国际货币基金组织的定义，**外汇**是货币行政当局（中央银行、货币机构、外汇平准基金组织及财政部）以银行存款、财政库券、长短期政府债券等形式所持有的，在国际收支逆差时可以使用的债权。我国政府颁布实施的《中华人民共和国外汇管理暂行条例》对外汇的具体形式也作了明确规定：①外国货币，包括钞票、铸币等。②外币有价证券，包括政府公债、国库券、公司债券、股票、息票等。③外币支付凭证，包括票据、银行存款凭证、邮政储蓄凭证。④其他外汇资金。因此，对外汇可以理解为：外汇是以外币表示的国外资产，具有国际性；外汇必须是在国外能得到偿付的货币债权；外汇必须具有可兑换性，即可兑换成其他流通手段或支付手段的外币资产。

（2）外汇的类型

根据是否可以自由兑换，外汇有自由外汇和记账外汇之分。自由外汇也可称为世界货币，最基本的特征是可以兑换其他货币。例如，西方发达国家的货币美元及欧元等都属于自由外汇。自由外汇广泛地在国际经济活动中被使用，如用于国际贸易中的计价、支付、国际资本流动及国际储备和向第三国结算债权债务等。记账外汇则是专指在两国政府间签订的支付协定规定使用的外汇。记账外汇可以是协议国一方的货币，也可以是第三国货币。不经货币发行国批准，记账外汇不能自由兑换成其货币，也不能向第三国支付，只能在协议国银行开立的专门账户上记载使用。到一定时期，将双方账面上的债权债务差额用自由外汇或货物清偿。

（3）外汇管制

外汇管制是指一个国家的政府利用各种法令规定和措施对于国际结算、外汇买卖及本国货币的对外汇率实行的限制。在外汇管制下，一切贸易和非贸易的外汇收入必须按官价卖给国家银行，一切贸易和非贸易外汇支出，必须事先经过外汇管理机构的批准方能向银行购买。

2）汇率及其标价

（1）汇率的概念

由于外汇可以在国际金融市场或国内金融市场上买卖，所以，外汇**汇率**就是两国不同货币单位之间的交换比率，或者说是一国货币以另一国货币表现的价格。正是由于汇率的存在，才使各国货币间的直接兑换成为可能。所以，每个国家都规定本国货币对其他国家货币的汇率。

（2）汇率的标价

折算两国货币的比率，首先要确定以哪国货币作为基准，这称为汇率的标价方法。在外汇市场上，通常有两种不同的外汇汇率的标价方法。①直接标价法。直接标价法是以一定单位的外国货币为基准，用本国货币来表示既定量外币的价格，即以外国货币为基准来计算应付多少本国货币，所以又称为应付标价法。②间接标价法。间接标价法是以一定单位的本国货币为基准，折算为一定数额的外国货币表示汇率，或者说以本国货币为基准，来计算应收多少外国货币，因此又称为应收标价法。

3）汇率的类别

汇率的种类是多种多样的，根据不同的划分标准，可以分为以下几种类型。

（1）固定汇率和浮动汇率

固定汇率是指两国货币间的比价基本稳定，汇率的波动被限制在规定的幅度内。浮动汇率是指一国货币对外国货币的比率由外汇市场上的供求关系确定，政府原则上不进行干预。汇率制度的选择往往是与一个国家的经济发展水平和对外经贸战略联系在一起的。亚洲一些新兴工业化国家实行有管理的浮动汇率。美国、日本等发达国家实行单独浮动汇率，欧洲货币体系成员国实行联合浮动汇率。

（2）法定汇率与市场汇率

法定汇率也叫官方汇率，是由政府机构（财政部、中央银行或指定的机构）公布的汇率。法定汇率是政府实行外汇管制的重要政策工具，一旦制定并公布，所有外汇交易都要以此汇率为规范，因此，法定汇率实际上是买卖外汇的汇率。市场汇率是指在没有外汇管制条件下，自由外汇市场上买卖外汇的实际汇率，它由外汇市场上的供求状况决定。外汇管理当局在必要的时候用经济手段进行干预，以避免汇率大幅度波动对本国进出口业务及国际收支带来不利影响。在外汇管制较松的国家，一般存在外汇自由市场，其交易按市场汇率进行。在外汇管制较严的国家，往往出现大大高于官价的黑市汇率。

（3）贸易汇率与金融汇率

贸易汇率指进出口贸易及其从属费用所需外汇买卖时使用的汇率。某些实行外汇管制的国家，对出口外汇的买进、进口外汇的卖出及其他费用的收入和支出，规定一种或多种结算汇率。金融汇率又称非贸易汇率，是指用于资金流通、旅游事业等方面支付结算的汇率。国家通过规定和调整金融汇率来调控资金流入和流出量，保证国际收入平衡和经济增长对资金的需求。

（4）即期汇率和远期汇率

按照外汇买卖的交割期限不同，汇率可分为即期汇率和远期汇率。即期汇率是指外汇买卖双方成交后，在两个营业日内办理外汇交割所采用的汇率，也称现汇汇率。即期外汇交易一般通过电话、电报、电传方式进行，因此即期汇率也就是电汇汇率。远期汇率是指外汇买卖成交后，在约定的未来某一日期进行交割的汇率，一般期限在六个月以内。远期汇率变动受利息率变化和外汇市场供求状况变化的影响。在直接标价法下，远期汇率高于即期汇率称为升水，低于即期汇率称为贴水，相等称为平价。

4）汇率的决定

汇率应是两种货币价值之比，即汇率决定的基础是各自货币具有或代表的实际价值。在不同货币制度下，货币的发行基础、种类和形态不同，各种货币所具有或代表的价值也不一样，因此，汇率的决定也有所不同。

（1）金本位制下汇率的决定

金本位制是指以黄金为本位货币的货币制度。在金本位制度下，各国都以法律规定自己国家货币的含金量，可以按照各国不同货币的含金量计算其比价。两个实行金本位国家的货币的含金量之比称为铸币平价，铸币平价决定两国货币之间的汇率。例如，在实行金本位时期，英国货币 1 英镑含纯金量为 7.32238 克，美国货币 1 美元含纯金量为 1.50463 克。根据含金量计算，英镑与美元的铸币平价是 4.8665（7.32238/1.50463），也就是按铸币平价，1 英镑等于 4.8665 美元。铸币平价只是汇率决定的基础，并不是市场上买卖外汇的实际汇率，实际汇率是经常地、自发地随外汇供求关系的变化，以铸币平价为中心上下波动，但能保持相对稳定状态。

（2）纸币流通条件下汇率的决定

20 世纪 30 年代初的世界性经济大危机，使金本位制彻底瓦解，各国普遍实行纸币制度。在国际汇兑方面，各国政府一般参照过去流通的金属货币含金量用法律规定纸币的金平价，即纸币代表的金量，所以在最初纸币流通条件下，决定汇率的依据是两国纸币的金平价。但是，在纸币流通条件下，普遍存在的纸币贬值现象，使得政府规定的单位纸币含金量与实际代表的含金量严重脱节，由政府法定的两国单位纸币含金量之比失去了作为汇率基础的作用。

第二次世界大战后，资本主义各国为了稳定汇率，建立了布雷顿森林体系。汇率确定的方式是：

第一，美元直接与黄金挂钩，以美元作为最主要的国际储备货币，确定 35 美元等于 1 盎司黄金的官价。

第二，美国政府承担各国政府或中央银行用美元根据美元官价向美国兑换黄金的义务。其他国家的货币与美元挂钩，依据美元汇价来确定各自货币的平价或含金量，构成了长期汇率决定的基础。

1973 年 3 月以后，由于美国黄金储备不足，美国政府宣布不再用固定官价向其他国家兑换黄金，转而采取浮动价格进行兑换，布雷顿森林体系垮台。各国普遍放弃以美元为中心的固定汇率制，实行浮动汇率制，各国也不再规定和宣布纸币的含金量，汇率的基础也不再是铸币平价。

（3）购买力平价说

购买力平价说是当今世界颇具影响、广泛流传的一种汇率决定理论。其基本思想是：汇率由两国货币的购买力之比决定，汇率变化随货币购买力的变化而变化。人们之所以需要外国货币，是因为它在外国具有对商品和服务的购买力；外国人之所以需要本国货币，是因为本国货币在其国内市场上同样具有购买力。因此，两国货币间的比价主要是由两国货币在各自国内的购买力对比决定的。根据购买力平价决定的汇率是一种正常汇率或均衡汇率，而不是实际汇率，在现实兑换中，实际汇率围绕均衡汇率上下波动，并不断接近均衡汇率，所以购买力平价汇率成为纸币流通制度下的基础汇率。

11.3.2　汇率调整与供求平衡

1）影响汇率变动的因素

一个国家货币的汇率变动，表现为本国货币对外国货币的升值或贬值。影响汇率变动的既有经济因素，也有非经济因素，特别是国内、国际政治经济关系发生重大变化的时期，影响汇率变化的因素就更为复杂多变。具体来说，主要有以下几个方面的因素：

（1）国际收支

国际收支是指一国在一定时期（一般为一年）对外贸易和非贸易的收入总额与支出总额的对比。国际收支对汇率的影响是通过改变外汇供求关系的状况来实现的。当一国的国际收支存在较大顺差时，该国国际储备随之增长，外国对本国货币的需求增加，外汇供大于求，致使本国货币对外币汇率上升而外汇汇率下降；反之，当一国出现国际收支较大逆差时，对外币的需求便会增加，这自然引起本币贬值，而外币升值。

（2）宏观经济状况

一国的宏观经济状况和经济实力，是决定该国货币汇率持续稳定的物质基础。一国经济持续增长，物价稳定，会增强其商品的国际竞争能力，使对外贸易进出口平衡，必然有力地支持货币汇率的稳定，不致引起汇率的大幅度波动；反之，一国经济停滞，通货膨胀加剧，会引起货币贬值，生产成本提高，国际竞争力削弱，出口贸易萎缩，必然导致其货币汇率难以保持稳定。

（3）国内外利率差异

不同国家的利息率差异是导致国际短期资本流动的直接原因。根据资本流动的规律，资本总是从利息率低的国家抽逃而涌向利息率高的国家。这种资本的频繁流动势必会引起外汇市场供求关系的变化，从而引起汇率的变化。当利息率提高时，外汇流入，外汇供给增加，必然引起本币对外币汇率的上升和外汇汇率的下降；而当利息率下降时，外汇大量抽逃，外汇市场供给减少，自然会引起外汇汇率上升。

2）汇率变动对经济活动的影响

汇率是实现国际商品市场和国际金融市场货币兑换从而进行国际贸易或资本国际运动的重要条件。汇率的形成和变动既受经济因素的制约和影响，同时汇率的确定和变动又会对国内国际各个方面的经济活动产生广泛而深远的影响。汇率的变动有两个方向，即本币对外币的升值和贬值。一般都是集中分析本币对外币的贬值对于经济发展的影响，汇率升值会导致与这一经济现象相反的情况。

（1）汇率变动对国际贸易收支的影响

一个国家本币贬值会造成用本币表示的出口收入增加，同时造成购买进口所需外币的成本提高，因此，本币贬值能起到鼓励出口、限制进口的作用。但如果本币贬值幅度过大，也会引起国内通货膨胀，增加生产和出口成本，削弱出口商品的竞争能力，部分或全部抵消了本币贬值的作用；相反，本币升值则会使出口商品竞争力下降，出口贸易萎缩，而使进口贸易扩大，造成国际收支失衡。总之，汇率波动过大，对一国的对外经济关系以致宏观经济活动会产生不利的影响。

（2）汇率变动对非贸易国际收支的影响

一国汇率稳定，必然有利于资本的转入转出，保证投资者获得稳定的利息或利润收入，筹资者也可免除或减轻外汇风险。反之，如果汇率频繁波动，就会对国际资本的流动带来两种不同的消极影响：一是本币贬值，就会造成资金持有者失去信心，将本币换成外币投放到国外，引起资金外流或资本外逃。二是本币升值，必然吸引大量外国游资流入，追求升值利润。为了控制本国货币汇率继续上涨而妨碍出口贸易，政府或中央银行就得购进流入的外国资金，从而引起本国的货币供应量增加，造成通货膨胀。为此，政府不得不限制外资的流入，从而又可能给正常的国际资本流动带来不利的影响。另外，汇率的大幅度波动，还会给投机者以可乘之机，给国际外汇市场及投资市场带来剧烈的冲击和干扰。

（3）汇率变动对国内经济的影响

首先，汇率变动对国内价格的影响。本币贬值，会造成出口增加，进口减少，国内商品供不应求，导致价格水平的提高；而一国货币对外升值，则会降低国内价格水平，抑制通货膨胀。其次，汇率变动对资源配置的影响。一国货币贬值，随着出口商品竞争力的增加，出口数量的扩大，必然引起出口商品的供不应求和价格的上升。同时，本币贬值，意味着进口商品的成本上升，并牵动国内同类商品或替代商品价格上升。所有对外贸易品价格相对于非对外贸易品价格上升，由此会诱发资源从非对外贸易品生产部门向贸易品生产部门转移。这样，一国的产业结构就会向外向型部门倾斜，从而提高一国的对外开放程度。再次，汇率变动对就业的影响。本币贬值造成出口扩大，进口减少，会使国内需求绝对或相对增加，如果还存在闲置的生产要素，该国的生产规模就会扩大，带动国内经济增长和实现充分就业。外向型部门的就业都会随出口扩大而增加；反之，就会相应减少。

　　3）汇率调整与总供求平衡

　　通过以上分析，我们发现汇率的变动与国内国际经济运行的变化是相互联系、互为因果的。一个国家为了实现宏观经济目标，通常运用经济或行政手段自觉调整和干预汇率的变动。

　　（1）当国内市场出现需求不足，价格持续下跌，经济增长缓慢甚至下降时，为了扩大出口，增加需求，刺激经济增长，政府一般通过中央银行调低本币汇率，实行本币贬值。同时，由国家金融机构用较高价格买进外汇，增加本国货币的供应，起到增加出口，限制进口，扩大需求的作用。由于出口收入的增加，会转化为国内投资和消费的增长，并且根据外贸乘数的原理，国民收入的增长会被按照一定的倍数放大。因此，几乎所有的经济理论和经济政策中，都把对外贸易视为平衡国内供求和刺激经济增长的一个"发动机"。

　　（2）当一国出现需求过旺，价格大幅度上升，通货膨胀严重时，政府通常适当调高本币汇率，使本币升值，鼓励进口，放慢出口增长速度，并通过国家金融机构售出外汇，加快本币回笼，增加国内供给，抑制国内需求，达到供求总量平衡和经济适度降温的要求，以实现经济适度、稳定增长。

　　总之，汇率变动对总供求及平衡的实现发挥着重要作用，是宏观调控的手段之一，但要结合其他宏观调控手段，综合运用才能达到预定的目标。

【小思考 11-3】

　　汇率变动对资源配置的影响如何？

　　答案：一国本币贬值，意味着出口商品竞争力增强，出口增加，而进口商品价格则相对上升，进口商品减少。由于出口增加，出口商品供不应求，这就牵动了国内同类商品价格上升，由此诱发资源从非对外贸易部门向对外贸易部门的转移，从而一国的产业结构向外向型部门转移。同理，一国本币升值，则出现相反的情况。

【补充阅读资料 11-2】　　　中国要维持入世好处仍需改革

　　中国十年前加入世界贸易组织显著改变了这个国家的经济命运。然而今天，它带来的好处正在减少，这对中国和世界其他地区来说都是坏消息。

　　如今，中国已经发展为世界第二大经济体，其外汇储备达到 3.2 万亿美元，人民币面临着升值压力。随着引进外资并推动市场经济改革的转变也改变了整个世界，引发了全球供应链的彻底重组。

　　不幸的是，加入世界贸易组织带来的好处现在已经逐渐消失了，改革也停滞了。世纪之交时国有企业改革大大提高了效率，但它们继续在信贷和其他资源上享受着特权。政府已出台了面向更多行业的私企准入计划，但进展缓慢。

　　结果是，中国陷入了痛苦挣扎。普遍估计中国出口将进一步下滑。此外，经济基本要素也变得不利，原先似乎用之不尽的农村劳动力也开始吃紧。全国范围的用工荒迫使公司以高于劳动生产率增幅的幅度提高工资，从而助长了通胀，抑制了增长。

入世的经验是，改革所带来的益处远远超过其代价。政府保护了服务业，给私营和国外公司设置了很高的准入门槛，而降低门槛可以带来更多竞争、更好的服务以及更低的价格。银行利率在严格的调控下保持低水平，这对投资有利但却不利于消费。结果是，投资占到了 GDP 的约 49%，而国际平均值是 22%，这就导致了巨大的宏观经济不平衡。实行自由化有助于促进消费，削减投资，使经济实现再平衡。

这样做还有利于控制通胀。近几年食品价格迅速上涨，而且鉴于目前中国的城市化进程，农产品资源将会变得非常吃紧，增加进口将有助于稳定食品价格。

假如中国想维持长期的增长，这些步骤在今后几年里将是非常关键的。

◀ 本章小结 ▶

● 国际间贸易与资本运动规模的扩大，使国家之间的经济联系更加广泛，更加密切。它不仅是国内市场经济发展的客观要求，而且对国内经济发展产生越来越重要的影响。因此，一个国家通常都把对外经济关系放在十分重要的地位。

● 为了发展对外贸易，一个国家一方面根据本国实际，制定相应的对外贸易政策，通常是鼓励出口，提高本国商品的国际竞争力，扩大需求，刺激经济增长；另一方面，保护本国市场，限制进口，并在有利或对等的条件下，互相开放市场，实行一定限度的自由贸易。

● 要在对外贸易中取得较多的利益，必须发挥本国在生产上的绝对优势和相对优势，生产并出口成本绝对或相对低的产品，换回在生产上处于绝对或相对劣势的产品，取得对外贸易的利益。

● 国际贸易的迅速发展，带动了资本在国际间流动的发展，以国际直接投资、国际信贷为主要内容的资本转出、转入不仅量上迅速增长，而且流动的结构、流向都发生了巨大变化，它对转出国和转入国的经济都有着越来越明显的影响，起着越来越大的作用。

● 国际资本流动会形成对外债务，一国的外债状况对其经济安全和经济利益有至关重要的影响，因此在债务调控上，要把债务总额控制在合理限度内，并在债务期限结构、币种结构和利率结构上都有一个合理的比例。

● 在国际经济联系中，由于存在不同币种之间的汇兑，因此产生了外汇和汇率问题。一个国家的外汇拥有量，反映一个国家对外贸易和国际收支的状况。而国家对汇率的调整，也是调节进出口规模和调节国内供求总量平衡的重要措施之一。

● 和平与发展是当今世界发展的大趋势，国际间经济关系的发展是不可抗拒的历史潮流。随着我国现代市场经济体制的建立和不断完善，我国参与国际经济活动的能力会不断增强，对国内国际经济发展的影响也会不断扩大。

◀ 主要概念和观念 ▶

□ 主要概念

国际贸易　国际金融市场　外汇　汇率

□ 主要观念

国际贸易对一国经济活动有重要作用。

绝对利益和相对利益是引起国际贸易的原因。

基本训练

一、选择题（单项或多项选择）

1. 一国经济的发展(　　)。

A. 可以离开国际孤立进行

B. 要依赖国际贸易

C. 受国际贸易的重大影响

D. 要同国际一体化

2. 一个国家举借外债规模(　　)。

A. 不受限制

B. 以小为好

C. 要控制在国家承受能力的范围以内

D. 以大为好

3. 当国内经济增长缓慢甚至下降时，政府一般要(　　)。

A. 调高本币汇率

B. 调低本币汇率

C. 稳住本币汇率

二、思考题

1. 影响国际贸易供求关系的因素有哪些？

2. 国际资本流动与国际贸易收支的关系是怎样的？

3. 影响汇率高低的因素有哪些？

4. 汇率的两种标价方法是什么？

三、练习题

结合实际分析汇率变动对我国经济的影响。

观念应用

□ 案例分析

禁止进口=禁止出口

贸易壁垒不仅限制了进口，同时也限制了出口。美国曾经对食糖发放进口配额，这使得美国食糖价格攀升到世界平均价格的三倍多，也迫使美国糖果生产商到其他国家寻求更低价格的食糖。实际上，当一个国家通过关税、配额等限制国外商品进入的时候，其实也限制了外国购买本国产品的数量，因为贸易是双方的。经济学家阿巴·勒纳经过严格的证明得出了惊人的结论：禁止进口＝禁止出口，这就是著名的勒纳定理。

美国政府2002年对钢材采取的进口配额就生动地证明了这一点：配额使得钢材进口额急剧下降，同时供给的下降使得美国钢材的价格上升了30%，在这一高价格带动下，国内的钢铁生产商扩大了生产和员工数量。结果产生的次级效应是，货车、汽车、重型机械纷纷涨价，生产这些产品的企业不得不减少产量，解雇工人，成千上万个工作岗位流失了！曾经占领世界市场的美国集装箱生产商就因为钢材价格而无法与国外的厂商进行竞争，结果败下阵来（集装箱出口减少了）。像这样"害人害己"的例子还有，20 世纪 50 年代，日本和意大利签订了一项双边协议，将从对方进口的汽车限制在非常小的数量上。这项协议是由日本先提出来的，当时日本担心国内的汽车无法与意大利的进口汽车竞争，而 20 年后随着日本汽车工业的壮大，这项协议却成了欧洲国家限制日本汽车出口份额的利器。

　　问题：谈谈你对"禁止进口＝禁止出口"这个命题的理解。

第 12 章

经济体制

学习目标

12.1 现代市场经济体制的产生及演变
12.2 中国现代市场经济体制模式的选择
本章小结
主要概念和观念
基本训练
观念应用

学习目标

知识目标：把握经济体制等基本概念。
技能目标：了解世界各国市场经济模式的特点，
掌握我国政府主导型经济体制模式的
特点。
能力目标：能用所学理论分析中国现代市场经济
体制的优点及存在的问题。

引例　世界不存在完美无缺的经济体制——德国社会市场经济模式的利与弊

德国是一个高税收高福利的国家，社会贫富差距相对较小。这种经济模式被称为社会市场经济模式。

第二次世界大战后，联邦德国第一任经济部长，后又曾担任联邦总理的路德维希·艾哈德在德国推行社会市场经济模式，对战后经济复苏发挥了巨大作用。这种经济模式的运行机制是通过增加消费者机会、刺激技术进步和创新、按劳分配收入和利润的方式来使市场中的各种力量自由发挥作用。最重要的是它限制市场力量的过分积累，即这种模式在主张市场有序竞争的同时，强调社会责任，主张高税收、高福利。

德国是西方建立社会福利保障制度最早的国家。按照救济法，所有无力自助并无法从其他方面获助者都有资格领取社会救济金来维持生活。失业者还可以得到相当于工资 2/3 的失业救济。德国在子女补助方面的慷慨程度也是其他国家无法与之相比的。

高福利来自高税收。德国税收制度烦琐复杂，税率之高在世界上首屈一指。虽然从 2005 年开始，德国的个人所得税起征点从 6 000 多欧元提高到近 8 000 欧元，最低税率由 25.9% 降为 15%，最高税率从 53% 降到 42%，但仍然处于高水平。

德国的高福利制度使人一生都有生活保障，防止了中低收入者负担过重、贫富差距拉大的弊端，有利于和谐社会的安宁。但同时应该看到，这一模式也滋生了许多阻碍经济发展的因素。首先，高福利使国家和企业负担过重。目前德国社会生产总值 17% 用于社会福利，政府开支巨大，国债剧增，基础建设和教育方面的投资因此减少。其次，高福利使无业者悠闲自在、高枕无忧，高税收又使企业和工作者不堪重负、怨声载道，不利于发挥个人的社会责任和激发就业积极性。更严重的是，高税收使工资附加成本过高，劳动成本昂贵，产品在全球化大潮中失去竞争力。此外，高税率使居民可支配收入减少，造成内需低迷，影响扩大生产和提高就业。

由于德国福利制度弊端严重阻滞了经济发展，到了非改革经济不能好转的地步，施罗德政府于 2003 年初推出"2010 年议程"，决定在这些领域推行改革，减少福利保障。在野的联盟党也提出了自己的改革倡议，改革成为德国朝野共同的心声。现已取得显著改革成效。

经济体制是社会经济制度的宏观形式和资源配置方式，特别是我国正处在计划经济模式向市场经济模式的转轨期，因而成为宏观经济学研究的重要内容，本章我们将考察中国现代市场经济体制的模式选择及创建。

市场经济的实现形式即市场经济体制，应结合我国国情提出中国现代市场经济体制的模式选择及创建。

经济学家已承认，制度确定在很大程度上与经济增长的速度和模式有关，经济制度应属于"制度经济学"范畴。中国属于转型经济，正面临一个制度变迁的时代，不能不重视新的经济体制模式的设计或选择。转型经济指的是从原来的计划手段作为配置经济资源主要方式的计划经济向以市场为手段作为配置经济资源主要方式的市场经济过渡的经济。由于制度经济学相当注重人与人之间的利益冲突，所以"改革成本"就多来自改革导致的利益再分配对某些人的损害，以及这些人很自然地对改革的态度，即支持或反对。因而改革方案越是能够在改变规则时减少损失的人数，或受损失的程度，改革成本就越低，改革也就越容易成功。因此，制度经济学理论对当前中国深化经济体制改革是很有指导意义的。

12.1　现代市场经济体制的产生及演变

　　市场经济作为商品经济和社会化大生产发展的必然要求，无论是在哪种社会经济制度下都有其一般的共同的特征，从而决定了社会主义市场经济与资本主义市场经济在根本方法上是相似的，可以互相学习。市场经济模式是在资本主义发达国家首先形成并逐渐完善起来的，社会主义市场经济体制模式的选择不能不借鉴先进国家的经验。所谓**经济体制**，是社会经济制度的实现形式；**市场经济体制**，则是市场经济的实现形式。由于实行市场经济国家的国情不同，因而各国显现的市场经济模式有所不同。

12.1.1　古典自由的市场经济

　　在资本主义手工业时期及手工业向机器大工业过渡时期，完全自由放任的市场经济是资本主义经济的典型形式。在自由放任的市场经济中，经济运行完全是由市场价格来调节的，政府的作用仅限于维持法律、秩序，至多也只是承担某些公共工程和最低限度的社会保障，而不对经济运行过程进行干预。自由的市场经济是随着资本主义制度的产生而产生的。在这个时期，资产阶级古典经济学家们都坚信：在自由竞争的状态下，人们的欲望和福利都得到最好的满足，生产资源能得到最充分的利用。因此，政府在经济活动中的作用应该降低到最低限度。这种自由放任的经济理论和经济制度对于打破封建制度的束缚，促进市场经济和生产力的发展，起到了积极的作用，比较符合当时的实际，但是随着机器大工业的产生和社会化大生产的发展，自由市场经济体制的问题就逐渐暴露出来了。

12.1.2　西方发达国家现代市场经济体制的多种模式

1）英国的传统市场经济体制模式

　　英国的传统市场经济体制特征是：以私人资本为基础，以企业为决策主体，以市场机制为资源配置的主要手段。

　　私人经济在英国经济中一直占主导地位。尽管第二次世界大战后的几年和20世纪70年代，工党掀起了两次国有化高潮，但并未根本动摇英国经济的私有制基础，这就决定了企业享有比较充分的自主决策权，政府没有权力直接干预企业的经济活动。在英国，市场是经济活动的中心，企业是经济活动的主体。

　　英国企业自主经营不受干预主要表现在企业享有三方面的自主权：

　　（1）企业为了追求自身的目标，根据产品和生产资料市场供求状况和其他经济条件来进行投资决策。

（2）企业根据资本市场状况，即资本供应量和价格（利息）高低来进行财务决策，即决定利润中多少用于红利，多少用于积累；决定是否向银行贷款或发行债券；决定是否通过发行股票来筹集资本等。

（3）企业完全根据市场因素如消费者偏好、收入水平和替代产品的规模和其他竞争状况来决定产品产量和价格。简言之，企业有进入和退出市场、生产经营和产品销售的自由。

但是，英国当代的市场已经不是早年那种缺乏规则、完全自由放任的市场。政府可以通过法律和经济手段来影响市场和企业行为。

2）美国的垄断主导型现代市场经济体制

当西欧资本主义进入自由竞争的黄金时代时，美国则刚刚走上独立发展资本主义的道路，而现在却发展成为世界上经济最发达的国家。这种跳跃式的发展与美国确立的较优的现代市场经济体制是密切相关的。

美国是以生产资料私有制为基础的，在 1 700 万家现有企业中，私营企业占绝大多数。但与其他国家不同的是，在美国，为数相对很少的大企业支配着整个经济部门。尽管美国人具有自由竞争的传统，但进入 20 世纪以来垄断经济却成为经济生活中的重要成分。所以，政府的行政措施主要是解决垄断和竞争的关系，既要有一定的垄断，又要有一定的竞争。这就是美国的垄断主导型现代市场经济体制的主要特征。

作为市场主体的企业在生产、经营、销售活动和分配等方面都具有充分的自主决策权，这些决策主要以价格机制提供的信息为基础，政府对它不进行直接的干预。但是，企业的行为都必须在法律允许的范围内进行，政府对企业的干预和管理也只能依法行事。

尽管美国市场机制相当发达完善，但政府对经济的干预并未被轻视，政府是在市场竞争的基础上，通过立法形式和动用财政金融手段在宏观经济领域对经济活动进行干预的。与其他发达国家相比，美国的特点是：在生产领域倾向于不用任何计划约束垄断资本的手脚，而是对市场经济进行短期调节。

3）德国的社会市场经济体制

第二次世界大战以后，德国成为一片废墟。当时，当局继承了纳粹政权战时的国家统制经济体制：食品和衣物配给；全部原料和生产资料实行管制；生产有规定，销售有义务；冻结物价和工资；管制整个外贸。面对这种局面，德国人民渴望重建家园，废除效率低下的国家统制经济体制。因此，新政府面临的第一个问题就是采用哪种经济体制才有利于经济的尽快恢复，对此各政党之间展开了广泛的争论，争论的结果是德国新自由主义代表人物路德维希·艾哈德所主张的"社会市场经济"模式占据了主导地位。

社会市场经济体制有两个基本点：

（1）经济活动以市场为基础和纽带，市场机制在经济运行中起主导作用。

（2）国家具有指导和调节经济的职能，而不是绝对自由。国家进行适度干预，主要是创造正常的市场环境，充分发挥市场机制的作用，鼓励和保护竞争，以促使经济运行富有活力和效率；同时，防止和补救竞争所带来的不良后果，维护社会公正。总之，市场竞争与国家干预二者互为条件，相辅相成。实践证明，德国的这种经济体制是比较成功的。

德国社会市场经济的特点主要有以下两个方面：

（1）保护竞争，充分发挥市场机制的作用。社会市场经济认为，竞争是社会市场经济的核心，竞争对每个市场参与者起鼓励、监督和强制的作用。只有通过竞争，才能刺激企业改进技术、提高质量、降低成本、追求生产要素的最佳配置；才能推动原有经济结构最快地适应即将出现的变化。

（2）发展社会保障，维护社会公正。德国在市场经济前面加上了"社会"二字，其用意在于表明，一个有效的市场经济体制不仅要完成经济任务，同时要完成一系列主要的社会保障任务，这二者完全可以统一起来。西方经济理论一般认为，市场机制有利于经济的发展、效率的提高，但容易带来社会分配的不公正；社会福利可有效地解决社会不公正问题，但会造成效率低下，影响经济发展。德国较好地处理了公平与效率的关系，认为在实行高效率的市场经济体制的基础上完全可以建立起一套丰富多彩而又统一的"社会保障"和"社会公正"体系。政府的社会保障措施主要有：收入再分配政策、社会保障体系、劳动保护政策、劳动市场政策和企业职工参与决策五个方面。

德国的社会市场经济体制强调必要、适度的国家干预。国家干预分为直接干预和间接干预。直接干预是指国家直接参与经济过程本身，如国家直接进行投资或控股等。间接干预是指国家采取货币政策、财政政策和产业政策等客观经济手段来影响市场活动。德国的社会市场经济体制，是在逐步减少直接干预，不断完善间接干预的过程中实现的。

12.1.3 东亚政府主导型市场经济体制模式

第二次世界大战后，特别是 20 世纪 60 年代以后，日本和四个亚洲新兴工业国家和地区（韩国、中国台湾、新加坡、中国香港）的经济获得了突飞猛进的发展。这些国家和地区的市场经济体制是一种与欧美不同的模式，主要特点是：在市场经济的基础上实行温和的专制主义政治，利用政治上的集权维护政治的稳定，强化政府对经济的指导和干预，集中动员货币积累和利用金融货币手段推动经济结构的调整和经济的高速增长，充分利用传统文化中的积极因素，如集体主义、重权威、重教育、重和谐、守纪律和节俭、勤劳、反对个人主义等文化传统，使市场经济与传统文化有机地结合起来；经济是外向型的，开放度很高。这种东亚模式的典型代表是日本和韩国的模式。

1）日本的政府主导型市场经济

日本的政府主导型市场经济体制的基本特征是：以私人企业制度为基础；资源按市场经济原则进行配置；政府以强有力的计划和产业政策对资源配置实行导向，以达到一定的经济增长目标。

日本市场经济体制是以较高的私有化程度为基础的。私营企业制度是日本自由市场经济的基础，因而社会经济资源配置的决策也就自然而然地由私人企业做出。但从体制角度考虑，这种名义上由企业做出的决策事实上包含了大量的政府诱导的因素。正是从这个意义上，与其说第二次世界大战后日本经济走上了自由市场经济的轨道，不如说是走上了政府主导型的市场经济轨道。

所谓政府主导，就是政府具有制订社会经济计划和经济政策的决策权。

与欧美国家不同，日本经济中宏观决策的主体是政府。同任何市场经济的国家一样，日本政府通常是不直接干预企业经营活动的。也就是说，政府的经济计划完全是指导性的、诱导性的。计划的主旨是指明经济走向，表明政府的政策主张，向企业提供可靠的信息，协调各方利益关系，统一企业界的认识等。

同欧美市场经济体制相比，日本政府的主导型市场经济体制具有社会主义国家计划经济的特点，但更容易向市场经济过渡。

2）韩国有计划的市场经济

韩国有计划的市场经济体制的基本框架是：以国有资本的市场竞争作为经济体制存在运行的基础；资源配置以国家干预与市场调节相结合为特征；政府对经济实行强有力的干预；但政府干预不影响市场发育和市场调节作用的发挥，整个经济运行的基础依然是市场经济。

韩国所有制结构的主要特点是各种所有制经济同时并存，各种经济成分在国民经济中各占一定的比重。国家资本、私人资本和外国资本是三种主要所有制形式，它们之间相互渗透结合产生了公私合营、官外合营及私外合营等多种派生形式。在全部工商业资本中，国家资本占 60%，私人资本占 30%，外国资本占 10%。从这个比例可以看出，韩国所有制结构中，以国内资本为主，而国内资本中，又以国有资本为主，这一特点可以说是韩国政府对经济实行强有力干预的所有制基础。

在所有制结构中，大私人垄断财团占有举足轻重的地位，基本上控制了韩国的经济命脉。大私人垄断财团的存在、发展及其重要地位是韩国经济体制的重要特征之一。虽然韩国国有资本占全部工商资本的 60%，但这些资本的大多数控制在私人垄断财团和私营企业手中。

韩国的决策体系有两个重要特征：一是政府对经济实行强有力的干预，确立起以政府主导型为特征的经济决策体制；二是各种研究咨询机构对政府决策施加有效的影响。至于私人垄断财团的决策，则基本上掌握在这些财团手中，政府的决策仅限于为它们的决策提供"总的条件"。

在资源配置方面，韩国以国家计划经济与市场调节相结合为特征。

韩国经济在本质上是市场经济，因而市场在资源配置中的作用是始终存在的，区别在于 20 世纪 70 年代末以前，政府的计划调节占主导地位。自 80 年代初以来，政府开始注重发挥市场竞争机制的作用，更多地通过市场而不是政府计划来调整经济结构和分配资源。总的来看，韩国过去对市场机制重视不够，目前面临的突出问题之一就是如何把市场竞争和政府计划管理结合起来，解决资源的最佳配置问题。

12.1.4　发展中国家的市场经济体制模式

市场经济作为现阶段资源配置的基本方式，无论是在发达国家还是在发展中国家，其基本规则和框架都是一致的，即都以市场经济内在要求为基础。但是，发展中国家的市场经济体制模式与发达国家的市场经济体制模式存在很大差别，主要体现在以下几个方面：

（1）在发展中国家，商品经济和市场经济都不发达，表现为生产要素缺乏流动性、市场分割、信息分割、价格扭曲、分工粗疏、社会结构僵化、企业家阶层缺乏，从而使市场体制作用难以有效发挥。而这种不发达情况，由于受落后的生产力水平、落后的科学技术、文化教育、交通、通信的制约，在短期内又难以改变。因而，政府在资源配置中的作用就相应提高。

（2）发展中国家大都面临着收入低、资源和资金短缺、人口众多、农业基础薄弱和对外依赖性强、对外竞争力弱的基本特征。这样，如何选择正确的发展战略，充分利用现有的资源尽快实现国民经济的现代化，就成了至关重要的问题。而这一问题如果单凭价格机制的作用是难以解决的，必须同时强化政府对经济的调控和指导能力。

（3）发达市场经济国家中，资源配置主要是依靠市场价格机制来进行的，国家职能是通过财政和货币政策维护市场总需求和总供给的平衡，为市场运行机制创造条件。而在发展中国家，政府的首要职能是通过产业政策、投资政策及供给政策实现国民经济持续协调发展，对资源配置过程进行宏观调节。因此，国家对市场价格机制运行过程干预程度比较深。应该说，发展中国家的市场经济体制是一种国家干预和计划调节程度比较高的市场经济，在这种模式下，政府的作用不仅包括宏观总需求调节，而且包括制定经济发展战略，动员货币积累和其他财政资源，由政府投资创办基础和新兴产业，发展科学、教育、文化事业等。

【小思考 12-1】

在宏观调控的力度上发展中国家同发达市场经济国家相比有何区别？

答案：发展中国家的市场经济体制是一种国家干预和计划调节程度比较高的市场经济，政府的作用不仅包括宏观总需求调节，而且包括制定经济发展战略，动员货币积累，由政府投资创办基础和新兴产业，发展科学、教育、文化事业等。

12.2　中国现代市场经济体制模式的选择

我国现代市场经济体制模式的确立，既要借鉴、学习先进国家的经验，又要结合中国实际，特别是我国仍处在社会主义初级阶段的实际、市场发育不成熟的实际等，从而提出适应中国国情的现代市场经济体制模式。

12.2.1　借鉴发达国家发展市场经济经验的必要性

社会主义要赢得与资本主义相比较的优势，就必须大胆吸收和借鉴人类社会创造的一切文明成果，吸收和借鉴当今世界各国包括资本主义发达国家的一切反映现代社会化生产规律的先进经营方式、管理方法。这是因为：

（1）资本主义作为人类社会发展的一个阶段，有它积极的成果，这些成果中有许多是人类社会的共同财富，我们应当加以继承；而且社会主义与资本主义都是以市场经济为基础的社会化大生产，彼此之间有许多共同相通的东西可以相互借鉴；另外，即使是资本主义性质的东西，只要对发展社会生产力有好处，我们也应当用它来为社会主义服务。

（2）市场经济作为商品经济和社会化大生产发展的必然要求，无论是在哪种社会制度下都有其一般的共同特征，即经济关系的市场化、企业行为的自主化、市场竞争的公平化。这些共同的特征决定社会主义市场经济与资本主义市场经济在根本方法上是相似的，可以互相学习。

（3）建立中国现代市场经济体制对我们而言是一个新课题，我们缺乏这方面的经验。市场经济模式是在资本主义发达国家首先形成并逐渐完善起来的，它们有着丰富的经验，我们应当学习；它们也有失败的教训，值得我们吸取。譬如，进入 20 世纪 90 年代之后，随着泡沫经济的破灭，日本的经济结构中存在的政府干预过多、官民相互勾结、依赖公共事业、不良债权严重等"日本疾患"相继爆发，"日本模式"的局限性和弊端开始暴露出来。看清楚这些，就可以使我们在改革中减少失误，少走弯路，加快建立新体制的进程。

（4）纵观世界历史，发展快的国家都是在吸收别人长处的基础上前进的。任何国家闭关自守、夜郎自大，必然要落后，这是世界各国经济发展的共同规律，也是世界各国共识的问题，我们当然也不能例外。

12.2.2　从我国的实际情况出发，不能照抄照搬

学习外国的经验，要有科学态度，首先要从我国的实际情况出发。西方发达国家发展市场经济的许多措施，当然都可以利用，但它们都是在一定的社会制度下实施的，不能不带有各自社会的特点。在资本主义国家行之有效的东西，对我们国家不一定完全适用。这除了社会制度不同的原因外，还因为我国的具体国情不同，特别是我国当前的市场经济还是一个不成熟的市场经济，是发展中的市场经济，现代企业制度尚未建立起来，市场体系还很不完善，作为市场经济运转中心内容的价格机制还不能正常发挥其调节作用，宏观调控体系也还没有完全从旧体制中解放出来，所有制和分配关系尚未完全理顺，法制和社会保障制度也不健全。因此，我们在吸收和借鉴西方国家经验时，一定要考虑社会制度的区别、具体国情的不同、经济发展阶段的差异，要结合我国情况灵活加以运用，不能简单照抄照搬。过去盲目照搬外国经验的历史教训很多，我们曾全部照搬过苏联的体制，曾机械地搬用过东欧一些国家的做法，也简单照抄过西方的东西，这都给我们带来了许多不良的后果。总之，我们要在学习西方国家发展市场经济经验的同时，根据我国的实际情况，探索出一条新的道路，从而建立起有中国特色的社会主义市场经济体制。

12.2.3　中国现代市场经济体制模式的选择

我国是一个发展中的大国，我们要建立的市场经济体制模式同西方发达国家的市场经济体制模式有较大差别。在西方市场经济体制模式中，资源配置主要是依靠市场价格机制进行的，政府的职能主要是通过财政和货币政策维护市场总供求的平衡，为市场机制发挥作用创造条件。这种市场经济是一种宏观间接协调下的市场经济，而在我国这样的发展中国家，由于生产力发展落后、商品经济发展程度低、资源资金短缺、人口众多、农业基础薄弱、对外竞争力不强等问题，使得市场机制作用受到了很大限制。同时，在发展中国家，由于经济发展起步较晚、发展空间有限制，因而，选择最有利的发展线路，有效利用资源，促进经济发展对于国家的生存具有决定意义，而这一点单靠市场调节又是难以实现的。因此，政府的首要职能不是维护市场平衡，而是制定科学的经济发展战略，引导和调节国家经济的发展方向，有效利用现有资源，促进经济的高速增长。另外，我国正处在计划经济向市场经济转轨时期，市场的发展需要一个较长的过程，市场调节的作用不可能像发达市场经济国家那样有效。在这种情况下，政府一方面要积极组织和推动市场的发展；另一方面要在市场调节无效时对生产过程进行一定程度的直接调节。这既是防止垄断，促进正常市场竞争的重要保证，又可以弥补市场发展和市场调节的不足。这就决定了西方发达国家实行的市场经济体制模式不完全适合我国国情。

经济体制优劣的评价标准，应当是资源是否得到了合理配置和利用。

依据这个标准，根据我国经济发展的实际情况，我国经济改革应选择政府主导型的市

场经济体制模式。这种模式的特点是：

（1）政府经济决策的主要目标不仅仅是为了维护总供求的平衡，而主要的是选择正确的经济发展战略，引导和调节国民经济的发展方向，促进国民经济的长期稳定发展。

（2）宏观调控的内容也不仅仅是总供求平衡，更重要的是资金、劳动力和自然资源的有效利用，产业结构的调整和高级化，城乡关系和国际经济关系的协调等。

（3）宏观调控的手段不仅包括间接的需求管理，即财政货币政策，而且包括直接的供给管理，即产业政策和投资政策等。从更广泛的角度看，在我国，政府还要运用经济、政治、法律、文化各种力量，从各个方面来促进经济发展，为经济的迅速发展创造有利的条件。因此，强大的有效的政府利用各种手段推动经济发展是经济现代化的重要保证。

建立政府主导型的市场经济体制，要求充分发挥市场机制和政府调控两个方面的作用。我国经济体制改革面临的基本问题不仅仅是市场机制不完善，市场作用没有深刻充分发挥的问题，而且还存在政府宏观调控不力、效率不高的问题。而这两方面的问题又是联系在一起的。在许多情况下，政府调节不力与市场调节机制不完善是同一个问题的两个不同的方面，都是经济体制不健全的产物。

12.2.4　中国现代市场经济体制的建立是一个渐进过程

在经历了几十年的计划经济体制以后，今天提出要建立现代市场经济体制，这本身就是一个具有划时代意义的巨变，它不仅要求我们对当代资本主义和社会主义的经济发展加以历史性的总结和理论分析，更重要的是根据中国的国情把这一体制付诸实践，这是一项十分艰苦和复杂的社会系统工程。中国现代市场经济体制的建立，涉及社会的方方面面。从内部来说，建立和完善市场体制，既要求构建多元化的市场主体，明确公有产权关系，转换企业经营机制；又要求加快市场体系的培育，加强市场制度和市场法规建设以及市场价格机制的形成，深化分配制度和保障制度的改革；也要求政府以市场为基础转变传统的职能。从外部联系来说，市场体制所蕴含的开放性要求国内市场必须同国际市场接轨，从而要求我们的外贸体制必须向国际标准看齐。这样一个庞大的系统工程的实现，不只是涉及经济生活和政治生活，还必然要求教育、文化、理论、习惯以及价值观等的相应变化。因此，完成计划经济体制向市场经济体制的转变，是一件十分复杂而艰巨的任务。

鉴于上述的困难和复杂性，中国现代市场经济体制的建立不可能一蹴而就，而是一个长期的过程，尤其在我国这样一个大国的历史和现实背景下，改革目标的实现只能是渐进式的。回顾20世纪70年代末开始的中国经济改革，正是沿着一条渐进发展道路逐步展开的。从地区来讲，是先农村后城市；从再生产环节来讲，是先流通后生产；从方法上讲，是先试点后铺开。正是这样一条渐进的路子把中国既有的改革大业一步步引向深入。当然，渐进式改革也不是一帆风顺的。这不仅仅是因为改革会带来利益的重新调整，而且还因为改革本身也会发生这样或那样的问题。在这一过程中，新旧体制的碰撞、利益调整引起的矛盾都是必然的。但问题的关键在于，改革遇到挫折以后怎么办？是继续前进，还是停滞不前或退回到原来的位置？我国20世纪90年代以来的改革表明，唯有深化改革，才能使生产力进一步发展，才能使既有的改革成果得到巩固和扩大，这已成为任何人也阻挡不住的历史潮流，倒退是没有出路的。

【补充阅读资料 12-1】"里根经济学"：从扩张总需求到改善总供给

　　罗纳德·里根与林肯、罗斯福并列为有史以来最伟大的 3 位美国总统，原因之一，是他的确缔造了不朽的功业。在他的 8 年任期之中，美国经济从颓弱无力又高达 13.5% 通货膨胀的煎熬中挣脱出来，通货膨胀大降为 5%，而美国景气的繁荣一直持续到 2000 年。里根的经济政策主张被称为"里根经济学"。

　　里根的经济政策着力点主要在于改善总供给，经济政策主张共有 4 项：减税、压缩非国防财政支出、紧缩货币供给以便降低通货膨胀、放松管制——这就是"里根经济学"的四大支柱。通常认为，"里根经济学"的理论基础是"供给学派"。"供给学派"由赫伯特·斯坦（1972—1974 年任尼克松总统的经济顾问委员会主席）所创，其政策主张是反对罗斯福以来美国的官方经济学——凯恩斯主义。

　　20 世纪 70 年代美国经济经历了历史从来没有过奇怪现象——滞胀，这是典型的凯恩斯主义后遗症。凯恩斯主义理论认为，市场经济的症结在于有效需求不足，因此保证经济持续增长的关键在于创造和扩大需求，即所谓"需求能够创造自己的供给"。通过综合地运用财政政策和货币政策，尤其是适当地运用通货膨胀政策，政府能够刺激经济避免周期性衰退，保持较高的产业和就业水平。第二次世界大战后，大多数西方国家奉行凯恩斯主义，同时，还实行了大规模的国有化。当然，也对经济活动施加了严厉的管制。在短期内，这些政策似乎确实起到了稳定经济的作用。然而，从 20 世纪 60 年代中期开始，西方世界进入了通货膨胀时代，一直持续到 80 年代。最让凯恩斯主义者尴尬的是，在通货膨胀相当高的时候，就业率却在下降，产出增长速度也陷入停滞，同时还有高利率、高国债等现象，凯恩斯主义失效了。里根于 1981 年 2 月 5 日宣布："美国的经济情况是大萧条以来最槽糕的。"与此相反，供给学派信奉萨伊定理——"供给能够创造自己的需求"，认为改善总供给是经济增长的关键所在，提出应实行"供给管理"：财政政策的作用应该影响供给方（即企业活动）而不是影响需求，即创造条件，让企业进行最广泛的自由竞争。供给学派的一个著名理论是拉弗曲线。阿瑟·拉弗是南加州大学经济学教授，在一次鸡尾酒会的餐巾纸上画出一条旨在降低税率的曲线，即所谓的"拉弗曲线"。这条曲线提出了一个似乎令人困惑的命题：减税才有可能增税。其中的道理是：税率越高，越会抑制投资，从而缩小了税基；而降低税率，尤其是最高税率，将鼓励投资和生产，从而扩大税基，增加税收总量。这个学派的政策建议是：压缩政府财政支出，降低税率，鼓励企业竞争。里根在任期的第一年里，开始了美国历史上最大规模的减税和快速设备折旧计划。在 3 年里，减税额占税收总额的 25%，个人所得税税率的最高点从 70% 降至 28%。1986 年通过的《税收改革法案》，取消了过去的诸多减免规定，扩大税基，对不同征税对象实行更为统一的税率体系。这是自 1913 年美国建立所得税制度以来，对联邦税制做出的最大幅度的调整。在这个法案通过的时候，里根自信地表示，税率的全面下降，对美国人民和美国制度都是一场胜利。

　　放松管制、提高供给质量是里根另外的一个重要的政策主张。解除管制的一个成功典范是航空业。美国于 1938 年在罗斯福总统任期内建立的民用航空管理局的管理制度，已经发展到完全荒唐的地步，甚至连"两个财政上有隶属关系的航空公司的职员是否可以穿同样的制服"也需由该局审批。而从 1978 年开始的解除航空业管制到里根时代走向高潮: 1985 年,里根关闭了民用航空局。新政体制第一次崩塌了,而消费者却得到了巨大的实惠:到 1996 年,同样的航线,旅客可以比管制时少掏20%的钱。铁路、电信、金融等行业都出现了放松和解除管制的潮流。仅仅由于解除管制而为国家每年节约 500 亿~700 亿美元。1983 年各资本主义国家经济开始回升,而美国回升的势头最快: 1982 年,美国的经济增长率为 6.2%,1984 年为7%。里根使美国经济基本走出"滞胀"。

回顾历史,人们发现,在里根任期内,美国经济在增长速度方面的表现似乎并没有惊人之处。但重视改善总供给的里根经济学,从根本上重组了美国的经济结构。里根所开创的经济政策新理念以及初步建立起来的新的政策框架,为经济增长,甚至为电脑、网络和生物技术等新技术革命创造了良好的环境。曾经被日本企业打得落花流水的美国企业,在宽松的管制环境中迅速调整,美国的竞争力迅速上升。由此可见,明智的经济政策所关注的不应该仅仅是短期的 GDP 表现,而应该是为经济的长期稳定增长创造良好的制度环境。

【小思考 12-2】

混合所有制经济形式在我国目前社会的具体表现形式是什么?

答案:股份制即是一种混合所有制经济形式。

◆ 本章小结 ◆

● 中国近代的落后,主要是封闭保守,长期不了解外部的发展变化。建立现代市场经济体制既是新事又是关系中国前途命运的大事,发达国家在市场经济体制的建立方面有成熟的经验,也有教训。认真借鉴、学习先行者创造的经验可以少走弯路,少付学费。

● 在我国建立现代市场经济体制,经历了长期的探索过程。党的十一届三中全会拉开了我国经济体制改革的序幕。近40年来,我国经济体制改革实践取得了重大成就,特别是在建立现代市场经济体制方面取得了历史性突破。

● 在中国建立现代市场经济体制是一件亘古未有的新事,既要纵向了解市场经济体制产生、演变的历史,又要横向比较不同国家、不同地区采取的不同的市场经济体制模式,更要结合中国自己的国情。中国所处社会主义初级阶段的国情,市场发育的不成熟严重制约着中国现代市场经济体制目标的过高定位。但中国毕竟选择了市场经济,毕竟走上了市场经济发展之路,就一定要按照市场经济的规则、规律办事,一定要建立市场在资源配置中起决定性作用的经济体制。

● 经济体制优劣的评价标准,应是资源是否得到合理配置和利用。

● 政府主导并不等同于政府干预太多。中国选择"政府主导型市场经济模式"既是对先进国家的借鉴,更是因为这种模式符合中国国情。一般来说,中国现代市场经济的政府主导力度还应高于东亚国家,问题在于,这里要研究政府主导的方式、方法和操作技术,同时要制度性地消除腐败。

◆ **主要概念和观念** ◆

□ 主要概念

经济体制　市场经济体制

□ 主要观念

每一个国家都应按照自己的实际国情选择自己国家的经济发展模式。

◆ **基本训练** ◆

一、选择题（单项或多项选择）

1. 不同社会制度条件下，市场经济在根本方法上（　　）。

A. 不相同　　　　　　　　　　B. 相同或相似

C. 部分相同　　　　　　　　　D. 不可比

2. 在西方现代市场经济条件下行之有效的东西，在中国现代市场经济条件下（　　）。

A. 完全适用　　　　　　　　　B. 完全不适用

C. 不一定完全适用　　　　　　D. 有的适用，有的不适用

3. 我国现代市场经济体制的建立，在时间上是（　　）。

A. 渐进式的　　　　　　　　　B. 激进式的

C. 超前式的　　　　　　　　　D. 等待式的

二、思考题

1. 发展中国家市场经济体制模式与发达国家的市场经济体制模式有何差别？

2. 充分认识和借鉴西方国家发展市场经济经验的必要性是什么？

◆ **观念应用** ◆

□ 案例分析

"中国发展模式"的优势何在？

日本政论杂志 2009 年 9 月号载文，刊登了美国日裔政治学家弗朗西斯·福山接受专访的文章。福山在专访中说，中国发展模式的价值内核源于延续了几千年的政治传统，可概括为"负责任的权威体制"。这种体制不仅使中国在历史上保持长期统一、稳定与先进，而且在人类现代化进程的各个阶段均体现出积极意义。第二次世界大战后东亚"四小龙"及部分东南亚国家实现经济腾飞，其中有着明显的中华文明痕迹，执行了一条由权威型政府主导的发展路线。近 30 年来，中国经济令人惊异的快速发展体现了中国模式的有效性，一般认为有望再保持 30 年的增长。对印度"民主"模式与中国"权威"模式进行比较，似乎前者代表了分散和拖沓，后者代表了集中和高效。

客观事实证明，西方自由民主可能并非人类历史进化的理想终点。人类思想宝库应为中国传统留有一席之地，但中国亦需认真反思自己的缺陷，在自身发展进程中更注重实践民主与法制理念。世界需要在多元基础上实现新的融合。

问题：你认为"中国发展模式"的优势何在？

综合案例

我们观察到这样一个简单的事实，从来没有一个城市通过修建更多的道路可以使它的交通拥挤和污染问题得到解决。

世界上一些城市修建了大量的道路，而有一些城市道路很少，但道路拥挤和污染程度差别并不很大。道路越多只是鼓励更多的人用自己的车，从住处到工作地方很远，从而用了更多的道路空间……最近对伦敦拥挤问题的分析得出的结论是，伦敦即使把整个中心区拆掉修建道路，仍然存在道路拥挤问题。

对汽车拥挤和污染问题，经济学家总有一个理论上的回答——道路定价。根据人们用哪一条道路，在一天中和一年中什么时候用这些道路，以及他们使用这些道路时污染的程度，来对使用道路的人收费。要把价格确定在引起最适当的使用量的水平上。

在新加坡决定试着这样做之前，还没有哪一个城市敢用道路定价法。许多想法在理论上看来很好，但总有一些隐藏的、未预期到的缺点。新加坡现在有了 10 多年的经验。这个制度还在运行，没有什么未预见到的问题。新加坡是地球上唯一一个没有道路拥挤，没有汽车引起的污染问题的城市。

在新加坡城市中心区周围有一系列收费站。要开车进入城市，每辆车必须根据所用的道路、在一天的什么时候开车以及当天的污染问题交费。价格的上升和下降使用量达到最合适水平。

此外，新加坡计算了中心城市以外没有污染时可容纳的最大汽车数量，并在每月拍卖新车牌照。不同类型的牌照允许不同程度的使用。允许在任何时候使用车的牌照比只允许周末——拥挤不太严重的时间——使用车的牌照贵得多。价格取决于供求。

由于有这种制度，新加坡不用把资源浪费在无助于遏制道路拥挤和污染问题的基础设施计划上。从这种制度中得到的钱用于降低其他税收。

如果是这样的话，伦敦为什么在最近的汽车拥挤和污染问题报告中否定了道路定价呢？他们担心，这种制度会被认为来自政府的烦琐干预太多，而且，公众也不能接受这种让富人开车比穷人多的制度。

这两种看法都忽略了一个事实：我们已经有收费道路，现在的新技术使避免这两个问题成为可能：

在用条码和结算卡时，一个城市可以在全城不同地点安装读码机。当任何一辆车开过每一个点时就根据天气、一天中的时间和地点从驾驶员的结算卡账户上扣除一定数额的钱。

在车内，驾驶员有一个仪表，这个仪表可以告诉他收了多少费，以及他的结算卡账户上还剩多少钱……

如果一个人是平等主义者，认为开车的特权应该是平等地分配的（即不根据收入），那么，每年给每辆车一笔结算卡金额，那些愿意少开车的人可以把他们没用完的金额卖给那些想多开车的人。

这种制度不是给城市带来额外的税收收入，而是给那些愿意住在工作地方附近和使用公共交通工具的人一种收入补贴。由于穷人开车比富人少，这种制度结果是一种把富人收入给予穷人的平等化再分配。

问题：谈谈你对以上案例中新加坡解决道路拥挤问题的制度设计的看法。

主要参考文献

［1］马克思．资本论：第 1～2 卷［M］．2 版．北京：人民出版社，1976.

［2］邓小平．邓小平文选：第 3 卷［M］．北京：人民出版社，1993.

［3］萨缪尔森 P A，诺德豪斯 W D. 经济学［M］．杜月笙，等，译.12 版．北京：中国人民大学出版社，1992.

［4］斯蒂格利茨．经济学［M］．姚开建，刘凤良，吴汉洪，等，译.4 版．北京：中国人民大学出版社，1998.

［5］曼昆．经济学原理［M］．梁小民，译．北京：北京大学出版社，1999.

［6］梁小民．宏观经济学［M］．北京：三联书店，2002.

［7］厉以宁．西方经济学［M］．北京：高等教育出版社，2000.

［8］魏杰，韩小明，杨瑞龙．产权与企业制度分析［M］．北京：高等教育出版社，1998.

［9］陈东琪，李茂生．社会主义市场经济学［M］.2 版．长沙：湖南人民出版社，1997.

［10］谷书堂．社会主义经济学通论［M］.3 版．北京：高等教育出版社，2006.

［11］尹伯成，许晓茵．西方经济学基础［M］．上海：上海人民出版社，2007.

［12］高鸿业．西方经济学［M］.4 版．北京：中国人民大学出版社，2008.

［13］吴汉洪．经济学基础［M］.3 版．北京：中国人民大学出版社，2009.

［14］连有，王瑞芬．西方经济学［M］．北京：清华大学出版社，2009.

［15］韦曙林．经济学原理［M］．北京：中国人民大学出版社，2009.

［16］张维迎．经济学原理［M］．西安：西北大学出版社，2015.

［17］缪国亮．经济学原理［M］．北京：中国经济出版社，2011.

［18］刘苓玲．经济学原理［M］．北京：经济科学出版社，2015.

［19］赖文燕．经济学基础［M］．北京：经济科学出版社，2015.